増補改訂版

子どもへの心理臨床

編著者　海野千畝子
序　文　杉山登志郎

病的解離・愛着・
EMDR・
動物介在療法まで

誠信書房

【増補改訂版】

序　文――初版の頃から何が変わったか

福井大学子どものこころの発達研究センター　杉山　登志郎

本書は２０１５年に出版された本書の増補、改訂版である。この7年余りの間に何が変わったのだろうか。

何よりも国際疾病分類第11版（ＩＣＤ−11）において、複雑性ＰＴＳＤが登場したことである。子どものトラウマについて先駆的な研究を行ったレノア・テアは１９９１年、単回性のⅠ型トラウマと、反復性のⅡ型トラウマでは全く異なった症状が生じることを記載しており、１９９２年、ジュディス・ハーマンは名著『心的外傷と回復』において、すでに複雑性ＰＴＳＤの診断基準を提示していた。それからほぼ同じ内容の診断基準が公認されるまでに20年間を要したのである。複雑性ＰＴＳＤの公認が遅れたその最たる要因はアメリカの精神科医の抵抗と妨害であったのだが、この問題に深入りすることは避けたい。今日わが国において、複雑性ＰＴＳＤは（一昔前の「発達障害」のように）新たな治療上のキーワードになりつつある。これは国際的にも同じ現象が生じている。そんな中でパンデミックや戦争が生じ、トラウマへの注目はこれからも続くのではないか。ちなみに、複雑性ＰＴＳＤは次の症状を特徴として有する。

通常のＰＴＳＤの3症状、①過覚醒、②フラッシュバック、③トラウマ的な事象への回避がみられ、それにプラスして、④気分変動、希死念慮や癇癪の爆発など感情コントロールの障害、⑤自己の無価値感、⑥他者への不信の３症状を持つもの。

海野氏とともに筆者が、あいち小児センター心療科（児童精神科）病棟において、問題行動を繰り返す多くの被虐待児を前に、試行錯誤と失敗とを繰り返していた頃は、子ども虐待もトラウマも今日の広がりを持っていなかった。子ども虐待によって発達障害が生じることも、またⅡ型トラウマの症状を持つ子ども、親ともに、通常の傾聴型心理面接を行うと悪化することも、まだ全く知られていなかった。今振り返ると、隔世の感がある。

この間に明確になってきたことは多々ある。

第一に、子ども虐待によるトラウマの脳への影響である。子ども虐待のようなトラウマの影響が脳の器質的、機能的変化を引き起こすことはすでに知られていたが、エピジェネティックス（遺伝子スイッチ）にも影響することが明確になってきた。

第二に、深刻なネグレクトなど養育不全の影響として、愛着の修復がなされたとしても成人期まで多動性行動障害が残ることも明らかになってきた。

そして第三に、治療という側面では従来から行われていたバン・デア・コークの言うトップダウン型治療（認知行動療法による曝露法）以外に、ボトムアップ型治療（体に働きかけて体のトラウマ反応を軽減させる）が、マインドフルネスをはじめとしていろいろ開発されてきた。

本書に引き寄せて、子ども虐待への臨床という側面から読みなおしてみる。

子ども虐待の後遺症は二つあり、一つは頻回のトラウマ体験によって引き起こされてくるフラッシュバックと、もう一つは養育者によって安心の提供がなされなかったことによって生じる愛着障害である。前者には、戦闘モードの持続によるハイテンションが結びついて、加齢にそって徐々に多動性行動障害、さらには複雑性ＰＴＳＤの診断基準にある激しい気分変動につながってゆく。後者は人との関わりの困難さ、他者への不信（これは自己への不信と裏表のもの）につながってゆく。

治療という側面から考えると、愛着の修復（人との安心した関わりの成立）と、フラッシュバックの治療がともに必要である。しかし愛着の修復においてもフラッシュバックが足を引っ張り、またフラッシュバックの治療においても、人への不信感のために治療の継続が著しく困難であることが普通である。さらに通常の心理面接はフラッシュバックの蓋をあけてしまうため、悪化を引き起こしてしまう。被虐待児の心理治療を成立させること自体にさまざまな工夫が必要となり、その一部は面接を維持するための予備的対応技法である。また心理治療そのものもトップダウン型とボトムアップ型とを柔軟に加味したハイブリッドな技法が求められる。ここはまさに心理臨床における未開拓な領域であり、本書において海野氏が展開するのはそのような臨床の経過報告である。

本書が、増補を加えてさらに、子ども虐待の臨床に苦闘する、特に若い人々への力になることを期待している。

2022年8月

序文

浜松医科大学児童青年期精神医学講座　杉山　登志郎

あいち小児保健医療総合センター（以下あいち小児センター）は、2001（平成13）年11月に開院し、筆者はこの新しい子ども病院に心療科（児童精神科）を開設した。われわれはこの子ども病院において、これまで十全に経験してこなかった子ども虐待の臨床に正面から取り組んでみたいと考えていた。しかしながら発達障害の臨床も非常に社会的ニードが高い領域になっていた。何も工夫をせずに漫然と外来を開いたら、すべての臨床が発達障害で埋まるという予感があった。われわれが取った戦略は、専門外来を曜日ごとに並べるという方略である。開院をしてみると案の定、子ども虐待の専門外来である「子そだて支援外来」以外のすべての専門外来が長期の待機児童を生じたが、「子そだて支援外来」だけは予約からの待機期間を3週間以内に抑えることができた。子ども虐待の臨床において待機がなじまないことは言うまでも無いだろう。

あいち小児センターでは当初から充分な数の臨床心理士の採用が決まっていた。しかし児童相談所をはじめとして、心理士は県の職員として数多く勤務しており、そのレベルには当然ながらばらつきがあった。あいち小児センターにおいて、県の心理職員によってローテートをされてはたまらないと筆者は思った。この点に関して、筆者が取った戦略は、それぞれの専門領域ごとに専門性の高い心理士を一本釣り、つまり個別に採用し、その専門性を盾にとって、県職のローテーションから外すというものであった。

もっとも困難が予想される子ども虐待対応専門心理士として、筆者が選んだのが本書の編著者、海野千畝子である。われわれは子どものみならず、その親にもカルテを作り、親子並行治療を実践し、数多くの被虐待児とその親の治療に取り組んだ。

しかし「子育て支援外来」開設以降の衝撃は、われわれの予測を遥かに凌駕した。われわれを驚かせたのは、何よりもそこで出会った子どもとそして親の重症度である。子ども虐待と発達障害とが複雑に絡み合うことにも気付いた。知的な遅れのない、いわゆる軽度発達障害の児童は子ども虐待の高リスクになるのであるが、同時に、子ども虐待によってもたらされる後遺症は、発達障害に非常に類似した臨床像を呈する。多数の症例を経験するうちに、発達障害が基盤ではない症例においても、子ども虐待の症例がまるで兄弟のように類似した症状を呈し、それが加齢とともに同じ変化をし、一つの発達障害症候群と言わざるを得ない臨床像に展開してゆくことに気付いた。子ども虐待による慢性のトラウマが、脳の器質的、機能的な変化を引き起こすという報告は、ミレニアムを経てぽつぽつと登場するようになった。世界的な子ども虐待の権威ヴァン・デア・コークが、この問題について発達性トラウマ障害という呼称を既に提唱していることを後に知った。またこれらの症例に対して、従来の精神療法がまるで歯が立たないことに直面し、海野の指導の下に、筆者自身もトラウマ処理という特殊な技法を習得することになった。さらにこれらの子ども虐待の臨床から、逆に発達障害臨床を振り返った時、多くの新しい視点が開けるという筆者にとっては全く予想していなかった大発見と驚きがあった。

子ども虐待への対応システム、子どもと親への包括的ケア、重症な解離への取り組み、愛着障害の修復、性的虐待への司法介入、性的虐待へのケアおよび性化行動の予防、多重人格への治療などなど、子ども虐待の臨床を巡るいずれのテーマも、われわれの取り組みの前に、充分な報告がなされていたとは言いがたく、本書に収められた一つ一つの取り組みが、そのままパイオニアとしての働きになったと自負している。こうして一冊の本としてそれぞれの論文を読み返すと、当時のわれわれの戸惑いや揺らぎがありありと目前に蘇るのを覚える。

海野は虐待対応チーム全体の指導を行ない、特に心療科病棟における看護師のスーパーバイザーとしても働いてくれ、病棟全体の基本的な姿勢を構築するうえで欠かせない大きな役割を担ってくれた。

われわれの取り組みは一つのモデルを作り上げたと思う。しかしたとえば社会的養護領域の根本的な人手不足のように、構造的な限界が諸処にあり、現在より高度な治療への取り組みを行なうとなると、わが国における対応システムの抜本的な改善が必要になる。さらに性的虐待こそ、わが国において取り組みが完全に遅れて来た問題である。

われわれが十全に取り組めなかった問題はいくつもあるが、なんと言っても傷ついた愛着の修復は大問題である。あいち小児センターを退職して後、海野はこの困難な課題に対して、動物介在療法によって突破する試みの実践を続けている。筆者もまたあいち小児センターを退職し、児童精神科医を目指す後進の指導に当たることになったが、現在も子ども虐待の問題のある親子への治療を継続しており、あいち小児センターにおいても非常勤医師として勤務を続けている。

開院して6～7年経過した頃のことであろうか。筆者は海野にこぼしたことがある。

「子ども虐待の子ども達へのケアのなんと困難なことだろう。われわれのこの働きは意味があるのだろうか」と。

すると、海野は確信を持って、「自分たちが関わってきた子どもも大人も、それなりに改善をしてきている。きっとそれなりの成果が上がるに違いない」と、きっぱり断言した。

われわれが熱心にケアを行なった子ども達は今、自分自身が親になる年齢を迎えている。そして海野が予言したように、その大半がそれぞれの傷や困難を抱えつつも、虐待の連鎖を引き起こさない普通の大人に成長したのを筆者は見届けることができた。

翻って筆者は、疫学の常識を越える子ども虐待の今日の大増加は、一世代前の子ども虐待に対する治療的な介入の欠如がその主たる理由であり、それによって次世代に拡散型の世代間連鎖を引き起こしたためと確信するようになった。

海野の手によってまとめられたこの一冊が、子ども虐待のケアの現場で苦闘する若い臨床家達に、あいち小児センター虐待ケアチームの面々がかつて海野によって導かれたように、臨床のあるべき道を導く道標となることを願ってやまない。

2015年5月

目次

第1章 子ども虐待の包括的治療

――あいち小児センターのシステム紹介

（➡ p.241）

第1節　子どもと家族へのケアと治療

臨床心理士　海野千畝子

1．あいち小児センターを支えるシステム

「日本における虐待対応のための法律（「児童虐待の防止等に関する法律」という）が施行（平成12年11月）され、15年が経過した。筆者は当時あいち小児保健医療総合センター（以下、あいち小児センター）の心理士であった。平成13年11月にあいち小児センターが「虐待対応を行なう」という理念を掲げて開院すると同時に着任した。その体制は「チーム保健医療」であり、医師・保健師・看護師・医療ソーシャルワーカーら、他職種と協働して院内のシステム構築を推進してきた（図1-1-1）。

開院から振り返ってみると、基盤になるシステムがお膳立てされていて、スタッフそれぞれの役割認識も明確で、自己の位置づけ＝「座る椅子」が用意されていたなかでの院内システム構築であり、恵まれた状況だったという印象である。

包括的な治療と支援というテーマの冒頭にシステムの話をもち出したのは、「安定したシステムがあってこそ不安定な対象（子どもや家族）に関与ができる」と思われるからである。次に見直されるはずの法改正でも、「座る椅子」が用意されることを期待したい。

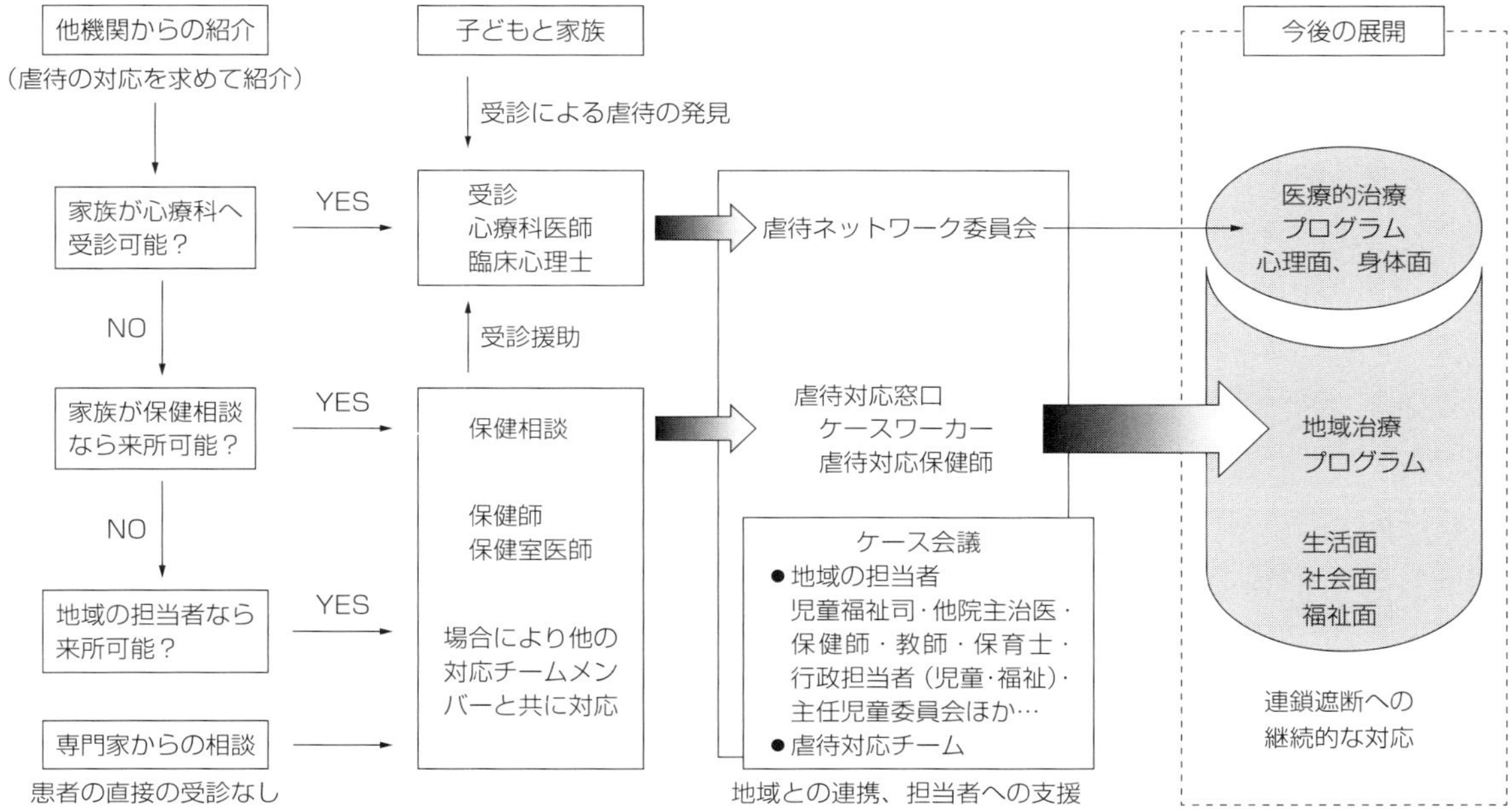

図 1-1-1　あいち小児保健医療総合センターにおける虐待対応

あいち小児センターでの対応は、心の治療を求めて心療科に受診する場合、身体疾患の受診例に虐待が発見される場合に加え、保健相談で受けた事例を他機関の専門家との連携により、受診やネットワーク委員会への報告に繋げている。また地域で解決困難な事例のケース会議を児童福祉司や地域の専門家と共に開催する場合もある。医療的な治療プログラムが有効に活用されるためにも、地域ネットワークとの連携により子どもばかりでなく家族をも含めた生活面、社会面、福祉面での「地域治療プログラム」がますます重要である。

以下、あいち小児センター心療科の虐待対応について、外来治療と入院治療に分けて記したい。

2. 外来治療

「子そだて支援外来」と銘打っているあいち小児センターの外来では、患者（子ども）や家族からの予約に加え、あいち小児センター保健部門、あるいは地域の関係機関からの予約を受け付け、介入時機を逃すことなく子どもや家族に会うことができるシステムとなっている。

初回面談では、原則として、医師と心理士（筆者）がチームを組んで対応する。児童福祉司や保健師が初回面談に同席することもある。医師は、本人や家族のニーズや問題点をある程度見定めると同時に本人や家族の生育状況などを聴取する。必要に応じて簡易アセスメント（解離体験チェックリスト）を行なう。

心理士は、医師と同時並行的に本人からのインテーク聴取や行動観察をしながら、バウムテストや人物画テスト、家族画テスト、その他の自由画を描くことを促し、子どもの身体反応や表現から病態水準、家族内力動の把握をする。インテーク項目は表のとおりであり、家族の反応ニーズにより変化するものの、原則としてこれらの項目から、おおよその子どもの状況を捉える（表1-1-1）。

子どもと家族との初回面談において特に留意すべき点は次の二つである。

一つは、「虐待を受けた児童とその家族は同一水準の開示レベルにあること」である。家族の心が閉じている段階では、子どももその気配を察して、緊張や強張《こわば》りを持つのは当然であろう。家族が医師に対して心を開いて話をしていれば、子どももリラックスして「本当のことを話してもいいのだな」という心持ちになるようである。同席する専門家同士の波長を合わせることも重要で、子どもの年齢や状況に応じて、別室を活用することや

表 1-1-1　インテーク項目

子どもは描画（バウムテスト「あなたの心の中にある木の絵を描いてください」）を行ないつつインテークの問いかけに答える。（→質問の意図）

①好きな遊びは何ですか？
→子どもの資源の確認と遊びの象徴的意味の把握

②仲良しのお友達で名前を言えるお友達はいるの？
どんな名前か教えてくれる？
→対人関係の様相の把握

③朝は何時に起きて、夜は何時に寝るのかな？
→睡眠パターン、不眠の確認

④怖い夢を見ることがあるかな？
どんな夢？　たとえばゾンビだったり、追いかけられる夢だったり？
→無意識に内在化している患者を脅かす存在の確認

⑤学校（保育園）について
好きな勉強（活動）は何ですか？　その理由は？

嫌いな勉強（活動）は何ですか？　その理由は？

（虐待を受けている子どもの中には「嫌い」NO と言えない子どもが多い）
→患者の資源とその象徴的意味の探索

⑥家族について（ジェノグラム＝世代図を描きながら）兄弟は何人？　お父さんのお仕事は？　あなたにとってどんな人？
（緊張や強張り、「怖い」などの反応により）

パンチやキックはある？　どのくらい？

（父母の反応を背中で感じながら……）

お母さんのお仕事は？　どんな人？　パンチやキックはある？

（その他の家族成員に同じ質問をする）

自分はどんな子だと思う？

（虐待を受けている子どもは自己との距離をとって見ることが不可能なことが多いため「分からない」と言うなどの反応がある）
→本人の家族に対する感覚・印象と力関係等の把握

遊びを取り入れる等のこまやかな配慮が必要になる。面談後、子どもやその家族に「戻る場所がない」という気持ちを抱かせるような言動は差し控えなくてはならない。

もう一つは、「初回面談で見立てを固定しないこと」である。特に解離性障害のある子どもや家族は、その印象も面接のたびに異なることが多い。ゆえに治療スタッフは「初回の印象がすべてではない」という心構えをもつことが大切である。たとえば、「すいません、すいません」と何度も謝る抑うつ気味の家族が、その次の面接で、治療者への不信感から、混乱して怒り出すなどということもときに経験する。初回面談の結果を考慮しつつ、さらに詳細なアセスメントを行なうなどして、親子ともに治療への動機づけを高め、自主的な治療同盟が結ばれるように配慮したい。

あいち小児センター心療科では、原則として、医師は親の子育て支援治療や親治療（親側のカルテを作り、親も投薬を受けながら治療に参加すること）を行ない、心理士は子どもの治療を中心に行ないながら、医師と協議のうえ、必要に応じて継続的な通院治療に入る。

通院治療を継続させるために最も留意すべき点は、治療・支援の構造をいかに形作るかにある。あいち小児センターの虐待対応では、子ども、家族、医師、心理士（ときに保健師、看護師、地域の児童福祉司）が同席して、前回の面接から現在までの経過を5分ほど話し合い、その後、それぞれの治療者との面接や心理療法に入っていく。

この数分の同席面談でも、スタッフそれぞれの役割分担が意味をもつ。医師は、家族の状況を聞き取り大筋の流れを把握し、身体管理や薬物療法の調整を行なう。心理士は、現在の子どもの言動や行動から読み取れる意味やイメージ、予測される問題などを、ときに子どもの代弁者となって家族やその他のスタッフに伝達する。たとえば、「子どもの一時的な攻撃性は元気になるターニング・ポイントでもあり、家族の理解や忍耐があれば短期間で終息する」ことをあらかじめ提示しておけば、家族にも子どもの「攻撃性の噴出」への心構えができ、ゆとりをもって治療のプロセスを歩むことができる。

同席面談は、当事者、支援者双方が同じ時間・空間を共有することで、虐待病理の中心ともいえる解離状態（切り離された状態）からの回復の意味を併せもっている。

【症例1】トイレで排便できない女児（5歳）

［診断］ 遺糞症、性的虐待

［家族歴］ 父、母、本人、弟の4人家族

父親が母親にDV（家庭内暴力）、弟に身体的虐待をしていた。さらにハナコへの性的虐待と家族内の力動が絡まり、遺糞という症状に至ったケースである。

ハナコが排泄自立をしたものの、トイレでは排便したくないと、おむつでの排便を繰り返していたことで受診した。治療開始当初、ハナコは遊戯療法に「行きたくない」と2ヶ月程度の間抵抗を示したが、筆者らは、当初、分離不安ともその他の不安とも読み取れなかった。夫からDVを受けていた母親の姿勢もハナコの状況と同様に一貫せず、治療は進展しなかった。試行錯誤を繰り返し、弟を同席させた遊戯治療を行なったのち、同一治療者並行面接（同じ心理士が姉弟を交互に各週で、遊戯療法を実施）を開始した。ハナコがやっと治療にのり始めたころ、母もパートに出るようになり、最初の自立的な行動が始まった。母親が3度も実家に戻るなどの「強行手段」に出ると、今度は父親が診療場面に登場して来るようになった。ついで、母親は父親に対して「怒り」をコントロールするよう努力することを約束させ、父親も月1回の面接に参加するようになった。父のDVは次第にコントロール可能となり、母親や弟への虐待も次第に軽減してきた。そのころ「秘密」と言う言葉にこだわって

いたハナコに、「パパがお尻をこしょこしょする」という発言が認められ、父親のハナコに対する性的虐待が確認された。

その後、父親が祖父から受けた仕打ちなど、自身の生育上の問題、さらには、ハナコへの行為が「性的虐待」であると父親がはっきり自覚したことなどが、母親の口を通じて語られた。徐々に父親の態度にも変容が見られるようになり、同時に、ハナコの遺糞症状も軽快していく。排泄の自立と家族成員それぞれの自立が読み取れる。

考察として、この家族の資源は、①母親が継続的に受診できたこと、②母親が仕事を始め、父親に対して強行手段に出る勇気があったこと、③父親も治療に参加したこと、の3点ではなかったかと思われる。このように、家族の資源を経過のなかで見つけ出し、キーパーソン（ここでは母親）に効果的に関与することが症状軽快の決め手となった。身体症状のなかに潜む「虐待への可能性」にも注意が必要であった。

治療終結後、母親は妊娠。定期受診にきた母親は、「パパが初めて自分から子どもが欲しいと言ったので産むことにしました」と大きなお腹をさすりながら晴れやかな笑顔で話していた。

治療は順調に進むものばかりではない。治療が停滞するもの、難渋するもの、断絶するものもある。その典型例として、患者は困っていても家族は困っていないもの、虐待事実そのものを否認し続けるもの、親自身の病理や世代間の葛藤が絡むものなどがあり、継続して受診することの困難な場合も多く見られる。

あいち小児センターにおいては、図に示したように、治療が停滞した場合、地域治療システムを活用し別の「受け皿」を用意している（図1-1-1）。あいち小児センター内の「虐待対応」保健師が中心になって、虐待の探索および関与を「見守りから介入まで」段階的に行なうなかで、再度受診に繋げたケースもある。保健師の立場で得ている情報は豊富であり、また、その粘り強い姿勢、地域の資源に対してのセンスなどによって治療スタッフは支えられているともいえる。

3. 入院治療について

外来治療から入院治療に踏み切る要因として、①治療の停滞が長引いたり生命の危険がある場合、②児童を緊急に保護する必要がある場合、③保護者が入院を強く要望した場合、などがあげられる。入院治療の長所は、外来治療で行なう薬物療法、心理療法に加えて、生活環境療法が加えられることである。

あいち小児センター心療科病棟（小児科扱い）は、開放エリア（通称「スカイ」）と閉鎖エリア（通称「レインボー」）の二つのエリアから成り立っている。チーム医療としては、医師、心理士等の治療スタッフと看護師、保育師、作業療法士等、児童の生活を支える生活環境スタッフとの協働運営である。

以下に、入院治療の典型例を記す。なお、患者本人と家族の同意を得ているが、継続中の症例であり、随所に変更を加えてあることをご了解いただきたい。

【症例2】**身体的・性的虐待を受けた女児**（初診時、年齢10歳）**の入院治療**（約6ヶ月）

【診断】　解離性障害、複雑性PTSD

【家族歴】　母親、ユカリ、妹、弟の4人家族。妹も同じく身体的虐待で入院治療を受けていた。ユカリは、義父からの性的虐待（最重度）、身体的虐待を受けてあいち小児センターに通院を開始してから一年が経過していた。万引き、お金への執着、暴力行為、恐喝未遂、ストーカー迫害不安、虚言、性的行動化（援助交際への関心、肌の露出、下着を見せ、誘惑するような行為をしてしまうなど）等の問題行動のうち、特に解離性障害の症状である「自己コントロールの障害」（無意識に刷り込まれた虐待者からの影響により、たとえば体が勝手に動くなどの解離行動を

表 1-1-2　ユカリとの入院前の取り決め

解離性障害（かいりせいしょうがい）の症状には次のことがよくあります。

1. 記憶がなくなったり忘れてしまう。
2. 自分のすることのコントロールがきかなくなる。

下記のような行動がとられた場合は、自分の身体や心、他人（子ども、スタッフ）の心や身体を守るために、抑制（よくせい：一時的に身体を抑えて、危険をおかさないようにすること）や病棟移動（「スカイ」から「レインボー」に移動して心や身体を休める）などが必要になります。

記

1. 自分や他人への暴力（けんかを含む）、間違ったタッチを行なってしまったとき。
2. パニックを起こしたり器物を破壊（ものをこわす）したりしてしまったとき。
3. 人のものや病院のものを盗んでしまったとき。
4. 病院からぬけ出したり、許可なく他の病棟に出入りしてしまったとき。
5. 男女間のトラブルを起こしてしまったとき。

上記の状態におちいったときは、措置（よくせい、病棟移動）を取ることに同意します。

なまえ（　　　　　　　　　　）

起こしてしまう）に困難をきたしていた。

一回目の入院時、心療科病棟は建設中で慢性疾患病棟に入院していた。二回目の入院では「自己コントロールの獲得」に焦点を当て、治療を開始した。その一方で、ユカリの起こす行動に疲労困憊《こんぱい》した母親のうつ状態も悪化し、母親の外来治療も同時に行なった。

ユカリには「治療の主人公はユカリであること」「止めたくても止まらなくて苦しんでいるユカリがいる。入院治療で共に乗り越えたい」と説明し、入院の同意を求めた（表1-1-2）。

週一回の心理療法（35分）の後にユカリ、主治医、心理士、担当看護師の四者での面接（10分）を行なった。

入院開始より、すぐに万引き、虚言がはじまる。前述の表の取り決めにより、病棟は「スカイ」（開放エリア）個室から「レインボー」（閉鎖エリア）個室に移動する。心理士がユカリに「何か聞こえるの？　あなたを脅かす声や見えるものはあるの？」

と「マイナス・エネルギー」（虐待者が内在する影響による解離性幻覚・幻聴）の存在について問いかけると、「女の人が〈それとっちゃえ〉と言う」、さらに「とらんとなぐる」という声が聞こえるという。また「誰かに見られている気がする」と被注察感を訴え、「一人部屋は怖い」とも話す。

心理療法のなかで、この幻覚・幻聴は、義父の虐待や母親への愛憎感情の部分的象徴であることを取り上げた。幻覚・幻聴が出てきたら、怯えずに「〈マイナス・エネルギー〉はいらない。私は回復の道のりを歩いているのだから」と声を出して向き合うことをユカリに促し、また「自分のなかに裁判官がいるんだよ。〈マイナス・エネルギー〉に負けない自分をつくっていこう」と励ました。主治医と相談して抗精神病薬（リスパダール）の投与を開始する。

幻覚・幻聴がほどなく治まったので、いったん「レインボー」の大部屋に移す。半月後には徐々に万引きがなくなったが、同時にこのころより、抑うつ症状が出現し、「どんより気分、心は曇り空」と同時に「体がだるい」などと訴えた。

心理療法では、現実に起きている生活上の問題を過去の外傷体験と結びつけながら捉え直していく作業が中心となった。生活のスケジュール表をつくり、ユカリのなかの豊かな資源に着目し、それを伸ばす試みをユカリと共に話し合って考える。具体的には、スケッチブックに毎日絵を描く時間、日記をつける時間、一人で心を安静に保つ時間、コンテイン（深呼吸とイメージ療法をかねた自分のなかにある自己治癒力を高めるための作業）の時間、マッサージの時間、などである。

このころからまた、他児に対しての暴力・暴言が始まった。ユカリは個室行きを嫌がっていたが、心理士が「（主人格の）ユカリが可愛そうだと、暴れん坊のユカリ（暴力人格）が〈止めて〉と叫んでいる」と伝えると承知する。心理士は、「暴れん坊モードのユカリがわるさをするけど、その責任はユカリが取らなければいけないんだよ。覚えていなくても、しっかり謝ろう」と自己責任のルールを促し、ユカリの攻撃性への対応とともに、ユカリの自己コントロールを高める支援を行なう。

病棟での生活を生活環境療法として、心理療法の後には、看護スタッフとのコンサルテーション（異職種の専門家同士が行なう情報交換や助言など）を継続的に行なった。解離性障害の病理やユカリの行動の意味するもの、今後起こり得る事項について詳細な検討を重ねた。

看護スタッフは独自に、心理療法でも実施していた「足裏マッサージ」（感覚統合のスキル）や、まる一日暴力・暴言がなかったら就寝前にシールを貼るという「振り返り作業」（「スモール・ステップ評価表」）を取り入れた。

解離性障害の児童は、覚醒水準の変動により無意識的に「ハイテンション・モード」（声が甲高く興奮している状態）や「性的モード」（下着を見せて座るなど、服装表現が性的な状態）など、いくつかの部分人格モードへの切り替わり（スイッチング）が起きてしまう。そこで「ハイテンション・モード」への対応として、深呼吸（テンションが高くなったらカーテンを閉めて10分間深呼吸）、「服装替え」（着替えを促して、自己防衛・自己コントロール力を高める）などを取り入れた。

看護スタッフの関与は、ユカリに「注意をされる」から「気づきを与えられる」という意識の転換を試みる作業であったといえる。

解離状態から体が繋がりを取り戻そうとするために起きる身体不快感（通称「ポクポク感」）や「イライラ感」に対応して、「シャワー浴び」をしたり、「レインボースクール」という生活体験実践（運動療法、作業療法、保育、料理）を活用するうちに、徐々にユカリは自己の恐怖や不安を克服できるようになっていった。

入院後半からは学校（隣接する養護学校）に通学をしつつ、そこで自分に起きてくるテーマに向き合うことが治療の中心となった。他人との距離感、友達との関係、異性との出会いなどとともに「反抗」や「暴力」が出現する。そうした自分との向き合い作業を経て、「依存」（昔の自分を引きずり、レインボーの主となる）と「自立」（退院する）との葛藤を乗り越えることが可能となった。足の親指付け根にしこりがあり、性器の痒みを訴えて、婦人科を受診したこともあったが、徐々に身体感覚も蘇生されて、「しこり」は見事になくなった。解離性障害についても、かなりの領域で自己コントロール感を獲得したことを入院最終面接で確認した。筆者が「退院おめでとう」と言うと、「うん」と答え、嬉しそうであった。

また、「食事しても味がしない」「パチンコ店にいるときだけ落ち着く」などと話していた母親に対しても、主治医は丁寧な関わりを続けていた。途中、母親の方も新しい異性との出会いなど、いくつかの危機的なテーマが出現したものの、外泊時のユカリの回復を見て、「だれも入院せずに一緒に暮らしたい」という頼もしい言葉が聞かれるようになり、ユカリを受け入れる準備もできていた。

ユカリの入院治療では、まずユカリに内在している虐待者からの影響（マイナス・エネルギー）に素早く気づき、ズルズルと巻き込まれずにその影響を取り除いていった。そのために治療スタッフだけでなく、生活環境スタッフにも、治療方針を周知徹底させた。そして、その一方、どんな人間のなかにもあるプラス・エネルギー（生き抜く力の核となるもの）を信じる目をもち続けた。「成長」は一瞬にして崩れるものであるが、スタッフは、たとえ治療が後退しても、そこからの「成長」を信じる姿勢をもち続けるべきであろう。

4．支援のトライアングル

次に、虐待対応において、治療者・支援者らが共通に認識しておきたい事項について記す。虐待は、「パワー」

（力）と「コントロール」（支配）の病理であり、「パワー」をもつ立場の人間が、もたない立場の人間を不適切に「コントロール」することである。だが、「支援する治療スタッフ」と「支援される患者や家族」との間にも同じことが起きている側面があることを見落としやすい。「虐待防止法」という権力をタテに、支援者側が「パワー」を「コントロール」し、子どもを助けようとする構造がこれに当てはまる。ある母親は「私は、父親から暴力を受けて育った。いま、子どもを引き離され、社会から虐待を受けている」と話す。虐待する側も、社会においてはまた「弱者」であり、「被害者」なのである。

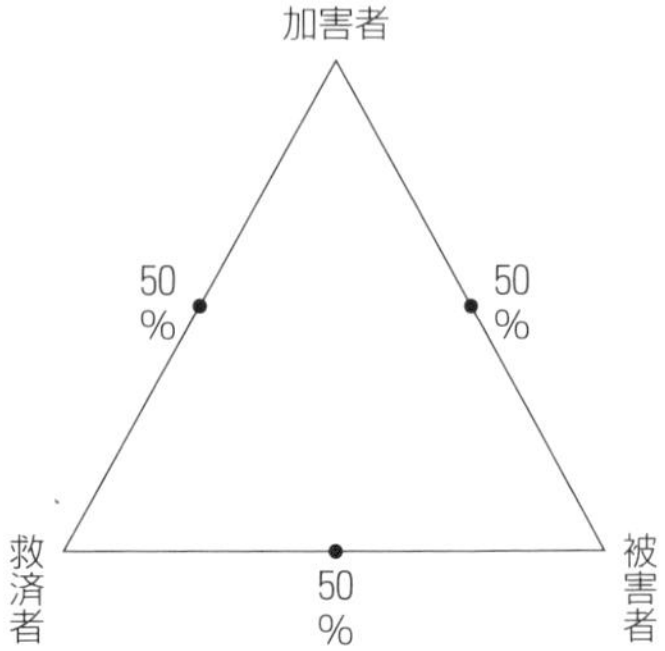

図 1-1-2　支援のトライアングル（50%の法則ライン）

この関係を「支援のトライアングル」に沿って説明したい（図1-1-2）。虐待をする人を「加害者」、虐待を受ける人を「被害者」、支援の手を差し伸べる人を「救済者」とすれば、虐待対応をする人間は基本的には「救済者」といえるが、同時に加害者にも被害者にもなり得る。支援者は虐待を受ける子どもにとって「救済者」であるが、前述の母親からすれば子どもを引き離す「加害者」である。さらに支援者は、「加害者」が攻撃性を向ける標的として、また無力感や精神的な疲労を経験する立場としては「被害者」なのである。支援者はその三つの立場を循環する。だが支援者は、この三つの立場のいずれの役割にも停滞し続けてはならず、トライアングルを結ぶ中間点（50％の法則ライン）での対応が求められる。

虐待の支援は、前述の「親子の分離」のように、「加害者」から「パワー」や「コントロール」を奪うことから始めざるを得ない。だが支援の経過のなかで一度奪った「パワー」や「コントロール」を適切に返還していき、対象の親子が本来もつべき、歪みのない「パワー」と「コントロール」を獲得しなければならない。たとえ

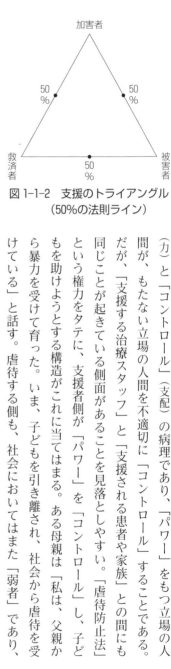

ば、分離した子どもを親元に返すための「再統合プログラム」を実行したり、子どもを閉鎖病棟から開放病棟へ移動させ、「自己コントロール」を身につけさせる、などである。いつまでも支援者が「救済者」や「加害者」の役割を果たし続けると、結果として対象の親子を「被害者」のままにしておくのである。虐待-被虐待の関係にならざるを得なかった親子の「力関係」が歪みのない関係となるように、親子双方に「自立」や「自己コントロール」の感覚を取り戻してもらわねばならない。

支援者は役割を固定させることなく「50％の法則ライン」をイメージしながら、対象の親子との関係で「加害者」にも「被害者」にも安住しないよう、調整する努力が必要なのである。

5．虐待対応支援職のセルフケア

最後に虐待対応業務の危険性について述べておきたい。多くの虐待対応支援職は、一人でいくつものケースを抱えることを余儀なくされているために、対応の調整に多くの困難を抱える。ケースにまじめに取り組めば取り組むほど疲労度は増していく。組織内で働く支援者は、現場に近ければ近いほど、虐待の「力関係」に巻き込まれやすい。また組織としての制約も多いので自主性を発揮できる部分が少ない。さらに報われることも少ないので無力感を抱きやすい。心身の健康維持に十分に注意を払わなければならないゆえんである。筆者が日常心がけていることを中心に、支援職のセルフケアについて述べたい。

（1）　支援者は「スポーツ選手」である

虐待対応を行なう人は、スポーツ選手のように緊迫感を伴いながら技能を発揮することが求められる。なぜなら、援助対象との面接（対決）場面では予想外の出来事が起こることも多いからである。虐待を受けた子どもの解離状態による影響を受けやすく、面接場面でも心拍数は上がり、かなりの緊張を強いられる。

スポーツ選手が十分にコンディションを整えてから競技に参加するように、虐待対応支援職も大きなスパンで仕事をとらえ、心身の休養・調整を心がけねばならない。

（2）自己管理を行なうこと

週単位、月単位、年単位で自己管理を行なう。自己管理は人により異なるだろうが、筆者が実行していることを述べたい。

①十分な睡眠を取り、栄養面にも留意しながら、健康的な生活習慣を心がける。できるだけ「一人の時間」を確保し、自我の回復に努める。

②2週に一回くらいの割合で週末にマッサージを行なう。疲れた体の「しこり」や「ゆがみ」を解きほぐすことは、虐待対応ゆえの解離（身体感覚の切り離された状態）の影響からの回復になる。リフレッシュして翌週の仕事までには「リセット」する。

③定期的に自己チェックを行なう。虐待への対応についてスーパービジョンを受けたり、同じ方向性をもつ仲間との話し合いや研究会には積極的に参加する。プライベートな友人との語らいも必要である。これらを自覚的に行なうことにより、虐待による影響の特徴ともいえる「信頼関係の断絶」や「人間への不信感」に対応できるスキルをみがく。常に「繋がりを取り戻すこと」を念頭においた活動をする。

④虐待関連業務を週35時間以内に抑える。

筆者はこれらのことで何とか「燃え尽き症候群」を予防できている。虐待対応の危険性について述べたが、この仕事はやり甲斐も大きく、充実した仕事であり、「子どもと家族が元気になっていくのを見るのが好き。だからこの仕事が好き」と、ささやかでも思えるのである。

第2節　三つの側面からのケアとサポート

医師　杉山登志郎、臨床心理士　海野千畝子、臨床心理士　河邉眞千子

1．はじめに

全国の児童相談所に寄せられた子ども虐待通報は、２００３年度には2万6千件余と過去最高を記録し、全国的な統計が取られ始めた１９９０年度に比べ実に26倍、児童虐待防止法の施行された２００１年度と比較しても2倍の増加となった。このような状況のなかで、子ども虐待への対応は子どもを巡るメンタルヘルスの最重要課題の一つとなるに至った。

小林（2004）は、子ども虐待への対応は6段階に分けられると述べる。第一段階は虐待の否認である。ケンプ（C. Kempe）が初めて被虐待児症候群（The battered child syndrome）を報告した１９６０年代のアメリカ合衆国においてもそうであったし、またわが国においても１９８０年代まではそうであった。第二段階は、社会が虐待の存在に気づく段階である。すると、ここで初めてネグレクトが身体的虐待に勝るとも劣らない重大な問題であることが認識される。虐待が深刻な現実であることが認識されるようになって、法整備が進むのが第三段階で

ある。子どもを守るために積極的に親子分離を行なうようになる。このようにして対応を開始してみると、虐待がきわめて一般的な問題であり、親子を分離しても解決にならないことに気づく。そして、親への援助が開始されるのが第四段階である。家族へのケースワークを積極的に行ない、分離を行なっても再結合が模索される。しかしこのような対応によっても、特に性的虐待は、生涯にわたる心の傷をつくることが改めて認識され、性的虐待への早期からの介入のために、小学校・中学校教育における性的虐待に焦点を当てた治療教育が開始される。これが第五段階である。しかしなお、親子関係の改善も、子どもの回復も困難であることが改めて認識されるようになると、第六段階として、やはり予防こそが最大の治療であり、特に子どもが生まれた後の3歳まで、特に1歳未満が母子ともに愛着を形成し、あるいは回復するための機会であり、この親子の愛着形成をサポートする働きが行なわれる。欧米のいわゆる子ども虐待先進国において、現在、第六段階のパイロット・スタディーが試みられている（McLaren, 2004）。

さて、わが国の現状は第三段階である。そのことは、子ども虐待事件を扱うマスコミの姿勢が未だに「なぜ救えなかったのか」という姿勢であることからもうかがえる。そして筆者らが現在取り組んでいるのは、第四段階に相当する対応である。

あいち小児保健医療総合センター（以下、あいち小児センター）において筆者らが取り組んできた子ども虐待への対応の新しい点をまとめてみる。あいち小児センターは、２００１（平成13）年11月に開院した小児センターであるが、大きな特徴として、院内に小児保健センターを持つ。ここには2名の医師と6名の保健師がおり、県内の児童相談所、あるいは市町村の保健センターや自治体の児童課などの窓口となっている。また医師のうち1名は県児童相談所に勤務する医師が兼務で毎週訪れており、県内の児童相談所から上がってきた子ども虐待事例について、つなぎ役を務めている。またあいち小児センターは、心療科が大きな柱の一つとなっており、常勤医師4名、常勤心理士5名という比較的豊富な人材が充てられている。心療科外来においては、「子育て支援外来」という子ども虐待に対応する専門外来を開設し、医師と心理士がペアを組み、虐待臨床に従事している。また積極的に親の側のカルテを作成し、親子の並行治療を実践している。あいち小児センターには閉鎖ユニットを備えた心療系の小児科病棟(32病棟)があり、子ども虐待の児童の入院治療が可能である。さらに医師、心理士、看護師、保健師、ソーシャルワーカー他による虐待対応チームがつくられ、多職種からなる院内虐待ネットワーク委員会を設け、センター外の機関を加えたケース会議を定期的に開いている。このような特徴により、愛知県の子ども虐待治療センターとして機能するようになった。

2. あいち小児センターにおける虐待治療の現状

あいち小児センター開院から3年間の子ども虐待の患者の一覧を示す(表1-2-1)。年間130~140名の新患が受診しており、うち親の側のカルテを作成したものが15%前後である。県内の児童相談センター、あるいは保健所、保健センターから入院を念頭においた患者の依頼が途切れることなく続くようになった。また県内の児童養護施設の一部は、対応に困難を覚える子ども達を積極的に受診させるようになり、特に、あいち小児センターに近いある養護施設は、気づいてみれば、入所中の児童の3分の1が受診し、継続的な治療を受けるに至っている。被虐待児342名について、主要な精神医学的診断について検討を行なった結果を表に示す(表1-2-2)。自閉症スペクトラム障害は25%、注意欠陥多動性障害(ADHD)は23%と非常に多く、何らかの発達障害の診断が可能な者が195名(57%)を占める。

ただしADHDの診断のなかには、虐待の後遺症としての多動性行動障害が含まれる。厳密な診断を行なえ

表 1-2-1　あいち小児センターで診療を行なった子ども虐待の症例（2001.11～2004.11）

虐待の種類	男性		女性		計
	児童	親	児童	親	
身体	75	1	33	23	132
身体＋その他	52	3	27	7	89
ネグレクト	24		16	12	52
ネグレクト＋その他	11		5	5	21
心理	24	1	29	8	62
心理＋その他	7		9		16
性的	2		8	2	12
性的＋その他	2		18	2	22
小計	197	5	145	59	406
合計	202		204		

表 1-2-2　子ども虐待症例に認められた問題（n＝342）

診断	人数	パーセント
自閉症スペクトラム障害	85	25
注意欠陥多動性障害	79	23
反応性愛着障害	166	49
解離性障害	176	52
心的外傷後ストレス障害	111	32
行為障害（非行）	99	29

ば、解離性障害を伴う者はＡＤＨＤの除外診断となるが、臨床的には、多動性行動障害に関して原因結果を判断することは難しく、元々の多動があるうえに虐待の影響が加算したのではないかと考えられる症例が多く認められた。発達障害の１９５名中、ＩＱ70未満の者は28名（14％）にすぎず、86％まではいわゆる軽度発達障害である。反応性愛着障害は５歳以下の76％と幼児ほど多く、逆に解離性障害は、５歳以下では25％であるが、６歳～11歳では62％、12歳以上では78％と年齢が高くなるほど多くなり、また虐待の重症度にも比例し、特に性的虐待に関しては、32名中30名（94％）が解離性障害を併発していた。心的外傷後ストレス障害も32％と多く、非行は解離性障害と同様年齢が上がるにつれ多くなる傾向が認められた。

このような状況下で、32病棟は入院患者のうち何らかの虐待の既往のある者が常時８割前後となり、重症患者で満床という状況となった。さらに入院を希望する待機が30名弱と、一病棟分に達するに至っている。この３年間の入院患者延べ数は２１７名（新規入院患者数は１５４名）であった。うち、虐待の既往がある者は１５７名（72％）、ＡＤＨＤの診断を含む何らかの発達障害の診断が可能な者は１２３名（57％）、両者の併存は97名（45％）に及んだ。このように、あいち小児センターは地域の虐待対応センターとして機能している。

３．虐待治療の困難さ

筆者らは医療機関を核として子ども虐待を治療するという試みを続けてきているが、この3年間の臨床のなかで経験した子ども虐待治療の困難さについて、ここでまとめておきたい。

第一に、解離性障害の治療の困離さが挙げられる。子ども虐待の治療は解離性障害の治療と言っても良いほど、両者は密接に絡み合っている。記憶の断裂や意識状態の変容、解離性の幻覚、別人格へのスイッチングなどが日常的に認められ、子どもの場合にはさらに、攻撃的行動の頻発という形をとることが多い。これは、背後に解離のある過覚醒状態による多動や易刺激性が常在するだけでなく、感情コントロールの不全、そして何よりも被虐待児は、暴力による虐待的な支配、被支配といった対人関係を反復する傾向を持つことによる。これは行為によるフラッシュバックとしても生じる。これに加えて、解離による意識状態の変容や、意識の不連続が生じ、些細なきっかけから衝動的に暴力を生じ、大暴れをするが、その後、その行動の記憶はなく、また同じ行動を繰り返す。つまり、子どもの治療を行なうに当たっては、状況依存的な衝動行為を完全にコントロールしなくては、治療の進展は得られないのである。

第二に、子ども虐待は基本的には家族の病理であり、その治療においては、家族という閉鎖システムに穴を開ける作業が必要となる。精神科臨床、心理臨床において基本となる治療者と患者という一対一の対応には決してならない。精神科や心理臨床における精神療法は、非常に特殊な形ではあるが対人関係の一種である。しかし子どもも虐待の子どもとそしてしばしば親も、基本的な対人関係に傷を抱えており、治療者と患者関係は、安定した治療関係を初めからもつことは著しく困難である。さらに、親の側は、時として子どもの側も、基本的には治療を望んでいない。医療はサービス業であり、ニーズの無いところに成立させることはきわめて困難である。しかも、困難を押して治療を行なってゆけば、親とその親の関係、すなわち一世代前の親子関係の問題に辿り着き、その治療を必要とするようになる。

治療経過のなかで、子どもの治療、あるいは親の治療に著しい進展があっても、家族システムの相互作用によって、お互いに悪影響を与え合い、結果としては軽快を見せた後の増悪を繰り返すという展開をとることが多い。そして、しばしば把握していなかった家族外の人の介入で状況が変化する。その代表的なものは、母子家庭における母親の新たな恋人の登場によって家族が振り回されるという状況である。このように、治療に当たっては家族全体の力動を見る必要がある。

筆者らは前述のように、親の側のカルテも積極的に作成し、必要に応じて親子の並行治療を行なってきた。表にカルテを作成した親60名に関する精神医学的診断の一覧を示す（表1-2-3）。これを虐待の治療という側面から見直してみると、60名中57名までが子ども虐待の加害者で、サバイバー（注：生き残った者）は36名（60％）に達する。サバイバーのうち16名およびそれ以外の3名の計19名（32％）は親自身に解離性障害がある。親子がともに解離性障害があり、子どもの首を絞めたようだが、親も詳細は覚えておらず、子どもも詳細は記憶が飛んでおり、結膜の出血があったので致命的な事故に至ったかもしれないがよく分からないなど、深刻な例も稀ではない。また非行歴のある者は9名、そのうち8名までが虐待のサバイバーである。12名（20％）が発達障害であり、最も多いのは自閉症スペクトラム障害である。

表 1-2-3　カルテを作成した親の精神医学的診断（n＝60）

主たる診断名	男性	女性	計
うつ病	3	23	26
PTSD	0	7	7
自閉症スペクトラム障害	2	5	7
境界性人格障害	0	6	6
解離性障害	0	4	4
パニック障害	0	2	2
精神遅滞	0	2	2
心身症	0	2	2
脳性麻痺	0	1	1
アルコール依存症	0	1	1
摂食障害	0	1	1
妄想病	0	1	1
計	5	55	60

特に母親の側が自閉症スペクトラム障害という場合に、子ども虐待のリスクが高くなる。DVの被害者は27名（45％）と非常に多いが、このうち11名は既に離婚あるいは別居しており、残り16名中12名までは、治療のなかで夫が外来に来院し治療者からカウンセリングを受けた。これはDVの症例としては例外的であると思われるが、親のカルテを作成する必要がある事例は、それだけ重症度も高く、様々な側面で家族への直面化が必要とされ、またそれにある程度成功していることを示すものと考えられる。

第三に、このような治療を実践してゆくと、末広がりの螺旋状の経過をたどることになる。子ども虐待の症例に同胞が存在した場合には、必ず同胞の治療も必要となってくる。さらに親の治療が開始されると、家族の中で治療を必要とする者の数が増えてゆく。しかも虐待対応家族は多産も存在し、不安定な対人関係に基づく離婚、再婚を繰り返す間に、子どもの数だけ増えてゆくのである。医療機関を核とした子ども虐待の治療においても、医療と福祉との隙間作業が必要にならざるを得なくなり、地域の様々な職種との連携が必要不可欠となる。ここで如何にして敵対的にならないようにして、地域の諸機関との対等かつ密接な連携ができるかが鍵になってくるのである。

4．子ども虐待への包括的治療——子ども虐待の治療に必要なこと

（1）正確なアセスメントと本人への治療

子ども虐待の治療に必要なことをまとめてみよう。子ども本人への治療としては、多岐的で包括的な治療が必要となる。そして何よりも正確な診断とアセスメントが必要である。特に解離に焦点を当て、解離のレベルを計ることが重要となる。被虐待児は境界線知能を示すことも多く、国語力の不足が生じ、それがまた内省力の不足に直結し、行動化傾向を促進させるという悪循環を作り出すことがある。

実施する精神療法も解離に焦点を当てた治療が必要で、従来の力動的精神療法のみでは困難が多く、必要に応じて、リラクセーション、認知行動療法、EMDR（Eye Movement Desensitization and Reprocessing）などの特殊な脱感作治療などを組み合わせて用いることが不可欠である。また衝動コントロールのために、薬物療法が必要であり、そのための治療構造を必要とする。さらに何と言っても、保護の提供と虐待を体験する可能性のない環境と看護が必要不可欠である。

筆者らは被虐待児のための7種類からなるアセスメント・バッテリー（表1-2-4）を作成し、主として処遇

表 1-2-4　被虐待児のためのアセスメント・バッテリー

・A-DES：患児に聞き取りながら行なう解離性症状に関する尺度
・ロールシャッハ・テスト：人格の骨格に相当する部分を見る投影法による心理検査
・WISC-Ⅲ：標準化された知能検査
・K-ABC：児童の認知能力に関する検査
・学習の習得度：国語、算数の学力診断
・CDC：他者評価による子どもの解離性症状チェックリスト
・解離に焦点を当てた行動観察リスト

困難な児童養護施設入所児の治療指針を明確にするために用いてきた。その一例を紹介する。

なお、提示する症例に関しては公表に関する承諾を得ているが、匿名性を守るために細部を大きく変更している。

【症例3】 **施設入所の女児**（12歳）

母親は自身が身体的虐待、ネグレクト、性的虐待を受けている。マチコを出産後、マチコに対する代理によるミュンヒハウゼン症候群が明らかとなり、マチコは児童相談所に保護された。またマチコは、幼児期には両親から身体的虐待を、小学生年齢には母親の愛人からの身体的、性的虐待を受けた。児童施設では盗癖、虚言、性的逸脱行動、弄便などが問題となり、依頼を受けて治療とアセスメントのための3ヶ月間の入院となった。以下に各々のテストの結果を示す。

子どもの解離体験（A-DES）：「自分を知りたいから」と意欲的に取り組み、エピソードをまじえて5回かけて検査を実施した。

40点以上が解離性障害の陽性であるが、「40・3点」を示していたことや、以下のエピソードから「解離性同一性障害」と考えられた。防衛規制として解離を用いて、何とか生活している現在ではあるが、治療が進展するなかで、現在の問題行動の様相が良くも悪くも変化すると思われる。主な解離体験のエピソードとしては、「自分のやった記憶のないテストが返ってくる」部分的生活記憶の忘却、「学校では上手に書けるが、病棟では下手になる」という技能の変動、解離性幻聴、幻覚「カミトリとクマトラ（幻視で見えるキャラクター）の声がする『とっちゃえー』。最近はマイクとケロットの（これも幻視で見えるキャラクター）に変わり、『止めろチクられるぞ』になった」「男の人の幽霊が後ろで立っている」「眠いときに鏡を見て、だれだこれは、と思った」という鏡映像認知の歪み、「遊園地に行って旅館に泊まった翌日、前の日遊んだ内容や、どうやって旅館まで辿りついたかの記憶がない」という時空間の感覚の断裂、「モヒカン（母の恋人）に（小学生年代に）殴られたときも、（乳児の頃に）父親に殴られたことを思い出して感覚を麻痺させた。痛くない」という痛覚の麻痺。自己の行動の不連続。「施設の指導員に頼んで買って来てもらった物について、頼んだ覚えが無く、しかしメモを見ると書いてある」「養護施設に来たころの記憶がない。あごの傷知らない」という自己史記憶の忘却がある。さらに「目の在る人形は生きている。ハウハウ（という名のぬいぐるみ）との朝の会話をする」。おはようとマチコが言うと、縫いぐるみのハウハウは「もう朝？」と聞くので、「朝だよ」と返す。たしかに入院中に大声で独語を話す本人に看護師が驚き、前記の独語の記録がある。その他、赤ちゃん人格（ミーチャン）、男の子人格（ケン）、いい子人格（ミサキ）、性的人格（アサミ）、犬の人格（ショコラ）などの別人格の存在を本人が認識している。

子どもの解離尺度（CDC）：入院中に、看護師による解離体験の検査である。CDCは15点で、病的解離とされる12点を上回る結果となった。特徴的な具体例としては「他患の悪口をマチコが言ったか」と尋ねたときに、「言ったかもしれない」という曖昧な言い方をするなど、記憶の断片化や不明瞭さが認められた。朝早くから気分の高揚が著しく、大声で話す癖があり、何度注意しても、周囲に合わせた行動がとれない。時間感覚の乏しさがあり、朝昼晩には不適当な行動が出現する。「ぼく、うち、あたし」と自己の呼称が変化する。他患の初体験の話に身を乗り出して興味を示す。スリットスカートを着て無防備に下着をみせるなど著しく性的になることが見られた。さらに、「一人になると大部屋で幽霊を見る。男の人」と解離性幻覚なども認められた。２人の小学校低学年の児童に指示して犬猫ごっこをさせていたが、この時に、普段のマチコとは異なった非常に冷淡な表情となっていることを、看護師が観察した。これは性的部分人格の出現と考えられた。これらの所見から、CDCからも病的解離の存在が確かめられた。

ロールシャッハ・テスト：知的には高く思考面の豊かさはあるが、中等度の認知の障害がある。外からの刺激に過敏に反応して敵意を抱き、攻撃性を内在している。対人関係に関しては、空想的に引きこもることや解離の防衛規制によって、希薄な人間関係のバランスをとっている。しかし自己のやや妄想的で一方的な思い込み（虐待者などから刷り込まれたもの）によって、非行行為や問題行動が生じやすく、周囲には違和感をもたれやすく生活に支障をきたしている。人に甘えたいが怖いという回避的依存的葛藤が見られる。治療を行なうことで、ゆがんだ認知様式が減少するにつれて攻撃衝動コントロールが逆に不良になり、攻撃性が噴出することがあると予想される。

学習の習得度：数学と国語に関しての基礎的なつまずきがあるものと考えられる。

数学：計算力は、小数・分数も含めて計算の仕方は6年生まで達成できているが、計算に不慣れなためか、簡単な二桁と一桁の足し算に時間がかかっていた。また文章題の理解が困難なのか、文章題での割り算を求める課題について、習得ができていない。

国語：漢字の書き取りは3年生課題が6割程度、4年生課題が2割以下の習得度である。また、読力に比べて書力が劣る。

以上のことから、WISC-Ⅲの結果に比して、基礎的習得度は劣っているものと考えられるが、非常にムラがあり、一部は解離から生じた学習の問題と考えられる。今後、学習ドリルを用いて、何度も練習や訓練を積み重ねることによって習得度も高まってゆくものと期待される。

WISC-Ⅲ：言語性IQ99、動作性IQ87、全IQ93であった。知的能力はほぼ年齢相応で、言語性優位を示した。ばらつきは、「言語理解」は優り、「注意記憶」「処理速度」で落ち込みが見られた。言語性の課題においては、「知識、単語、理解」の力はあり、算数は劣っていた。動作性能力では、機械的な作業の不器用さがあり、短期記憶は劣っていた。また、絵画完成は長けているが、視覚、聴覚、手作業と複数の刺激を同時に行なう操作である「積み木模様、組み合わせ、符号」は苦手であった。

さらに簡単な問題で誤答をし、上位の問題で正答するという、能力のムラが著しかった。これらのことから、表面的なコミュニケーションには支障がないが、ムラが著しく、また身体的な作業の一部には困難をきたすことがあるものと推測される。

K-ABC：12歳級の児として評定を試みた。認知尺度（認知のばらつきの尺度）と習得度（学習などの経験から学びとる習得した能力）の差はない。継時処理（やり方が定まっていて作業手順にしたがって行なう課題の処理）より同時処理（やり方や手順を自分で見つけながらまとまりの調節が必要な課題の処理）がやや優位であり、全体的に10歳級から13歳級台の値を示していた。他の課題に比して特に言語理解課題が優位であり、一方、数唱や算数、語の配列など記憶や計算の課題が、7歳級と劣っていた。聴覚的な情報の処理や保持が困難であることが示された。全体としては、WISC-Ⅲの結果とほぼ一致した。

担当看護師による解離に焦点を当てた行動観察：評定は2回に分けて実施したが、入院の経過のなかで行動の変容が見られた。解離症状については、CDCの評定と一致した。覚醒水準については常にやや興奮状態で表現が大げさである。また「血だらけの人に心臓マッサージする」などの悪夢を見ている。部分人格の交代現象も見られ、性的モードや、退行モードが目立った。解離性幻覚として、「男の人が立っている」「首を絞められそう」「一人だとおばけが出る」は、入院後半には見えなくなったり、感じなくなったりした。また、「身体への関与」行動については、入院当初は麻痺していたが、寒さを感じられるように変化したことや、原因不明のかゆみや痛みが出現し、感覚がいくらかよみがえってきた様子であった。その他の目についた行動としては、一人の看護師（女性）への「執拗なつきまとい」があったが、この行動の意味はよく分からない。また「授業の時に男の人が見える」と登校渋りがあったが、精神療法で取り上げてゆく経過においてこの症状は消えていった。

［総合所見と今後の計画］

解離性同一性障害が認められ、病的レベルの解離性障害が存在するものと考えられる。①薬物療法としては、衝動コントロールを調整するための抗精神病薬を中心とする治療を数年間必要とする。②精神療法を継続し、2週間に1回程度の治療が必要であるが、治療の実施に伴い、解離による防衛が消えることによって、衝動コントロールが逆に不良になる時期があるものと予想され、必要に応じて再度の入院治療が必要になる可能性があるものと考えられる。③環境調整や本人理解のための施設職員とのコンサルテーションが必要である。特に性的人格や暴力人格の取り扱いについて、話し合いを要するものと考える。この所見は施設スタッフに報告された。

（2）子どもの家族への治療

筆者らの所属するあいち小児センターでは、先にも触れたように、子ども虐待の親子で共にカルテを作り、親子で並行した治療を行なってきた。子どものケアだけを行なっても、親の側の治療が並行して行なわれなければ、そもそも家庭に子どもを戻せない。親子治療が必要とされるゆえんである。特に重要なのは、家族全体を治療の視野に入れることである。家族の生育史の確認を行ない、一世代前の親子関係を取り上げてゆく姿勢が必要とされる。このような実践を行なってみると、実に多くの症例が、親もサバイバーであり、あるいは同じ質の問題を抱えていることに驚かされる。薬物療法が必要なレベルであれば、われわれはカルテをつくるようにしている。このような場合、親の治療は他の治療機関に任せるという対応方法をとる方が容易であるが、重症度が高いほど治療を分散させない方が効率的であると考える（杉山　2004）。あいち小児センターにおいては、院内保健センター保健師による家族への積極的なサポートが実践されており、外来治療の不足分を補っている。

入院外来治療を含む子どもとその家族への支援を行なった症例を紹介する。

【症例4】　**アスペルガー障害の女児**（初診時9歳）

主訴としては、すぐにかっとなり、泣きわめき、パニックになるか、貝のように固まってしまう、という訴えで受診した。

母親によればとても育てにくい子で、生後6ヶ月頃から些細なことで火がついたように泣き出し、泣き始めると2時間以上泣き続けることはざらであったという。このようなサクラに対して、母親は幼児期からかっとなって激しい体罰を加えることが多く、床やベッドに投げつけたり、突き飛ばしたりしていた。外出先で大泣きをして、トイレで突き飛ばしたところ、顔を切って大出血をしたという事件がある。小学校になってもこの状況は変わらず、毎日のように、パニックあるいは固まることを繰り返し、母親は「おまえなんか死ねばよい」と言うことが続き、実際これまでに首を絞めたことが何度もあった。母親自身も死にたいという気持ちは以前からあり、最近でも子どもの首を絞め自分も死のうとした心中未遂が生じており、明らかに緊急介入が必要な状況であった。

サクラの生育歴を詳細に取り直してみると、乳児期に、母親の顔を見ても笑顔を見せなかった、あやしても喜ばなかった、抱きにくい子だった、真似をしなかったなど、自閉症の乳児兆候が強陽性であった。また2歳で二語文が無いなど、ことばの遅れが見られたことも分かった。しかし1歳6ヶ月児健診では激しく泣いていて、チェックも何もできなかったという。幼児期には道順にこだわり、同じでないと激しく泣いた。幼児教育では集団行動が著しく苦手であった。小学校に入学すると、着席はできていたが、ぶつぶつ独語を繰り返してストーリーのない物語を自分で作り、その世界に没頭していた。友人からは孤立しており、特に最近になってぼうっとすることが著しく増えていた。知能検査では正常知能であったが、「理解」の評価点が著しく低いなど凹凸が認められ、解離性障害を併発したアスペルガー障害と診断された。

一方母親は、感情の起伏が著しい自分の母親から激しい体罰を受けて育ち、家出が何度もあったという。母親もまた対人距離に悩み、紆余曲折を経て現在の夫と結婚した。夫は家族に対して無関心で、仕事と自分の世界に閉じこもっているという。母親の死にたいという気持ちはずっと以前から存在し、自殺未遂も何度かあった。不眠がちで感情の起伏が激しくかっとなりやすく、最近はサクラの泣き喚く声を聞くと、心臓が躍り出すという。うつ病を伴ったパニック障害と診断された。

親子並行しての治療が開始された。治療構造としては、サクラの心理治療を臨床心理士が担当し、サクラの薬物療法と、母親の薬物療法および精神療法を医師が担当した。治療の開始によって、かんしゃくの回数は半分ぐらいになり、母子ともに死にたいという気持ちは軽減した。サクラの心理治療は、言語的には無理があり、描画や箱庭が用いられた。絵ではサクラに強く印象を残した出来事が連続画として描かれ、写真のようにその場面が記憶されていることが示された。サクラは以前に比べて元気になり、また母親も以前より優しくなったが、サクラが母親に対して自己主張する場面が増えた。治療開始後数ヶ月を経たころから、母子間の緊張は再び高まるようになり、サクラが泣き喚くだけでなく母親を叩くようになり、母親もサクラに再び激しい暴力を繰り返すようになった。このためこの時点で入院治療に踏み切り、サクラを家庭から分離した。

入院治療では、サクラの対人関係の行動に関しても取り上げることが可能となった。サクラは入院中の他の子どもに、「死んじゃえ」「障害児」「バカ」など非常に強い口調で配慮のない発言を繰り返し、しばしばトラブルとなった。また母親とは、外泊を巡って対立し、母子ともに病棟のなかでパニックになることが続いた。やがてサクラのパニックは、病棟生活のなかで治療者側に向かって出されるようになった。このような折にじっとパニックが収まるのを待つと、「家に帰るのは怖いが、お母さんに見放されるのも怖い」などと初めて自分の感情をことばで表現できるようになった。箱庭では、徐々に動物と人間との平和共存というテーマが登場し、その後、心理場面で治療者に抱きついて甘えるなど、これまでになかった身体接触を求めることも見られるようになった。

サクラの入院の間に、母親の治療は継続して行なわれた。母親への夢を用いた治療では、対人関係の葛藤をテーマとした夢が繰り返し登場した。やがて母親は対決を決意し、自分の母親に、なぜ感情にまかせて激しい体罰を自分に繰り返したのか尋ねたところ、母親から謝罪のことばを聞き、少し楽になったと述べた。このように、母親自身の母子関係と、現在のサクラとの母子関係の問題が重なり合っていることを取り上げてゆくなかで、サクラほど強くはないが、母親自身が他者の心理を理解するということに苦手さがあることが明らかとなった。人との関係で混乱しやすく、また人との駆け引きができず、そのために、子ども会やPTAなどの役員をことごとく背負っていた。治療者はあらためて自閉症者の自伝を読むように母親に勧めた。その後母親からは、サクラの固まってしまう意味が分かりやすくなっただけでなく、自分にぴったりのところがあって非常に驚いたという感想が述べられた。

退院が話題となり、サクラも母親も共に強い不安を訴えたが、外泊での出来事をそれぞれの治療で取り上げ、また病棟生活におけるサクラへのスタッフの対応方法を母親に伝えることを繰り返し、家庭へと戻る準備を行なった。サクラは3ヶ月間の入院治療を経て、自宅へ退院した。

退院後、母子ともに抑うつからは回復し、親子関係は以前よりも著しく安定した。母親からの暴力はほぼ無くなり、サクラのパニックも徐々に減少し、2週間に1回程度に減った。しかしパニックの度に親子の緊張が著しく高まることはその後も続いており、継続的な治療が続けられている。

この症例は、自閉症スペクトラム障害に子ども虐待が重なっている（杉山ら、2003）。虐待に基づく反応性愛着障害と自閉症スペクトラム障害とは、しばしば鑑別が極めて困難である。しかしこの症例では、母子ともに自閉症スペクトラム障害を基盤とする生来の愛着形成や親子関係の障害が認められ、そのうえ激しい虐待による修飾が加算されたと考えることが最も了解しやすい。サクラへの正しい診断がなされ、母子への並行治療が開始されたが、親子間の緊張はむしろ高まり、入院という形で分離せざるをえなくなった。しかし入院治療による分離を通して、サクラも母親も共に治療が進展し、わずか3ヶ月間の分離の後に再統合が可能となった。

この症例においては、危機的ではあったが家族がまだ崩壊してはおらず、また家族の経済的危機などがなく、治療継続のうえで良い条件が揃っていた。そのため、親子分離を治療の一環として行なうことができた。

子ども虐待の臨床において、子どもの安全確保と保護が最優先であることは疑いないが、家族全体への治療の一過程として、分離と再統合を行なうことが可能であれば、この症例に示されるように、治療的な適応は大きく拡がるのではないかと考えられる。

（3） 他の機関との連携と協力

もともと児童精神科領域は、他の児童を巡る諸機関との連携が仕事の一部であった。地域の保健所、保健センター、また児童相談所、市町村の保健師や福祉担当者などとは、自ずから顔なじみになる。さらに児童が通う保育園、学校、学童保育などとも交流が生まれるようになる。しかし虐待臨床においては、これらに加え、地域の民生委員や児童委員、さらに養護施設職員、情緒障害児短期治療施設職員、そして警察官や、裁判所調査官、さらには検察官とまで連携が拡がってゆく。あいち小児センターにおいては、院内虐待ネットワーク委員におて、外部の子どもを支える地域の諸機関との集中的な情報の共有と、コンサルテーションを行なっている。

次に、司法サイドから依頼を受け、治療を行なった症例を紹介する。

【症例5】 女児（初診時2歳11ヶ月）

初診は父親とともに受診した。トモヨが嫌っている母親が、裁判所の調停によってトモヨを強引に引き取ろうとしているというのが父親の主訴であった。

生育歴としては、1歳4ヶ月にて母親からの希望で、両親は離婚した。トモヨは兄（5歳）とともに母親に引き取られ、母親と、母親の新しい恋人である男性と暮らすようになった。しかし同居を始めた直後から、はじめは同居男性から母親への暴力が、やがてトモヨにまで暴力をふるうようになり、母親に言うことを聞かせるようになっていった。同居男性からの激しい身体暴力は繰り返され、母親が止めると余計に暴力がひどくなるので、介入ができなかったという。2ヶ月後、トモヨは、その男性からの虐待により致命的外傷を負って保護された。その後、トモヨ、兄ともに父親と同居するようになった。母親とは3ヶ月に一回程度の面会をしていた。一年あまり父親と同居したが、父親は兄に対して感情的になることが多く、翌年、兄は母親の元へ戻された。母親と兄との生活が始まった後、母親はトモヨの引き取りを求めて裁判所に訴えた。裁判所の調停は父親に不利に経過し、このままではトモヨも母親に引き取られることになりかねないが、トモヨは母親を嫌っていると、父親は述べた。

初診時（9月）にトモヨは夜泣きがあり、初診の行動観察では、遊びのなかですぐに虐待の再現が認められ、人形を閉じこめたりたたいたり、上から落としたりを繰り返す。また無差別的に大人への対人接触を繰り返し、外傷後ストレス障害および反応性愛着障害と診断された。

トモヨの様子は明らかに治療が必要であったので、家裁調査官との話し合いを行ない、治療を行なうのでしばらくの間、調停の決定を待ってもらうことを家裁に要請した。またこれまでの経過で、このような事例に全く経験のない父親側の弁護士を、別の弁護士に交代してもらった。

臨床心理士によるトモヨへの遊戯療法が開始された。10月から翌年10月まで、計20回のセッションを行なったが、当初は強迫的に反復されていた虐待再現遊びから徐々に子どもらしい通常の遊びへと転換されていった。またこの間に、医師から家庭への子育てに関する継続的な指導を行なった。治療セッション15回目前後から、トモヨが幼稚園に行きたいと来院をしぶるため月一回に減じ、20回で治療終結とした。

【症例6】　妹と共に虐待を受けた男児（初診時5歳）

症例5のトモヨの兄である。家裁調査官から妹があいち小児センターで治療を受け始めたことを聞き、母親は治療者に会うことを求めてきたが、治療者も兄の状況が気になっており、兄を受診させることに母親が同意したため、受診となった。母親の来院時の訴えは、妹と一緒に暮らしたいということであった。

母親に兄も心の傷を負っている可能性があることを説明し、治療者による遊戯療法が開始された。同時に治療者は母親のカウンセリングを行ない、妹に対する思いを捨てきれない母親の気持ちを聞いた。兄の側の治療は、月に1回程度の箱庭、遊戯療法が行なわれた。当初は無人の世界に、強迫的に物を並べるという箱庭から、徐々に生き生きとした遊びを展開するようになった。6回目の遊戯療法では、癌を宣告された赤ちゃんが、病院に救急車で搬送され、治療を受けて回復するというストーリーの遊びが行なわれた。兄は小学校に入学し、8月までに計8回の治療で治療終結となった。兄と妹の治療がともに終結した2学期に、家裁の裁定がなされ、妹は父親と、兄は母親との生活という、これまで通りの生活を続けるという判断となった。共に年に4、5回は、普段同居をしていないもう一人の親に面会することとなり、以前に比べ、両親、兄妹ともに、安定した生活となったと報告されている。

この症例は兄、妹とともに、父、母も心的外傷を抱えており、司法サイドの協力のもとに、それぞれの継続的な治療が可能となった事例である。各々のこれからの幸福な人生を願ってやまない。

5．虐待対応支援のトライアングルを超える

虐待は力関係の病理である。虐待は家族という閉鎖空間のなかで、加虐者が被虐待児に不適切に力を行使し支配することによって生じる。しかしそのような力関係の病理は、実は虐待支援をする側の人間とその対象者である家族との間にも生じる問題でもある。児童虐待防止法という権力の下に、支援者側が支配力を持ち子どもの保護を行なうのである。しかし加虐者の相当数は、自分自身が被虐待の既往を持っている。子どもの保護の時に、ことばにされることは少ないが、多くの親は「なぜ自分が虐待された子どもの時には援助がなく、自分の子どもだけが保護され、自分が非難を浴びなくてはならないのか」という強い不公平感を抱いている。自らが被虐待児であったということが、虐待を正当化するわけでないことは言うまでもない。しかし加害側もその大半は社会における弱者であり、彼らのこれまでの人生の歩みに、深い畏敬の念をもってかかわる姿勢が、子どもの処遇や治

療に当たる側に必要とされる。

虐待のケアを担当する人間は、加害者、被害者、救済者のいずれの役割も経験することになる（図1-1-2参照）（海野 2004）。虐待のケアを行なうものは虐待を受けている子どもにとっては救済者であるが、家族には加害者となり、支援に際して、孤立無縁のなかで家族からの攻撃を一手に受ける立場となれば、無力感と疲労感のなかに立ちすくむ被害者ともなりうる。そして、この矛盾をはらんだ立場こそ、虐待ケアの中核である。

虐待ケアの支援者とは、同じ位置にとどまり続けてはならず、少しずつ立場を移動することが求められている。虐待児への治療は、親子分離のように、家族からその力と支配を完全に奪うことから開始せざるをえない。しかし、支援の経過のなかで、一度奪った力を統制力のあるものとして適切に返してゆくことで、被虐待児とその親とが、本来自分のものとして持つべき歪みのない統制力をもった力を獲得することが目標となる。いつまでも支援者側が救済者や加害者の役割を取り続けることは、家族の側は被害者であり続けることになってしまう。支援する家族と支援者との関係が対等の関係となること、が最終的な目標となろう。家族と支援者との関係が、被害者にも加害者にも救済者にもならない関係に向けて、調整を行なう努力が求められている。

われわれを著しく悩ませているのは、子ども虐待を巡るインフラの不足である（加賀美 2001、庄司 2001）。特に入院と家庭との中間的な対応が可能な場所、養護里親や情緒障害児短期治療施設の空きがなく、入院による保護を行なってもその後の処遇先が見つからず、病棟に留まる児童が目につくようになった。貴重な病床がこのような「社会的入院」で占領されるのは、治療センターとしては避けなくてはならない大問題である。そもそも養護施設がほぼ満員で、家庭にすぐに戻すことが困難な児童の行き場が全くない。このような状態でも、県は養護施設を増やすことや、情緒障害児短期治療施設を増やす計画は全くないとのことである。巨大プロジェクトにお金がつぎ込まれる一方で、未来を担う子どもたちを巡る状況がこれで良いのかと悩む毎日である。

謝辞　虐待治療チームの同僚である小石誠二、服部麻子、浅井朋子、東誠、山崎嘉久、塩之谷真弓、大橋信彦の皆様に深謝します。

注　この研究は、平成16年度厚生労働科学研究費補助金（子ども家庭総合研究事業）被虐待児の医学的総合治療システムのあり方に関する研究（H15-子ども-００９）（主任研究者　杉山登志郎）の分担研究として行なわれた。

[文献]

第1節

・原田恵理子（2001）「性的虐待被害者・サヴァイヴァーへの援助者のためのカナダ夏季研修——私的レポート・その２」『女性の安全と健康のための支援教育センター通信』1号

・原田恵理子（2001）「性的虐待被害者・サヴァイヴァーへの援助者のためのカナダ夏季研修——私的レポート・その３」『女性の安全と健康のための支援教育センター通信』2号

・Herman, J. L.（1992）*Trauma and Recovery*. Basic Books［中井久夫訳（1996）『心的外傷と回復』みすず書房］

・女性のためのアジア平和国民基金編（1998）「女性に対する暴力・性的虐待：当事者の立場にたったサポートとは——カナダでの実践と日本の現状」

・杉山登志郎・海野千畝子（2002）「解離性障害の病理と治療」『小児の精神と神経』42(3), 169-179

第2節

・加賀美尤祥（2001）「児童養護施設の現状と課題」『小児の精神と神経』41, 229-231

・小林美智子（2004）「わが国の経過と教育現場への期待」『教育と医学』616, 888-899

・McLaren, M. J.（2004）Attachment based intervention of young children. IPSCAN 15th International Congress on Child Abuse and Neglect, Brisbane.

・庄司順一（2001）「里親養育の現状と課題」『小児の精神と神経』41, 211-219

・杉山登志郎（2004）「子ども虐待とそだち」『そだちの科学』2, 2-10

・杉山登志郎、海野千畝子、浅井朋子（2003）「高機能広汎性発達障害にみられる解離性障害の臨床的検討」『小児の精神と神経』43, 113-120頁

・海野千畝子（2004）「子どもと家族への包括的治療と支援」『そだちの科学』2, 23-30

第2章 解離性障害の治療——病的解離のアセスメント

（➡ p.241）

第1節　解離性障害の病理と治療

医師　杉山登志郎、臨床心理士　海野千畝子

1．はじめに

近年、わが国において児童思春期の解離性障害は急激に増加しているが、その治療は意識の不連続を抱えるため困難なことが知られている。近年の研究では、外傷体験に対する防衛として形成される水密区画化（compartmentalization）について、脳の器質的な変化を示唆する知見が報告されるようになった。最近、外傷体験が一義的に解離性障害を引き起こすわけではないことが認識されるようになったが、少なくともその要因であることは確認されている。解離性障害に特異的に有効な薬物療法はいまだ見出されていない。したがって、病理の重い症例に対する治療の原則に従った精神療法が治療の中心となる。

これらの解離性障害の病理を巡る最近の知見を展望し、治療について概説を試みた。

2．なぜ解離を取り上げるか

まず解離性障害を取り上げた理由について述べたい。

筆者らは２００１（平成13）年11月に開院した新しい子ども病院（あいち小児保健医療総合センター）で心療科を開設した。ここで臨床活動を始めて最も驚いたことの一つが、小児期、思春期の解離性障害患者の多さであった。わが国の小児期、思春期の解離に関する調査としては、われわれも加わった河村ら（2000）による名古屋大学医学部精神科児童外来を受診した解離性障害の報告があるが、１９８７年から９年間の間に、18歳未満の解離性障害はわずか18例であった。

またほぼ同じ時期に近畿大学の青年期外来では、年間約7例と報告された（花田 1996）。しかるにわれわれの病院では、開院して7ヶ月間に、実に40例の解離性障害の患者を数えるに至った。この数字はごく最近になって、この問題が急激な増加を示すようになったことを示唆する。その要因として浮かぶのは、子ども虐待との関連である。

解離性障害が子ども虐待をはじめとする心的外傷体験と密接な繋がりがあることは欧米では定説となっており（Putnum, 1997）、子ども虐待が急増を示しているわが国の状況下では、今後さらに増加することが予想される。さらに、解離性障害の治療は困難であることが知られている。特に交代性人格が結晶化した場合には、意識の不連続のため、面接に連続性がなく、さらに交代人格によって激しい問題行動が担われ、その行動に対して記憶も責任感も持たない主人格に対して約束を重ねても行動化が治まらないなど（石黒 2000）、治療に難航することが稀ではない。

開院してまもなく、われわれは多くの治療困難な症例を抱えることになった。

新たな子どもの臨床の場で、走りつつ学んだ解離性障害に関する現在の知見を紹介し、古くて新しいこの問題について展望を試みたい。

表2-1-1　診断別内訳

	解離性健忘	解離性遁走	解離性同一性障害	離人性障害	DDNOS1	DDNOS5	合計
男児	0	1	1	0	9	1	12
女児	4	1	1	1	16	5	28
合計	4	2	2	1	25	6	40

注　DDNOS＝特定不能な解離性障害

3．解離性障害の症状

児童期、思春期の転換ヒステリーに関しては、成人において減少が見られるのに比して、増加傾向があることは以前から指摘されてきた（村瀬ら 1994）。しかし解離の問題が注目されるほどの増加を示すようになったのは、先に述べたようにごく最近である。DSM-Ⅳには、解離性健忘、解離性遁走、解離性同一性障害、離人性障害、特定不能の解離性障害1と5の六つの単位があるが、相互に認められる症状群から成り立っており、それらは健忘と記憶障害、および解離過程症状の2群に大別できる（Putnam, 1997）。健忘と記憶障害として、ブラックアウト、遁走エピソード、技能知識水準レベルの動揺、自己史記憶の空白、フラッシュバックなどがあり、解離過程症状として、離人感、被影響体験、解離性幻聴、トランス体験、交代人格状態、スイッチ行動、解離性思考障害などが挙げられる。さらに古くからこれらの解離性症状群と、転換性症状群はしばしば同時に出現し、転換ヒステリーと呼ばれてきた。最近の調査によれば、わが国の児童の場合には、単一症状群よりも多症状群の方が多い傾向が認められた（Murase et al., 2000）。表にわれわれが経験した40例の解離性障害について、DSM-Ⅳによる診断別内訳を示した（表2-1-1）。河村ら（2000）の報告と同様に「特定不能の解離性障害」が最も多く、なかでも解離性同一性障害類似の1型が多く存在した。なお、この40例のなかに7例の自閉症スペクトラム障害が認められた。うち2例は、虐待を受けた児童であったが、残り5例はいずれもファンタジーへの没頭というレベルを超えて、意識モードの切り替え、あるいは交代性人格を持つに至った症例である。ウィリアムズ（Williams, 1992）の自伝で高機能自閉症の一部が多重人格を持つ場合があることは知られるようになったが、解離という視点から見直してみると、解離性障害を合併した症例が散見された。

これらの意識の変動を示す現象が、正常な日常活動のなかに存在しないのかといえば、「われを忘れる」という現象は日常的に至るところに認められる（Putnum, 1997）。解離性障害のチェックと評価に用いられてきた解離体験尺度（Dissociation Experience Scale：DES）を用いた統計学的な検討からは、日常における一般的な状況でしばしば認められる種類の解離性症状と、日常ではほぼ存在せず、病理的な解離性障害という病態に至って初めて頻発する種類の解離とに分けられることが指摘された（Waller et al., 1996）。前者の例としては、テレビを見ていて夢中になるといった没我体験や、物思いに耽って自動車を運転していて、後に振り返ってもどこをどのようにして走ってきたのか思い出せないといった自動化現象、また一般的な物忘れが含まれる。後者に関しては、自己分裂感、親しい人を見ても識別できない、自分の体験が不連続になる、解離性自動症（知らぬ間に一連の行為がなされている現象）などが含まれる。さらにその中間型として、宗教体験とセックスにおける没我状態、スポーツ体験における意識の変容を充てる見解もある。このように、意識の不連続や健忘自体は日常生活でも生じ得るものである。それがどのようにして病理的な形の解離へと展開するのか、様々な議論がなされてきた。

パットナム（Putnum, 1997）は、離散的行動状態モデルを提示した。これは最も初期の段階においては、健常乳児が、ぐずり、うとうと、大泣き、覚醒など行動状態の基本的モデルの間をスイッチを切り替えて移動するところに基盤を持ち、発達につれて多くの状態依存的な行動モデルが加わることで、感情や覚醒や発達モードの異なったいくつもの行動のブロックが作られ、それらのモードが切り替わる状態となるという考え方である。健常児ではスイッチの切り替わりに対し、全体を統合したメタ認知がなされるのに対して、病理的な解離では統合が存在しないままに切り替えが生じることによって、解離性障害へと発展すると説明される。

なぜ解離性障害においては、健常な解離が病理的な方向へと進むのであろうか。それには水密区画化という概念が援用される。水密区画とは、船の船底を閉鎖が可能ないくつもの小さな部屋に区切ることである。これは、外から船底を破って水が侵入してきたときに、水が船底すべてに広がり、船が沈没してしまわないために作られた構造である。つまり圧倒的な外傷体験に対して、その部分だけを切り離して全体を保護するという防衛機制が働くことによって、個々の離散的意識と行動のモデルが状況依存的に独立するために、発達的に病理的解離が作られてゆくと考える。

4．解離性障害と外傷体験

1980年代の後半から、特にアメリカ合衆国を中心に、外傷体験と精神科疾患との関連を巡る研究が急速に進んだ（Chu & Dill, 1990；岡野 1995）。その基盤となるのは、ベトナム帰還兵および児童虐待の既往者を対象とした外傷体験の後年の影響に対する研究（Herman, 1992）と、心的外傷後ストレス障害（PTSD）の生物学的な所見の研究である（Bremner et al., 1995；Bremner et al., 1997）。これらの研究によって、前記の水密区画化に関する生物学的な裏づけがある程度得られるようになった。外傷体験が通常の記憶メカニズムを含む、脳への器質的な影響を与えることに関しては、もはや疑うことはできない。また外傷性記憶の処理機構そのものも、通常の海馬を中心とする記憶のメカニズムとは異なった処理機序がなされている可能性が示唆されてきた（Liberzon et al., 1999；中村ら 1999）。つまり脳の中そのものに水密区画が形成されるのである。

とはいえ、これらの研究のなかで、外傷体験を被った個人がすべて一様にＰＴＳＤを生じるのではないことや、また外傷体験が一義的にそのまま病因として解離性障害、特に解離性同一性障害には直結しないことも明らかとなった。その理由の一つは、解離性障害患者の偽記憶の問題である。特に暗示性が高い児童症例において、存在しない事実の記憶を比較的容易に作ることができることに関しては、多くの実験的な報告が提示されている。しかしながら、外傷体験、特に解離性障害における様々な記憶が偽記憶である可能性が高いのかといえば、それは決して高いものではなく、外傷体験自体を否定するものではないということも大方の一致を見ている点である（岡野 1995；Putmun, 1997）。

より大きな問題は、解離性障害と外傷体験との関連についてである。これまでわが国から提出された、解離性障害に関する臨床報告では、外傷体験と結びついた解離性障害の報告もなされているが（石黒 2000）、必ずしも外傷体験に結びつかない症例報告も比較的多くなされてきた。河村ら（2000）による18例の解離性障害の報告では、明確な外傷体験の既往は2例のみであった。また幸田（2000）の報告した多重人格を示した重度の解離性同一性障害の症例においても、外傷体験は認められなかった。アメリカ合衆国においても、一元論的に解離性障害を外傷体験に結びつけたかつての考え方から、元々個人の持つ脆弱性に外傷体験が掛け算になって生じるというフロイトの心的現実説への復帰が主流となってきた（岡野 2002）。中村ら（2001）は複雑性ＰＴＳＤ（Herman, 1992）の29名について、精神科的診断と外傷体験の重傷度、さらに画像診断との突き合わせを行ない、外傷体験の重傷度と、人格偏奇や画像診断の所見とは相関がなく、一方で人格偏奇を伴った症例と画像診断の所見との間に相関が認められたことを報告した。中村らはこの所見から、解離性障害には心的外傷の他に、遺伝的、素因的要因が関係しているとした。

資料として筆者らの経験した40例に関する調査を示す（表2-1-2）。40例中、外傷体験も虐待の既往も持たないものは3例のみで、大多数の症例は外傷体験を持っていることが示された。さらに、筆者らの経験した解離性障害に次のような症例があった。

15歳の少女が「自分は親から一度捨てられ、恐いお母さんに拾われたが、悪い子だった自分はまた捨てられ、良いママに拾われた」と言い、自己史記憶の不連続を訴えて受診した症例である。これは親否認妄想の一型と考えられるが、彼女には明確な虐待や外傷体験の既往は存在しなかった。しかしその母親は、小学生の時に担任教師に激しい性的侵害を受け、成人してからも性への嫌悪と対人的な距離に悩み、さらに比較的最近になってレイプの被害に遭った。母親のレイプ事件は彼女が小学校4年生の時に生じたが、彼女はその後不登校になり、やがて中学生になって先のような解離性障害を生じるに至った。

母親が受けた外傷体験は、その後の母親の子育てや親子関係に影響を与えないはずはなく、この症例は、一見明確な外傷体験の既往がなくとも、一世代前の外傷体験が影響を与えている症例があることを示唆するものである。

また、40例中最年少例は2歳の女児であった。この症例は、母親とともに交通事故に遭い、炎上寸前に自動車から救い出されたという外傷体験を基盤として、その後に解離を生じていた。しかしながら治療経過のなかで、母親の対人的距離の不全が明らかになり、引き続き母親の抑うつ、父親のうつ病発症、家庭の危機などが生じ、この症例もまた、一世代前の問題を引き受けた形で生じていることが明らかとなった。筆者らは岡野や中村らの提唱する素因と心因との掛け算という解離性障害のシェーマは正しいと考えるが、中村らの報告でも深刻な外傷体験は全例に認められており、解離性障害の少なくとも要因としての外傷体験の存在について、世代間を超えて

表2-1-2　40例における虐待と外傷体験の既往

虐待あり	30	
身体的虐待		8
身体的・性的虐待		6
身体的虐待・ネグレクト		2
ネグレクト		6
性的虐待		2
心理的虐待		6
外傷体験あり	7	
両方ともなし	3	

評価を行なうことが必要と考える。

5．解離性障害の評価と鑑別診断

解離性障害の診断に当たってわれわれは、ＤＥＳおよび児童解離チェックリスト（The Child Dissociative Checklist：ＣＤＣ）をなるべく用いるようにしてきたが、実際に使用してみると、ＤＥＳは特に児童期の症例において得点のばらつきが大きかった。これは児童思春期の患者では内省力の不足のために、自己の解離状態の把握に困難があるためであろう。したがってＣＤＣの方が有用性が高い症例が多かった。

表に児童思春期における解離性障害の鑑別診断を示した（表2-1-3）。この表にはいくつものレベルの異なった問題が並べられていて、過剰診断が問題になる場合も、過小診断が問題となる場合もある。ＡＤＨＤ（注意欠陥／多動性障害）やてんかんにおいては、衝動行為があたかも別人格のように見られる場合もあるが、その一方で解離が存在していても、衝動行為として見逃されてしまう危険性もはらんでいる。自閉症については、解離を合併する例が認められることは先に触れた。

表 2-1-3　児童思春期における解離性障害の鑑別診断

ADHD
てんかん
自閉症スペクトラム障害
行為障害、薬物中毒
若年性周期性精神病
統合失調症
境界性人格障害

行為障害は、一つには詐病や虚偽の記憶喪失という問題があるが、一方、虐待に行為障害が生じることは非常に多く、慎重な鑑別を要する（杉山 2000）。また薬物中毒の症状に隠れて解離性障害が見逃されやすいという報告がある（Dunn et al., 1993）。若年性周期性精神病はその急激な周期（rapid cycle）が交代人格と誤解されることがあり、統合失調症においては一次性の幻覚妄想が解離性のそれと誤診

表 2-1-4　解離性障害への薬物療法

・選択的セロトニン再取り込み阻害剤（SSRI）：PTSD に有効
・抗精神病薬（特にレボメプロマジン）：衝動行為に用いられる。解離性幻覚にも有効
・カルバマゼピン：衝動性軽減に有効
・炭酸リチウム：衝動性軽減に有効
・β遮断薬：衝動性軽減、侵入症状に有効
・クロニジン：PTSD や解離性障害に有効の報告あり

される危険性がある。境界性人格障害（Shearer, 1994）に関しては、解離という視点から見直してみる必要がある症例が少なくないことを、われわれはこの数ヶ月間の間に学んだ。

むしろ問題なのは、身体疾患との鑑別かもしれない。筆者は「身体的に異常がないのでヒステリーであろう」と言う小児科医からの紹介状を鵜呑みにして身体疾患の存在に後から気づいたいくつかの苦い経験を持っており、ヒステリー圏の問題に関して、身体病をまずは疑ってみることの必要性を、これまでに何度か実感させられた。われわれが勤務する新しい子ども病院は、小児科医を中心に院内連携が取りやすい組織となっており、気軽に他科へのコンサルテーションが可能なシステムとなっている。また心療科自体も小児科医と児童精神科医、および臨床心理士がチームを組んでおり、心身症系の児童に関しても身体的なチェックが容易にできることは、精神科医および臨床心理士にとっては大変にありがたいシステムである。

6．解離性障害の治療

薬物療法については、解離に特異的に有効な薬物はいまだに見出されていない。表に示したように（表2-1-4）、それぞれの部分症状に対して、対症療法的に用いられている状況である。このなかでクロニジンのＰＴＳＤや解離性障害に対する有効性が最近注目されている（Southwick et al., 1999）。中村ら（1999）は1例報告であるが、

表 2-1-5　解離性障害の治療における全体的な流れ
(Putnam, 1997)

1)	丁寧なアセスメント
2)	環境整備（安全感の確立）
3)	解離概念の理解と伝達
4)	治療構造の確立とリミットセッティング
5)	介入関与の時機（タイミング）の見極め
6)	観察自我（自己モニタするメタ認知機能）の発見と成長への促し
7)	除反応への対応

α2作動薬とD2作動薬の作用を併せ持つクロニジン誘導体であるタリペキソールを解離性同一性障害の18歳女性に用いて認知機能の正常化や、萎縮が認められた海馬の血流の上昇が認められ、臨床的にも著効した症例を報告した。解離性障害に対する有効な薬物療法の組み合わせは今後の課題である。

従来から解離性同一性障害の治療には催眠療法が用いられてきた（Putnum, 1989）。しかし児童期・思春期患者への適応は不十分で、現在のところ精神療法が解離性障害の治療の中心となる。この時に主眼となることは、第一には、部分人格の交代が生じる離散的行動状態のなかで個々の記憶障害の壁をどのように崩してゆくのかということである。第二には、状況依存的な自他への破壊的行動をどのように制限してゆくのかということである。強調しておきたいのは、解離性障害といえども、精神療法における基本は何ら変わりはなく、最も重要な点は、難治症例に対する精神療法的接近の基本を忠実に押さえた治療を行なうことである。表に全体の治療のポイントをまとめた（表2-1-5）（Putnum, 1997）。この流れに沿って概説したい。

最初のステップは、解離を視点においた患者の全体像の評価である。記憶の不連続があるために、あらゆる場面について検討が必要となる。患者と治療者と二者の時、またそこに母親が入って三者関係の時、学校での様子、両親といる時、部屋の中にひとりでいる時、さらにトイレの中や鏡の前にいる時など、様々な場面において現れる自己の状況の変化について、患者が注目するように促す。

自己内省力の乏しい児童の場合には、綿密な心理検査を行なうことが必要である。記憶の不連続の部分を明確にするためには、特に本人からの細かな生育史の聴取が必要不可欠である。幼児期からの良い思い出、不快な思い出、家族関係や友人関係などの感情的なライフイベントを治療者が共有してゆく作業を通して、患児の抱える不連続な部分が明らかになる。これはこの検査を実行してみて、記憶の不連続が存在することに驚かされることが少なくない。ある聡明で明るい15歳の少女は、4歳から8歳までの記憶が完全に欠落していたが、生育史を辿る作業を通してそのことを指摘されるまで、患者も、周囲の人間も全くそのことに気づかなかった。児童の置かれた状況を想像し、生育史を辿りながら共に体験してゆくことが治療者には求められるが、この確認作業そのものが、すでに治療の最初の段階である。

次に環境整備を行なうことが重要である。ハーマン（Herman, 1992）が強調するように、児童が安全感を維持できない環境下での精神療法は不可能である。虐待には解離がつきまとう。性的虐待の被害児童が加虐者と同居している環境にある限り、治療が進むはずはないであろう。児童に、「ここは安全ですか。安全ではないですか」と問いかけることは治療上有効である。このような環境整備のための努力は、しばしば患者の周囲の人間との間に波紋を引き起こし、闘争に発展する可能性のあることは、虐待臨床でしばしば経験するところである。

環境整備に属するもう一つの課題は、児童を取り巻く関係者による情報の共有である。児童に関わる関係者が共に話し合うだけで、異なった顔を見せている患者の記憶を一つの輪に繋げることが可能となる。解離性障害の患者は、自分自身が記憶の不連続があるのに、あるいは不連続があるが故に、患者に関わる周りの人々に強い印象を与えるものである。学校の先生や児童相談センターの職員、医療サイドの治療者チームで話し合ってみると、ひとりの子どもの様々な顔が浮かび上がってきて、その全体像を把握するのに役立つことが多い。あいち小児センターでは、定期的な院内虐待ネットワーク会議を持ち、子ども虐待症例へのチームによる対応を行なってきたが、解離性障害の症例も、この虐待ネットワーク委員会に何度も支えられてきた。

次に患児への情報提供が必要となる。解離の精神療法を行なうためには、「解離とは何か」ということを治療を受ける児童にも伝える必要がある。思春期の患者にはＤＥＳを実施するなかで、解離の具体例を示すことができる。たとえば、筆者は次のように児童に伝えている。「解離とは、昔の記憶や今の記憶、気持ちや体の感覚、考えていることがバラバラになることで起こってくるものです。それは嫌な気持ちになることや辛いことがいっぱいあると、私は何にも感じない、という風に体のある部分のスイッチが切り替わってしまうのです。感じてもいいんだよ、とスイッチを私と一緒に戻してゆくなかで、あなたの体や気持ちにいろいろな変化が起きてくるけれど、それを私に教えて下さい。あなたに起こっていることを置き去りにしないように一緒に話し合ってゆきましょう」。このように、解離の治療のなかで生じてくることをあらかじめ話し合っておくことで、治療者と患者との共同歩調をとることが可能となるのである。

安全感が確立され、治療同盟が結ばれ、目標設定ができたら、今度は治療構造の厳守が重要な課題となる。治療のなかで巻き込まれることが必要な時にも、その反動は後で現れることに覚悟して巻き込まれる必要があろう。治療者と患児との力関係は対等であることを目標にし、言語的にも遊びのなかでも外傷体験の再現が生じ過ぎないように留意してゆく必要がある。たとえば遊戯療法のなかで、暴力的噴出があまりにも極端に起きた時は〈ルールの再確認〉をするなどの工夫をし、暴力的部分人格のある児童や青年に抑制を行なう場合には、できる限り事前に主人格の了解をとることも必要である。基本的に先手を打ち、今後治療の過程で起きてくることを予測して準備体制を作り、さらにそれがお互いを守る道であることを患者に伝えてゆく必要がある。

治療の全体を見通した時に、最初の課題となるのは信頼関係の構築と治療の枠組みを固めることである。イメージとしては、水密区画の壁を外してゆくので、船底の強度を高めておかないと、混乱が起きた時に船が沈没してしまうということがある。混乱に対しても、全体として破綻しないレベルまで枠を固める必要がある。

筆者らは次のようなイメージを用いて患者に伝えている。患児の全人格システムを丸いテーブルに喩え、そこに児童の部分人格すべてに座ってもらうのである。治療者は「そのひとりひとりと出会いたい」と伝えてゆく（Putnam, 1989）。面接のなかでの進行は、一滴一滴の水滴が落ちる時間に等しい、ゆっくりとしたペースを基本にするのが良いと感じられる。速く進みすぎると、一回の面接の時間内に収めることが困難で、児童への負担が大きく、逆に治療が滞ることも少なくないからである。また、治療者の独自の工夫を用いることもある。筆者らは解離症例の面接の終了時には、混乱を箱に入れる技法（contain technique）を行なうこともある。これは呼吸法とイメージ療法を活用した治療手技で、可能な限り治療時に生じた混乱が日常生活に流入しないように収めるための技法である。

精神療法の経過のなかで、何が児童のなかに起きているのかを探り、内省力を高め観察自我の成長に寄与することが治療の目標となる。特に離散的衝動行為や破壊行動として生じる、キレること、性的逸脱、虐待的外傷体験の再現について、自覚的に患児と共に取り上げてゆくことを続ける取り組みが必要である。このような現象を引き起こす、引き金刺激を発見することが可能であれば、行動パターンの修正をし、対処行動の選択肢を広げることも可能となるからである。もっとも衝動行動はそう簡単に止まらないことが多い。治療者側にも患児が問題行動を繰り返すことに対して失望することなく、粘り強くしのぐ姿勢が必要とされよう。また問題行動に対して患者への働きかけが侵襲的にならないための配慮が要求される。治療者と児童の認識のずれが生じたとしても、「言ってもらって良かった」という姿勢をとり続けることによって、それを防ぐことができる。人格の統合は目標ではあるが、非常に困難であることも認識しておく必要がある。むしろ、児童が何とか社会に適応できて、トラブルなく生きてゆけるという感覚を持つことこそ、現実的な目標であろう。

除反応の手技についても言及しておきたい。除反応とは、過去の記憶の呼び戻しによって生じる情動の放出や解放、混乱を意味する。相互評価法（パトナム 2000）とは、部分人格のおのおの役立つところを話し合うことで、それぞれの価値や自尊心の向上を目指す技法であり、眼球運動による脱感作と再処理（Eye Movement Desensitization and Reprocessing：EMDR）（Shapiro, 1995）も近年盛んに行なわれるようになった。ただ、EMDRにしても治療関係が十分に構築されたうえで、原則としては入院治療（安全管理）下で行なうことが勧められており、これまで述べた地道な精神療法的な治療のうえに組み合わされて初めて有効に機能するものである。それだけを取り出して用いても、治療に寄与するとは限らず、危険性がかえって増すことすらある。

7. 症　例

これまで述べたことを補完するための短い症例を提示したい。なお、症例には掲載の許可を得ているが、匿名性を守るために細部を大幅に変更している。

【症例7】 中学2年生女子（14歳）

［診断］：その他の解離性障害　1型。

［主訴］：自傷行為、記憶不連続、起立性調節障害。

［家族歴］：両親と弟、父方祖母との5人家族。父方の祖父は離婚と再婚を何度も繰り返し、現在の祖母は父親にとっては義母である。弁が立ち、きつい人で、いつ頃からか不明であるが、春から秋にかけて非常に攻撃的活動的になり、冬場には家にこもっていて、入浴も一ヶ月ほどしないことがあるという。母親は祖母との同居が辛

く、自殺を考えたことが何度もあるという。また祖母は、ナツら姉弟に対してもしばしば暴言を吐き、時には包丁を持ち出して脅すことがあったという。

【生育歴】：おとなしく手のかからない子だった。小学校高学年までは明るく、几帳面で、学校でもリーダーであったという。

【現病歴】：中学1年生の春から夏にかけて身体的な不調をしばしば訴えるようになった。2学期になると週に数日の登校となり、10月半ば近くの小児科病棟に入院した。2ヶ月あまりの入院で軽快退院となったが、その後身体症状は悪化し、トイレにも自分で行けない状態となり、3学期になると再度小児科へ入院となった。その入院のなかで、何度かリストカットが生じたが、ナツは自傷をしたときのことをはっきり覚えていないと訴えた。11月、紹介を受けてあいち小児センターを受診し、小児科病棟に入院した。

【治療経過】：治療を開始してまもなく、ナツは記憶が不連続で自傷行為の最中のことだけでなく、面接における自分の発言を次の面接の時には忘れていることが明らかとなった。改めて査定を行なってみたところ、DES 31・2％、CDC 16点と、解離尺度において高得点であることが明らかとなった。週一回の臨床心理士による精神療法と、精神科医（管理医）による治療とが行なわれた。

精神療法で幼児期の状態を丹念に辿ると、様々な生育史の部分に記憶の欠損があることが明らかとなった。さらに面接の内容が次の面接に繋がらず、また面接ごとにナツの示す年齢や雰囲気が異なる状況であった。ナツの身体症状も、軽快と増悪を繰り返し、夜は寝つけず、朝は起きてこられず、車椅子でなくては動けなくなったり、元気に病棟の活動に参加したり、と揺れ動く状態が続いた。また唐突な外泊要求が繰り返され、そのつど管理医は話し合いを持ったが、「病院の雰囲気が何となく怖い」「悪霊に憑りつかれているよう」「ともかく何か嫌だから帰りたい」など、自らの状態を明確に語ることができなかった。

図 2-1-1　ナツの描いた自由画

精神療法のなかでは、自由画によって面接を補ったが、そこでは同一のぬいぐるみのウサギの絵を繰り返し描いた（図2-1-1）。このウサギの絵は治療者側から見ると自己の確認作業をしているように感じられた。一ヶ月を過ぎて対人関係の恐怖や抑うつが前面に現れるようになり、黒枠や黒で塗りつぶした絵を繰り返し描いた。このころ、自分の記憶の不連続に不安を高め、「カルテを見せて欲しい」と治療者に訴えた。カルテ開示の手順が整わないなかで、治療者や病棟は困惑した。

しかし、カルテをナツに見せたところ、「自分はこんなに周りに迷惑をかけていたんだ」とナツは改めて治療者に述べ、結果的には治療チームとの信頼関係の構築や本人の人格システムの結びつきには寄与したようであった。自由画ではウサギが手を繋ぎはじめた（左下→左上→右上→右下）。管理医と家族の面接では、これまで家族のなかで祖母の問題が避けられてきたことについて話し合われ、地域の保健センターの保健師による家庭訪問が初めて実現した。2月になってナツの退院が現実になってくると、家族は祖母との離別を決意し、祖母にはこれまで住んできた家を与え、それ以外の全員が引っ越すことになった。

退院後の外来治療になった後に、ナツは外来で繰り返し同じぬいぐるみのウサギを描くことが減り、自由絵にもようやく変化が見えはじめた。ナツの治療は続けられているが、安全感確保の段階の次の段階に至り、記憶の想起へ進む前の段階ではないかと考えられる。

この症例の隠れた主役は祖母であり、さらに言えば既に死去している祖父である。ナツの示した多彩な症状は、祖父母の世代と両親の世代との間の葛藤や解決を先送りにされたまま停滞していた、3代にわたる家族内問題を反映していたことが明らかである。したがって治療的な介入も個人精神療法だけでなく、家族へのソーシャルワークを含む多岐的な対応を取らざるを得なかった。また精神療法も言語的な面接だけでは不十分で、非言語的治療が大きな役割を担うことになった。

カルテ開示の要求は何を意味するのであろうか。ナツが水密区画化した自己の不連続性に気づき、それを補おうと決心したと考えられる。考えてみればナツの家族は、ナツの裏で様々なことが決められ、問題の存在に向き合わないで過ごしてきた。まさに家族内が水密区画化していた。ナツはそれに対してすべての開示を求めたのである。またこのようなナツの変化が、解離の壁を溶かし、停滞していた家族内力動を一挙に動かすことに繋がったのである。

8．おわりに

病的解離の治療は多岐にわたっていて、一筋縄ではゆかない。特に患者の前の世代の問題が複雑に絡む症例に筆者らは数多く出会った。ここで今後の課題を挙げておく。

第一に解離に取り組むためには膨大な時間がかかるということである。児童、青年の解離性障害の治療に関わることが可能な専門家は人数が少ないうえに、その労力は半端ではない。虐待や解離に向き合うと、関わった者は5年でつぶれることが今や通説になってきている。治療に関わる者のメンタルヘルスについて意識的に取り組むことが重要であると考えられる。

第二に、これだけ手のかかることが明らかな問題であるにもかかわらず、予防的対策が全く存在しないことである。しかしながら筆者らには、予防を語るにはまだその前の段階ではないかと思える。解離が急激に増加している今日のわが国の状況は、あたかも心的外傷の事実性を発見した１９８０年代後半のアメリカ合衆国の状況に極似する。このような背景のなかで、メンタルヘルスに関わる全職種の専門家が、解離への知識と理解を深めることがまず最初のステップである。解離の予防の検討が現実的に可能になるのは、その後であろう。

第2節　解　離

臨床心理士　海野千畝子

1．はじめに

われわれは、虐待を受けた子どもと接していると、どこか不思議なテンポや不確かさを感じさせられる。その正体である解離について理解し、虐待を受けた子どもの生きている世界のイメージを深めてみたい。

解離とは、記憶や思考、身体感覚、感情などの全体のまとまりがくずれている状態の総称である。日常生活に大きな支障のない通常解離と、日常生活に支障がある病的解離に二分される。つまり、虐待を受けた子どものなかには、日常生活に支障がある病的解離（解離性障害）を抱えた子どもがいるのである。ここでは、具体的にどう支障を来しているのかとその対応について紹介する。

2．病的解離のメカニズム

虐待行為は子どもに心的外傷を与える。心的外傷を受けたとき、子どもは自らの生命（脳）の全体性を守ろうと意識（感じること）を切り離す（解離させる）。その結果、脳は全体ではなく部分的に機能することで全体性を保とうとする（脳が水密区画化〈船底に少しの亀裂が入っても、船自体が沈没しないように、船底を細かく区分けして水の浸入を防ぐこと〉する）。しかし、脳が部分的に機能することは、子どもの身体や生活に支障を来していく。これが病的解離となっていくのである。

3．病的解離の内容

病的解離には大きく分けて三つの障害がある。①記憶の障害、②自己感覚の障害、③自己コントロールの障害である。しかし、これらはすべてが病的な解離というわけではなく、日常生活に支障はない通常の解離に入るものもある。原則として、その内容が子ども本人や周囲にとり、生活するうえで恐怖や支障になるようなら、医療機関や関係機関に相談することが望ましい（思春期解離評価表A-DESを参考にされたい）。

（1）　健忘と困惑的忘却〈記憶の障害〉

a　**記憶にないテストの返却**：やった覚えのないテストや宿題が返ってくる。

（例）算数の宿題で、名前もあるし確かに自分の字だけど、「やったっけかな？」となる。

b　**生活記憶の忘却**：自分がやった覚えがないことや言った覚えのないことを他の人から指摘される。

（例）「……ちゃん……していたよ。こう言ってたじゃない」と友人に言われる。

c　**思考と実行の差の不明瞭感**：あることを、本当にしたのか、それともただ、しようと思っただけなのか分からなくなる。

（例）公園に行こうと思って家を出たら、「どこへ行くつもりだったかな」と分からなくなる。別の部屋に鋏を取りに行って、その部屋に着いたら何をしにこの部屋に来たのか分からなくなる。

d　**虚言や振り**：とても上手に嘘をついたり、振りをしたりすることができるので、自分でもそれが本当のことのように思えてしまう。

e　**目的の喪失**：どこかに行く途中だったり、何かをしている最中の自分にふと気づいたり、自分がなぜそうしているのか分からない。

（例）お風呂に入ったのか、お風呂に入らなきゃと思っただけなのか、宿題をやったのか、宿題をやらなきゃと思っただけなのか、ごはんを食べたのか、ごはんを食べたいと思っただけなのかはっきりしない、等。

f　**描画、書字記憶の忘却**：たしかに自分が書いたと思われるメモ、絵、手紙などがあるのだが、自分が書いたことを思い出せない。

g　**生活史記憶の忘却**：自分のこれまでのことを振り返ってみると、分からないことがたくさんあって、思い出せないことがいくつかあるような気がする。

（例）　幼稚園時代の記憶が全くない、小学校低学年の先生や友達の記憶がない、等。

（2）　離人・非現実感〈自己感覚の障害〉

a　**離人・朦朧状態**：まるで霧の中にいるような感じがしたり、ぼうっとしている感じがしたりして、自分の周りのことが本当ではないみたいに感じる。

（例）　今も近くにいるのに、遠くに感じたりする。

b　**鏡映像認知の違和感・解離性幻覚**：鏡に映っている自分を見ても、それが自分であることが分からない。

（例）　鏡に自分でない人やものが映っていたり、ゾンビが映っていたり、自分が映っているのに自分だと思えなかったりする、等。

c　**痛覚の麻痺**：体の痛みを感じないようにすることができる。

（例）　血が流れていても痛みがない、ぶつけても痛くない、等。

d　**幽体離脱体験**：まるで自分が、自分の体の外側にいて、そこからほかの人を見ているように自分を見ている。

（例）　辛い目に遭っているときに、自分がふわっと上に上がって、自分を見下ろしたり、誰かと一緒にこの部屋にいながら、自分の意識が上に上がって自分と誰かを見ることができる、等。

e　**身体所属感覚の希薄**：自分の体が自分のものではないように感じる。

（例）　自分の体は別の人のものであったり、自分の体だけど自分のものではないように感じる、等。

f　**夢と現実の境界不明瞭感**：あることが本当に起こったことなのか、それとも自分が考えたり夢で見たりしただけのことなのか、分からない。
（例）あのことは夢だったのか、本当のことだったのか分からなくなる、等。

（3）被影響体験・被干渉体験〈自己コントロールの障害〉

a　**内的激情の存在**：自分のものとは思えないような激しい気持ちが湧いてくる。
（例）誰かを殴りたい、殺したい、自分を傷つけたい、死にたいという気持ちがぼわっと湧いてくる、等。

b　**技能の変動**：あるときには上手に（うまく）できることが、別のときには全くできなくなる。
（例）あるときには絵が上手に描けるのに、あるときにはうまく描けない、ある人の前では上手に話せるのに、この人の前だと全くダメ、学校では縄跳びできるのに、家ではダメ等、できたりできなかったりいろいろな自分になる。

c　**自分のものとは思えない考えの想起**：自分のものとは思えない考えが頭のなかに浮かんでくる。
（例）あの人を殴りたい、殺したい、自分を傷つけたいなどや残酷な考えが否応なく浮かんでくる、等。

d　**衝動コントロール不全**：ふと気づくと、本当はしたくないのに、いけないと分かっていることをしてしまう。
（例）殴っちゃいけないと思うのに殴っちゃう、盗っちゃいけないと思うけど盗っちゃう、触っちゃいけないと思うのに触っちゃう等、自分のコントロールがきかない、等。

e　**させられ体験**：自分のなかの何かが、自分がしたくないことを自分にさせているみたいな気がする。
（例）何かが勝手に自分を操って、ぺらぺらと違うことを話したり、殴ったり盗ったり、触ったり、等。

f　**再体験**：フラッシュバック（侵入症状）：それを思い出しているだけなのか、それとも本当に起こっていることなのか分からない。

（例）　誰かに受けた暴力や嫌なことがわぁっと蘇ってきて、今実際に暴力を受けているように感じたり、つらい目に遭っているように感じたりすること、等。

（4）　同一性変化〈自己感覚の障害・自己コントロールの障害〉

a　**他者からの別人の指摘**：時々、いつもとまったく違う行動をするので、「まるで別の人のように見える」と、ほかの人から言われる。

（例）　友人やクラスメートから「今日はいつもと違うね」や「あのときは別人みたいだったね」と言われる、等。

b　**多次元的自己の存在の自覚**：家族や友達との関わり方や接し方が突然変わってしまうのだけれど、なぜそうなってしまうのか分からない。

（例）　この人の前ではこういう自分、他の人の前ではこういう自分、また、同じ人でも自分が移り変わり、暴力的な言葉になったり、赤ちゃんみたいになったり、大人っぽくなったり、いろいろな自分が出てくることに気づく、等。

c　**自己内部の別人格の存在の自覚**：まるで自分のなかに別の人がいるように感じる。

（例）　自分以外の人が住んでいる、自分より幼い人、自分より大きい人、違う性別の人がいる、等。

（5）　没頭〈自己感覚の障害・自己コントロールの障害〉

a　**体験への没頭、体験との距離**：テレビや読書（本読み）、ゲームなどにとても夢中になって、自分の周りで何が起きているのかまったく気づかない。

b　**没我体験**：何かをしている途中で、ふと我にかえる。

（例）何かをしていて、ふと気づいて「ここはどこ、私は誰」となる、等。

c　**人形の擬人化**：人形やぬいぐるみと遊ぶのに夢中になっているうちに、その人形やぬいぐるみが本当に生きているように思える。

（例）人形やぬいぐるみ、キャラクターと話ができる、挨拶したり、キャラクターが声をかけてくれる、等。

（6）トランス状態〈自己感覚の障害〉

a　**時間感覚の麻痺**：時計を見たらいつのまにか時間が経っていて、その間に何があったのか思い出せない。

（例）何かに夢中になって、またはぼうっとしていて、「あれ、こんな時間」と自分でもびっくりする、等。

b　**解離的防衛・トランス状態**：いたくない場所にいるとき、実際にはそこにいるのに、心の中で違う場所へ行ってしまうことができる。

（例）誰かに暴力を振るわれたり、つらい目に遭っているときに、心の中でポケモンの世界やお花畑やセーラームーンの世界に行ってしまおうとして、それができちゃうこと、等。

c　**解離性遁走**：ある場所にいる自分にふと気づいて、どうやってそこに辿りついたのか思い出せない。

（例）山や池、海などにいつのまにか来ていて、どうやってここまで来たのか、分からない、等。

d　**解離性幻聴**：頭の中で、自分のではない声（誰かの声）が聞こえる。

（例）他の人の声、男であったり女であったり、誰か分からないゾンビみたいな声であったり、小さな子どもの声であったり、が聞こえる、等。

4．養育者の解離への初期対応

自己のなかに虐待の事実を閉じ込めていた子どもが、安心し、養育者を信頼してくると、前述のような解離を中心とした自己内部に起きていることを話しはじめる。養育者の初期対応としては、不可思議に感じることもあるだろうが、

「よく話してくれたね。それを信じるよ。時にそういうことがあるみたいだね。あなたにとって恐怖や大変なこともあると思うから、こんど専門家（専門相談機関）に話してみようね」

と、さらりと受容的に受け止めることが適切である。

子どもは養育者に信じてもらえたことに、より安心して、虐待から受けた人間に対する不信を信頼に塗り替えてゆくことができる。

5．解離の行動観察と対応

虐待を受けた子どもは、前述の内容のような様々な病的解離のなかに没入して暮らしている。自分で解離を自覚し意識できることもあるが、できないこともある。子ども自身が自己観察する力がその子どもの成長に繋がるため、養育者は、子どもと折に触れて行動を振り返る機会をもつことが望まれる。

病的解離の症状の中には、多重性をもった自我状態が存在する子どもがいる。たとえば、あるときは愛情表現

べったりの「養育者さん大好き」などという赤ちゃんのような幼児モードが子どもに現れたかと思うと、あるときは、「こんなところ（養育者の家）にいたくない。出てってやる」と壁を蹴る、などの暴れモードの子どもが現れる。また、突然、下着姿でポーズをとる性的モードが現れることもある。

養育者としてはショックを受け、戸惑うこともあるだろう。これらの子どもの表現は、時に虐待者から子どもに投げかけられた表現（フラッシュバック）である、という視点が必要である。

暴言などの場においては、子どもの表現を真に受けずに、穏やかな眼差しで、「そう」とかわす態度が妥当である。そこには虐待を受けた当時は言えなかった表現をして、養育者への信頼関係を結ぼうとする子どもの内部における成長への動きがある。一呼吸おいて冷静になったときに、暴言を受けたときの養育者側の気持ちを伝えて穏やかに話し合うことで、少しずつ相互の交流がなされ、修正に向かうことができる。

6．おわりに

養育者にとって、虐待を受けた子どもの内部の成長に向かう核があることを信頼し続けることは並大抵のことではないかもしれない。しかし、養育者側が子どもへの信頼をなくしてしまっては、子どもの病的解離からの成長や回復は頓挫する。虐待を受けた子どもと関わるということは、希望を失わずに「あなたのことを信じている」と言い続けることである。

第3節　被虐待児童に対する集中アセスメント入院の試み

臨床心理士　海野千畝子、医師　杉山登志郎、臨床心理士　服部麻子、同　大河内修、同　並木典子、
同　河邊眞千子、医師　小石誠二、同　東誠、同　浅井朋子、看護師　加藤明美

1．概　要

児童養護施設に入所している児童のなかで、子ども虐待の既往があり、様々な問題行動を頻発させている児童は多い。われわれはこれらの症例に対し、治療の方向を定めるために、入院のうえで、計7種類の心理検査と行動観察による集中アセスメントを行なってきた。この集中アセスメントを受けた被虐待児童32名（男子13名、女子19名）の結果をまとめた。A-DESにおいて40％以上を示した者が19％、CDCで12点以上が68％と、解離尺度において高値を示し、ロールシャッハ・テストでは大部分が人格障害レベル以上の病理を示した。知的能力は28％に遅滞が見られたが、さらに境界線知能以上の知能を持つ子どもの6割に学習の障害が認められた。

施設生活のなかでは明らかになりにくい隠れた病理が、集中アセスメントによって明らかになり、問題行動として噴出する以前に治療的関与ができることが大きな意義であると考えられる。

2. はじめに

近年、児童養護施設（以下、養護施設）においては被虐待児童の割合が増加している。被虐待児童においては有意に問題行動が多く認められ（斎藤 2001）、そのうちの多くの児童が医療との連携を必要としていると考えられる（野邑 2005）。入所児童のうち、指導に様々な困難を抱え、あいち小児保健医療総合センター（以下、あいち小児センター）心療科を受診した児童に対して、治療の方向を定めるために、入院のうえで総合的な心理アセスメントを行なってきた（海野、杉山 2004）。この入院は、児童の養護施設の籍を維持するため、3ヶ月間以内という期間限定がある。この入院による集中アセスメントは養護施設入所児のみならず、児童相談所によって家庭から保護された子どもで児童相談所から依頼を受けた児童や、重症の在宅症例においても実施された。この集中アセスメントを行なった被虐待児童の結果を分析し、その意義と、さらに問題点の検討を行なう。

表 2-3-1　対象一覧

	男児	女児	合計
施設入所児 （うち性的虐待）	9 (1)	10 (5)	19 (6)
施設以外の児童 （うち性的虐待）	4	9 (5)	13 (5)
合計	13	19	32

3. 対象と方法

対象は、あいち小児センター32病棟（心療科病棟）に入院のうえで、集中アセスメントを行なった被虐待児童32名である。養護施設入所児童19名（男児9名、女児10名）、在宅児（在宅で外来治療がはじまり、入院後、養護施設に退院した児童を含む）13名（男児4名、女児9名）である（表2-3-1）。入院の間に、対象児童に対する五つの心理検査、およよび心療科病棟担当看護師による解離評価表の判定、行動観察アセスメントを行なった。7種類のアセスメントは、以下の通りである。なお、このa～gは、実際に入院中に実施する順番に従っている。

（1） 7種類のアセスメント

a **思春期解離体験尺度**（Adolescent Dissociative Experience Scale：A-DES）（Putnum, 1997）：A-DESは本来、青年期患者のための、自記式の解離体験尺度である。青年期の患者では平均値40％以上が解離性同一性障害陽性となっている。児童への用い方に関しては確定されておらず、また児童に用いたときのカットオフ値もまだ明らかではない。しかし、解離症状を把握するうえで最も鋭敏な心理アセスメントであることを考慮し、検査項目に加えた。児童に用いるに当たって、この集中アセスメントでは特に学童年齢の子どもの場合、内容に関する理解が不十分である可能性が高いため、心理士がそれぞれの項目の内容を説明しながら評価を行なうという形を取った。0～100％の数値尺度で示し、さらにそのエピソードを言葉で表明してもらった。また、あわせて検査者が検査中の行動観察を行ない、検査中に生じた解離状態の記載を行なった。

b **ロールシャッハ・テスト**：これも学童への使用に関しては様々な論議がある（小川ら 2005）。しかしなんといっても、人格の骨格に相当する部分を見るうえで優れたアセスメントツールである。本研究では結果の集計に関しては、防衛様式や形態水準等から、神経症水準、境界性水準、精神病水準と3水準に区分して示した。

c **ウエクスラー式知能検査WISC-Ⅲ**（WISC-Ⅲ）。

d **K-ABC心理・教育アセスメント・バッテリー**（K-ABC）：学童の対象のみにアスセメントを行なった。

e **基礎学力チェック**：この集中アセスメントにおいては、対象を小学生に限定して、国語と算数の学力習得に

表 2-3-2　解離に焦点をあてた行動観察チェックリスト（海野ら, 2005）

A.	覚醒水準の変動：①ぼんやり・うつろ、②ハイテンション、③不眠・悪夢、④昼間の居眠り
B.	スイッチング・部分人格の交代現象：①従順モード、②暴れモード、③性的モード、④ハイテンションモード、⑤退行（幼児）モード
C.	解離性幻覚・幻聴・被注察感：①幽霊を見た、②声が聞こえる、③誰かに見られている
D.	フラッシュバック・外傷体験絡みパニック：①感情爆発・怒り・泣き、②呼吸困難（過呼吸）、③失立発作・立てない
E.	記憶の障害：①断片化、②忘却
F.	身体への関与：①皮膚のかゆみ、②怪我の多発、③自傷行為
G.	無意識の挑発的行動：①行動的挑発、②性的挑発
H.	非行的行動：①盗み・万引き、②器物損壊、③その他
I.	排泄障害：①遺尿、②夜尿、③遺糞
J.	通学における問題：①不登校、②意欲減退、③身体症状出現

ついてアセスメントを行ない、中学生年齢の対象には実施しなかった。

f　子ども版解離評価表（Child Dissociative Checklist：CDC）（Putnum, 1997）：対象の子どもを担当した病棟の担当看護師が、入院の最終時期に評価を行なった。

g　解離に焦点をあてた行動観察チェックリスト（海野ら 2005）：これも入院の最後の時期に、心理士がこれまでの検査結果を参照しながら、担当看護師から、表に示した各項目に関して聴取を行なった（表2-3-2）。

4．結　果

（1）解離に関連する尺度

a　A-DES：（31名に実施）の平均値は26・0％±13・8％であった。そのうち、40％以上という青年期の患者における解離性同一性障害のカットオフ以上の値を示した者は6名（19・4％）であった。CDC（29名に実施）の平均値は13・7点±5・7点であった。12点以上の病的解離を示した児童は20名（68・9％）であった。A-DESとCDCとの相関を見ると、相関係数0・40と比較的低値を示した。内

表 2-3-3　ロールシャッハ・テストのまとめ

	神経症水準	人格障害圏水準	精神病水準	合計
男児	1	8	4	13
女児	3	13	3	19
合計	4 (12.5%)	21 (65.6%)	7 (21.9%)	32

表 2-3-4　知的能力の分布

	正常知能	境界線	知的障害	合計
施設入所児童	6	7	6	19
それ以外の児童	7	3	3	13
合計	13 (40.6%)	10 (31.3%)	9 (28.1%)	32

容の突き合わせを行なってみると、CDCに示される解離症状に関して無自覚である場合よりも、A-DESで現れた解離症状に関して、言語的、行動的な表出がなされていない例が多く認められた。この点から、今回のような聞き取りによるチェックという方法を用いた場合には、A-DESの方がより隠された解離を引き出す傾向があることがうかがえた。

b　**ロールシャッハ・テスト**：検査の実施総数32名（男児13名、女児19名）のうち、神経症水準4名（12・5%）、人格障害圏水準21名（65・6%）、精神病水準7名（21・9%）と判定され、被虐待児童の87・5%が人格障害圏水準以上の病理であった（表2-3-3）。しかしロールシャッハ・テストにおいて神経症水準と判定された児童のなかには、後に精神病を発症した者も存在した。

c　**知的能力（WISC-ⅢとK-ABC）と学習の習得度（基礎学力チェック）**：検査の実施総数32名のうち、正常知能は13名（40・6%）、境界線知能が10名（31・3%）、知的障害が9名（28・1%）であった（表2-3-4）。知的障害を除き、正常知能と境界線知能の児童において、それぞれの知能指数と学年から期待学力を算出し、その期待学力よりも2学年以上の遅れを示した児童は、正常知能の実施者数10名のうち6名（60・0%）、境界線知能の9名のうち6名（66・6％）存在した。被虐待児童は、知的なハンディキャップを持つ児童が多く、さらに知的能力よりも学力が劣る者が多いことが示された。

d　**行動観察チェックリストにおける特記事項**：解離症状に焦点をあてた行動観察チェックリストのうち、顕著に認められた症状について抽出した。32名の児童のうち、部分人格の交代現象（スイッチング）21名（65・6％）、解離性幻覚10名（31・3％）、激しい衝動乱暴6名（18・8％）、性的逸脱や挑発行動5名（15・6％）、盗みの頻発5名（15・6％）であった。そしてスイッチングがあった児童のうち、解離性同一性障害と考えられた児童は4名（12・5％）、幽体離脱体験の表出があった児童は1名（0・3％）であった。

（2）症　例

症例の提示については、本人と施設職員に公表する承諾を得ているが、匿名性を守るために細部を大きく変更している。症例8は豊かな言語表出があった中学生女児、症例9は解離性同一性障害と診断された小学生女児である。

【症例8】**両親から虐待を受けた施設入所の女児**（14歳）

本症例モモコは幼児期より、他の兄弟と差別され、家事を強要されたうえに、両親から殴る蹴る、タバコの火を押し付けられる、等の虐待を受けてきた。児童相談所の何度かの介入の後、自らが保護を求め、児童養護施設に措置された。施設から受診希望があり、アセスメント入院に至った児童である。以下に、アセスメント結果を記述する。

a　A-DES：35・5％と境界域の数値を示し、病的解離と判定された。エピソードの表出は家族に関連した外傷体験に引き寄せられた表現で占められていた。読書への没頭：「本を読んでいて、母の『タバコを買ってきて』という声に気づかず、『本を読むな』と怒鳴られた」。内的激情の存在：「友人を見ているだけでイライラしたり、逆に怒り返したりする。母にもイライラ怒って、もっと怒られた」。鏡映像認知の歪みや解離性幻覚の存在：「鏡を見たらお化けが映っていた。母に怒られた後で、首しかない人が映っていた」。解離性幻聴：「母や兄弟の声が聞こえる。母は『バカは学校に行くな。学校に行く必要はない。荷物をまとめろ』、兄弟からは『家から逃げるな』という声がする」。

b　ロールシャッハ・テスト：知的生産性はやや乏しく、認知や思考に中等度の障害があると考えられた。情動面については、陰影ショック（Ⅰカード：手にカードを取らない）、カラーショック（Ⅱカード：血反応、Ⅲカード：ズタズタ反応）、曖昧反応、反応失敗（Ⅵ・Ⅸカード）が認められることから、ささいな刺激で情動的混乱が生じやすいことが窺えた。

一方、体験の形としては内向型であり、衝動的な怒りを抱くと、今度は自罰的になり、抑うつ的になってバランスを取るという傾向が認められた。現時点における対人関係能力は依存しあう二者関係が限度であろう。反応内容からは、Ⅰカードで「こうもり」と答えたが、「3匹かな、1匹にも見える、6匹にも見える」と数が変動し、Ⅱカードでは「外国人、帽子をかぶった人が2人いる」が「鏡があって手をあてて一人で遊んでいる」と変動、Ⅲカードでは「動物。馬。（1匹？）うん。3匹かなあ。分からない」等、「えー」「たぶん」と曖昧になり、その後のカードにおいても数や内容が変動している。この所見は、自己や対象（他者）に対して不確実感が強くあり、対人関係に違和感を持ちやすいことを示唆するものであった。さらに「半分に割れている」「動物につぶされている」「木が折れる」などのズタズタ反応が多く見られることから、関係のなかで被害的に受け取りやすいことが窺えた。また、Ⅵカード（性カード）の反応失敗や後の反応「うさぎ」「クリスマスツリー」からは、女性性への葛藤を生じやすいことが示された。信頼できる同性の人間との二者関係のなかで、対人関係能力が伸びる可能性を持つが、混乱が生じると解離や否認といった原始的防衛でバランスを取っており、人格障害圏水準にあると考えられた。

c　WISC-Ⅲ：言語性IQ101、動作性IQ87、全IQ94と正常知能を示した。言語性検査と動作性検査との間に有意な差が認められた。下位項目は、言語性では一般的知識や類似の評価点が高く、数唱、単語の評価点が劣っていた。動作性では絵画配列や迷路は相対的に高く、積み木模様と組合せが低い値を示した。

d　CDC：14点を示し、病的解離と判定された。特徴的な具体例として、朝起きに40分ほどかかり、いつもぼうっとしていて、悪夢の延長の朦朧状態と考えられた。また、友人とのトラブルでかっとしてテレビのコードを引きぬく衝動行動や、頭を何度も壁に打ち付けるという自傷行動が見られた。口調が幼児的になったり喧嘩的になったりというスイッチングが見られた。さらに日時や時間の混乱、唐突に男性看護師の膝に座るなどの行動、不可解な怪我の頻発、頭痛、腹痛などの不定愁訴等が認められた。また関連してプライマリー看護師による付随した観察として、モモコは男の子が主人公の小説を書いており、そのなかには乱暴な男言葉が頻回に表われ、モモコの内部の別人格の存在を予測させると記されていた。

e　**担当看護師による解離に焦点をあてた行動観察**：解離症状については、CDCの結果と一致した。覚醒水準（頭の清明度）の変動については、朝起きの困難さと不眠が特徴的であった。「眠りたいけど眠れない」「よく眠れなかった」「途中で4回起きた」という浅眠感や中途覚醒の訴えがあった。悪夢の訴えがあったが内容は語らなかった。部分人格の交代現象については、普段は看護師には従順モードでいるが、時折暴れモードになり、幼少児への暴言や自傷行動をすることがあった。また、退行モードとしては、髪の毛を、やや突飛な幼い結び方をしてグループ保育活動に参加する、足をばたつかせて駄々をこねるなどが観察された。また、母親に手紙を書いていたら呼吸が苦しくなったというエピソードが何度も観察された。記憶の障害については、主治医に申し出たご飯量の要求について、同じことを何度も伝えるなど、生活記憶の健忘があり、また日常的なルールが徹底しないことが観察された。非行的行動については、万引きが認められた。

学力の習得度、K-ABCは、中学生年齢のモモコにおいては実施しなかった。

【総合所見と今後の計画】

モモコは、入院の間に家庭裁判所の判定が下り、両親の有する親権の一時停止が認められた。両親に対して、特に母親に対して、自分を差別し虐待したという怒りの感情と、自分は両親が言っていたように悪い子だったから虐待を受けたのではないかという不安な気持ちと、自分だけ家庭から逃げて、兄弟が今度は被害を受けているのではないかという罪悪感が混在した状態で入院生活を送っており、そのような自分の状況を的確に表出していた。

WISCの所見に認められるように、虐待家庭に育った者にしては珍しく、言語的な表出能力が高いことがモモコの大きな特徴といえる。しかし、一方で身体的不定愁訴は非常に多く、解離性症状も病的解離と判定せざるを得ない重症度であり、人格水準も不良である。また万引きなど、自らが悪い子であることを確認するかのような行動化も何度も起きている。またその行動が良くない行動と判定され、タイムアウトを受けたときに、激しい自傷が生じている。このように、本児の状況は決して楽観は許されず、安全が保障された環境のなかで、自らを受け入れ、育て直してゆく作業が必要であると判断された。

【虐待ネットワーク会議の結果】

以上の結果から、施設職員との協議が必要と判断され、虐待ネットワーク会議が持たれた。あいち小児センータースタッフ、養護施設職員、児童相談所職員、地元学校の教師による会議において承認されたのは、次の治療方針である。

①薬物療法としては、衝動コントロールを調整するため、抗精神病薬を中心とする治療を数年以上必要とする。②心理療法を開始し、一週間に一回程度の治療を寮生活に並行して行なう。モモコの高い言語能力を考慮すれば、言語的な面接で十分に治療が進展するであろうが、同時に行動化を促進する危険性を常に考慮する必要があると思われ、会議において養護施設の臨床心理士による心理療法をあいち小児センターのスーパーバイズのうえで、退院後に開始することが決定された。さらに養護施設および児童相談所職員との間でモモコと家族との距離をきちんと保つことが決められた。

【症例9】両親から身体的虐待を受けた施設入所の女児（7歳）

本児サナエは幼少時期から父母からの激しい身体的虐待を受け、3歳の時、大腿骨骨折に至った。児童相談所の介入による分離はなされなかったが、非行を理由に、その後養護施設入所となった小学生女児である。養護施設では万引きの多発、パニックの頻発があり、あいち小児センターへの受診となった。外来治療の段階では、解離性の症状に関してサナエは否定していたが、受診後も著しい問題行動が継続したため、入院による集中アセスメントを実施した。その結果は、次の通りである。

a　A-DES：検査の途中でサナエは問いに答えなくなり、検査の完遂ができなかった。しかし、検査時の行動観察の所見からは、サナエの解離は広域であり、同時に、検査に対して警戒や恐怖があるものと考えられた。以下にエピソードを記述する。

自己内部の激情の存在：「施設ではいっぱいあったよ。怒った」。自己生活記憶の忘却：「自分がした覚えのないことを人からやったと言われる」。検査時に、本人の左すねにたくさんの内出血が存在したため、言及すると、「知らない」と答えた。このやりとりの後、検査に答えなくなり、すべての質問に「ない」「ない」と答え始めた。しかしこちらの質問の「居たくない所にいるときに、心の中でその場から離れることができる？」の問いかけに「ない」と答えながら涙ぐみ、また赤ちゃんのオムツ替え時のように足を挙げて座ったり、指吸いをしたりする退行的行動が観察された。終了後、散歩時に木を折りながら看護師の指示を聞かなかったという行動について問うと、「あれは違うサナエがやった」と述べた。

b　ロールシャッハ・テスト：検査時の態度は、カエルのマスコットを持参し、質問に対して投げやりに答え、また、カエルの声音を使っていた。質問に対しての説明が不明瞭となり、曖昧な反応が多くを占めていた。知的生産性は平均的であるが、中等度の認知の障害が認められる。外からの刺激に過敏に反応して、衝動的に行動しやすい。対人関係に関しては、他者と一緒に存在することができる程度である。関係が深まると、周囲の刺激に違和感をもち、威圧的に受け止めやすく、混乱して攻撃性が出やすい。また、自己の不明瞭感があり、自己の体験に没入しているため、体験から距離を取って見ることが困難な現状である。否認や解離の防衛機制を活用して、操作的におどけることで他者との関係のバランスを取っていると思われる。人格障害圏水準と判定された。

c　WISC-Ⅲ：言語性IQ66、動作性IQ66、全IQ63である。知的能力は軽度知的障害の範疇に入る。言語性検査と動作性検査との差は見られない。全体的な下位分類では、特に注意記憶能力が困難で、数唱や組合せが落ち込んでいた。言語性検査においては、単語、理解は苦手で、社会的な状況の理解も困難である。算数も困難がある。動作性検査においては、絵画完成は優るが、部分間の関連を推測したり、全体像を想定してそのなかに対象を位置づけたりすること、先を見通して計画することは苦手である。これらのことから、日常生活における常識的判断を伴うことでの対人コミュニケーションに支障を来すことがあると推測される。

d　K-ABC：認知尺度は習得度より優位である。また，継時処理と同時処理との差はない。全体的に5歳級から13歳級の値を示していた。他の課題に比して，「絵の統合」が13歳級で優り，反対に「語の配列」「位置さがし」が5歳級と劣っており，WISC-Ⅲの結果とほぼ一致した。

e　**学習の習得度**：算数と国語に関してのつまずきを示す結果である。算数の計算力は，一桁の加算・減算は可能だが，指を使用している。掛け算は九九レベルで理解困難であり，1年生課題の習得度である。国語の漢字の読解力は1年生課題の習得度である。長文になると，文意を理解して読むことが困難である。漢字の書き取りは1年生課題が不完全の習得であり，2年生課題は困難である。基本的なドリルでの練習とともに，情緒の問題が改善するなかで，学習能力の向上が期待される。

f　CDC：サナエは30点で病的解離と判定された。特徴的な具体例としては本人以外の男の子人格「コウスケ」になり，「俺はサナエじゃない。コウスケだ」と名乗る。また，2種類の犬人格「コーギー」「ちびすけ」も認められた。また，「幽霊を見た」「お化けの声が聞こえる」という解離性幻覚・幻聴などの訴えがあった。また，自分でスリッパをごみ箱に入れておいて，「わたしのスリッパどこ？」と看護師に尋ねたというエピソードに代表される，生活記憶の一部忘却があった。背中についた古い傷を「施設でやられた」と事実（より古い年代の複合的な傷跡）に合わない表現をした。

g　**担当看護師による解離に焦点をあてた行動観察**：サナエが示した解離症状については，CDCの結果と一致した。覚醒水準については，本児はうつろなまなざしで，眼を閉じて体の力を抜いた状態で立っていることが時折観察された。スイッチングとしては，サナエを呼ぶと，よく犬モードになって「ワン」と答えることや，友人と喧嘩して暴言を男言葉で吐いて暴れモードになること，その後看護師に「俺はコウスケだ」と言い，サナエではないと述べた。ハイテンションで興奮状態になることや，赤ちゃん言葉になって甘える退行状態も日常的に観察された。「頭の中にお化けがいる」「私の中に何か入って邪魔している」と、解離性幻覚と考えられる発言もあった。記憶障害としては、自分のスリッパを自分で捨てた後、看護師に問う行動以外に、様々な物を失くすことを繰り返した。身体の関与の問題としては、指の爪噛み、出血、左膝内出血など、自傷と怪我が多彩に見られた。またプレイルームで胸を露出しズボンを脱ぐなどの行動もみられたが、これは性的というよりも退行的と観察された。排泄障害としては、夜尿が続き、遺尿も時としてみられた。スイッチングについては、入院の後半にはいくらか治まった。

〔総合所見〕

診断は、解離性同一性障害の診断基準を満たし、重症の解離性障害を持つと判断される。小学校低学年であるので既にいくつもの部分人格をもち、その一部は犬人格である。刻一刻と解離による意識の状況が変わり、解離によるハイテンションや衝動的乱暴、さらに非行行為も認められた。しかしながらわずか3ヶ月間の入院治療で、スイッチングはいくらか軽減したことを考えれば、治療の継続が重要であると判断される。さらに患児の病理の重さを考えると、再度3ヶ月から半年の入院治療が必要になる可能性が高いと判断された。

〔虐待ネットワーク会議の結果〕

あいち小児センターのスタッフ、養護施設職員、児童相談所職員、地元学校教師による虐待ネットワーク会議が持たれ、次の諸点が確認された。

①薬物療法としては、衝動コントロールと解離性障害の治療のために、抗精神病薬を中心とする薬物療法を数年間以上必要とする。

②心理療法を開始し、2週間に一回程度の治療を行なう。本人の知的能力や統合の悪さを考慮すると、一般的な心理療法は困難で、たとえば学習を通しての心理教育援助などの心理療法が適切と考えられる。この心理療法については、施設の臨床心理士では困難であると判断されたため、あいち小児センターで実施することとなった。さらに患児のスイッチングによる暴力的人格に変容した際の施設や学校における対応が話し合われた。

5. 考　察

A. 被虐待児童の基底的病理としての解離性障害

（1）アセスメントの結果を巡って

ここでは、患児の解離のレベルを計るために、A-DES、CDC、オリジナルの行動チェックリストなどを総合して用いた。解離に重点をおいた理由としては、子ども虐待によってもたらされる複雑性トラウマの病理の中心が解離性障害であり、治療に際しての解離のレベルをきちんと計ることが必要であるにもかかわらず、被虐待児童の処遇のなかでほとんどなされていないからである。トラウマのなかで解離は、睡眠障害、不安、恐怖、さらに抑うつなど他の情緒や気分の障害を包括する問題ともなる。

A-DESは一種の変法に属する用い方を行なったことになるが、CDCによる評価だけでは極めて不十分で、A-DESを取ってみて初めて明らかになった解離性の所見が少なくなかった。年齢による制限を考慮すると、重症の児童を集めての評価とはいえ、青年期患者では解離性同一性障害と判定されるA-DESのカットオフ値40%を超える児童が2割存在していたことである。さらにCDCでは7割が病的解離状態と判定された。

あいち小児センター心療科を受診した被虐待児童に関しては、初診時に原則としてＣＤＣを実施している。養護施設入所時は施設の指導員によって、在宅児童においては母親によって評価が行なわれるが、この初診時の結果と入院中に看護師によって評価されたＣＤＣとを比較すると、ほとんどの症例において看護師によって付けられたＣＤＣの方が著しく高い値を示した。これは、患児が安全な入院環境下において、自己の病理をより表出させているという要素が大きく関与していると思われる。同時に、初診時においてＣＤＣを付けた養護施設職員、あるいは家族が、解離性症状の存在に気づいていないという側面も否定できない。解離という病理は、被虐待児の抱える病理の中心でありながら、児童養護施設のみならず児童自立支援施設など、被虐待児が集まる場所においても、これまで十分に認識されてこなかった。

さらにロールシャッハ・テストの集計で87・5％が人格障害圏水準よりも重度の病理水準にあると判定された。被虐待児童が成長した後に示す重症の後遺症は、解離性障害を基調とする複雑性ＰＴＳＤあるいはＤＥＳＮＯＳ（Disorder of Extreme Stress Not Otherwise Specified；Pelcoviz et al., 1997）であることが知られている。この集中アセスメントによって示されたのは、明確な解離性の症状が青年期に噴出する以前に、既に学童期の児童においても重症の解離性の病理が認められるという事実である。

Ｂ．知的能力と学力

かねてから、被虐待児童には正常知能を示す者が少ないという印象があった。今回の集中アセスメントは、重症者を集めたという要素はあるものの、対象児童の約６割が境界知能か知的障害という結果になったことは衝撃的である。さらに学習について見ると、正常知能および境界線知能の６割は知能の値に見合った学力に達しておらず、年齢に見合った学力を持つものは正常知能の４名に過ぎない。これは検査を実施した児童のうちの12・5％である。

この問題が深刻なのは、学習の遅れが学校での不適応や自己評価の悪化につながり、さらに内省不足による行動化傾向へと向かい、悪循環を形成するからである。これまで被虐待児童における身体発育の障害（井上 2005）に関してはよく知られていたが、なぜかこのような学力の問題はあまり指摘されてこなかった。低学力が生じる背景としては様々な要素があると考えられる。身体発育同様、発達に必要な養育を与えられてこなかったこと自体が脳の発達に与える影響は無視できないであろう。

今回の対象で示された被虐待児童の知能分布は、全体を見ると約1標準偏差分、低い方に偏っている。これはＷＡＩＳの改訂において示されたblack-peopleとwhite-peopleとの差（MacMillan et al., 1993）に重なり合う結果である。学習の構えや枠、そして習慣の不足そのものが知的能力をさらに押し下げる結果となっているものと考えられる。子ども虐待は、身、知、情のいずれの発達にも負の影響を及ぼし、それらが後年の後遺症を形作ることになる。したがって、被虐待児童において、基礎的な学力を補うための働きかけは非常に重要な意味をもつものと考えられる。

（2）　養護施設入所児童へのアセスメント入院とその意味

西澤ら（1999）は養護施設入所児童を対象に虐待体験の有無と解離性障害およびトラウマ体験による心理的症状との関連を調べた。その結果、ＣＤＣの得点は虐待経験のある子どもでは有意に高く、しかしTrauma Syndrome Checklist for Childrenは、虐待体験のある子どもとない子どもの間で有意な差を認めなかった。吉田ら（2002）は、被虐待児童へのアセスメントについて、精神医学的評価と心理社会的評価を組み合わせた多元的評価を実施することの重要性を指摘した。また、星野ら（2003）は、被虐待児童の評価には本人の精神医学的所見のみならず、家族機能や社会生活の視点も含め多角的な分析を実施することが必要で、多機関の連携が児童の適切な発達を援助するうえで必要であることを指摘した。われわれが行なってきた入院による集中アセスメントは、多岐的な視点から一人の被虐待児童を総合的、包括的にとらえるための試みである。その意義として、次の諸点が挙げられる。

第一には、隠れた病理を明らかにできることである。安全に配慮された環境のなかで、初めてトラウマが外に現れることは、これまでにも強調されてきた点である（Herman, 1992）。在宅児童だけでなく、養護施設においても全国的に人手不足であり、個々の児童への十分な対応や観察は困難な状況がある（加賀美 2001）。被虐待児童の治療という目的でつくられたのではない養護施設に、重度のトラウマを抱える被虐待児童が大集合している今日の状況は、日々表面に現れる問題行動にスタッフが追われる毎日とならざるを得ない。子ども虐待は、対人関係における力による支配という病理がその基底に存在する。

被虐待児童が集まる施設において、当然のように虐待-被虐待という関係が生じやすい。現在の養護施設は、重症のトラウマを抱える児童が集まった結果、施設内虐待の危険性が極めて高い状況となっていることは否定できない。あいち小児センターの病棟は、まさに重症の児童の治療を目的とした構造が作られている（杉山ら 2005）。安全な環境に移されて初めて、子どもたちは内面を語り出すことが可能となる。症例2のユカリは、解離性障害の存在に全く気づかれていなかった。しかし入院して、再度A-DESにおいてその存在を問われ、初めて解離性幻覚の存在について表出するようになった。小学生年齢は、言語化も流暢とはいえない。アセスメントにおいても、検査の結果だけでは不十分で、検査時の行動観察によって総合的な判断を行なうことが必要であると考えられる。

第二に、青年期において問題行動が顕在化する以前に、長期的な治療の方向が決定できることが挙げられる。養護施設の入所児のみならず、すべての問題行動が噴き出すのは青年期においてである。特に、被虐待児の場合、虐待的対人関係をつくり上げることは、性的虐待順応症候群をはじめ生存のための手段である（Summit, 1983）。人手が著しく不足した養護施設においては、年少児の間は年齢が高い入所児童の理不尽な要求や強制に従わざるを得ない。そのように蓄積したものが、青年期に至って噴出することになる。しかしより早い年齢で総合的なアセスメントを実施することによって、より早い段階で、児童の抱える問題を把握し、長期的な治療の見通しを立てることが可能となる。施設職員からは、集中アセスメントの結果の報告の前に児童の問題行動だけに目を奪われるのではなくて、その行動の背景の意味に気づき、児童をより深く理解できるようになったという感想が寄せられた。

（3）　集中アセスメントの問題点

現在、養護施設に籍を置いたまま入院できる期間は3ヶ月である。集中アセスメント入院をした養護施設児童は、入院2ヶ月目から少しずつ自らのもつ主題を表面化させることが多く、3ヶ月目の退院直前になって初めて、問題行動の噴出をみる児童も少なくない。先に述べた、治療スタッフに対する信頼と安心が積まれて初めて問題を表出するという要素と同時に、養護施設に入るまでに既に多くの喪失体験をした児童にとって、施設という自分の基地に戻ることが実感されて初めて安心して表出することができるという要素とが共に存在するのであろう。送り出し、再び受け取る養護施設にとっては、問題行動が噴き出したところで子どもが帰ってくるという状況になってしまう。集中アセスメントが問題行動そのものの治療に繋がっていくためには、2回目の入院治療を少し間をおいて行なうなど、枠組みそのものを改変する必要がある。

しかし、これまであいち小児センターのスタッフが養護施設側から苦情を聞いたことはなかった。入院による集中アセスメントを実施して以来、養護施設から依頼を受けた児童の入院が途絶えることなく継続しており、入院待機児童を常時抱える状態となっている。このことは、何よりもこの方法が評価されていることを示していると思う。養護施設からは、このアセスメント入院を通して、児童だけではなく、立場が違う医療機関との協働作業により、養護施設職員に異なった視点を与えられることが貴重だという感想が寄せられている。

本来、虐待対応の様々な心理アセスメントは児童相談所の業務であると思われるが、虐待対応に関する専門性は高くなく、何よりも過大な業務に見合う人的資源の乏しさにより、このような精密なアセスメントを一人一人の児童に実施することはままならない現状がある。専門医療機関には連携を通して児童相談所を支援し補完する役割も求められている。この集中アセスメントが全国に広まることを期待するものである。

謝辞　集中アセスメント・ケースを支えていただいた、あいち小児保健医療総合センター32病棟看護スタッフの皆様に深謝いたします。

注　この研究は、厚生労働科学研究費補助金（子ども家庭総合研究事業）被虐待児の医学的総合治療システムのあり方に関する研究（H15-子ども-００９）（主任研究者　杉山登志郎）および児童虐待等の子どもの被害及び子どもの問題行動の予防・介入・ケアに関する研究（H17-子ども-００３）（主任研究者　奥山眞紀子）の分担研究として行なわれた。

［文献］

第1節

- 安克昌（2000）「多重人格とは何か」『ユリイカ』32（5）：72-128
- Bremner, J. D., Randall, P., Scott, T. M., et al.（1995）MRI-based measurement of hippocampal volume in patients with combat-related posttraumatic stress disorder. *Am J Psychiatry*, 152(7)：973-981
- Bremner, J. D., Randall, E., Vermatten, L., et al.（1997）Magnetic resonance imaging-based measurement of hippocampal volume in post traumatic stress disorder related to childhood physical and sexual abuse.：a preliminary report. *Biol Psychiatry* 41(1)：23-32
- Chu, J. A. & Dill, D. L.（1990）Dissociative symptoms in relation to childhood physical and sexual abuse. *Am J Psychiatry*

147(7)：887-892
・Dunn, G. E., Paolo A. M., Ryan, J. J., et al.（1993）Dissociative symptoms in a subustance abuse population. *Am J Psychiatry* 150(7)：1043-1047
・花田雅憲（1996）「ヒステリー」『小児内科』28（9）：875-878
・Herman, J. L.,（1992）*Trauma and Recovery*. Basic Books, HarperCollins, Publishers, Inc., New York.［中井久夫訳（1998）『心的外傷と回復』みすず書房］
・石黒大輔（2000）「解離性同一性障害の入院治療——その集団力動に及ぼす影響と治療状況の混乱」『児童青年精神医学とその近接領域』41（5）：528-537
・河村雄一、本城秀次、杉山登志郎、他（2000）「児童思春期に解離症状がみられた18例の臨床的研究」『児童青年精神医学とその近接領域』41（5）：505-513
・幸田有史（2000）「児童期・青年期の激しい解離性障害に対する支援のストラテジー」『児童青年精神医学とその近接領域』41(5)：514-527
・Liberzon, I., Taylor, S. F., Amdur, R., et al.（1999）Brain activation in PTSD in response to trauma-related stimuli. *Biol Psychiatry* 45(7)：817-826
・村瀬聡美、杉山登志郎、石井卓、他（1994）「児童青年期におけるヒステリーの臨床的特徴と意義について」『児童青年精神医学とその近接領域』35(1)：1-11
・Murase, S., Sugiyama, T. Ishii, T. et al.（2000）Polysumptomatic conversion disorder in childhood and adolescence in Japan. *Psychotherapy and Psychosomatics* 69：132-136
・中村俊規、中野隆史、斉藤治他（1999）「解離性障害の生物学的成因と治療——右海馬萎縮を認め塩酸タリペキソールが有効であった解離性同一性障害の一例を中心に」『アディクションと家族』16（3）：357-372
・中村俊規、斉藤学、尾崎令子、他（2001）「外傷重傷度からみた心的外傷後ストレス障害の認知機能と画像所見について」解離性障害における多要因的観点の必要性」『アディクションと家族』18（4）：518-528
・岡野健一郎（1995）『外傷性精神障害——心の傷の病理と治療』岩崎学術出版
・岡野健一郎（2002）「外傷性精神障害とは何か?」『最新精神医学』7（4）：309-317
・Putnam, F. W.（1989）*Diagnosis and Treatment of Multiple Personality Disorder*. The Guilford Press, New York.［安克昌、中井久夫訳（2000）『多重人格性障害——その診断と障害』みすず書房］

・Putnam, F. W. (1997) *Dissociation in Children and Adolescentes*. The Guilford Press, New York. [中井久夫訳（2001）『解離――若年期における病理と治療』みすず書房]
・Shapiro, F. (1995) *Eye Movement Desensitization and Reprocessing: Basic Principles, Protocols and Procedures*. The Guilford Press, New York
・Shearer, S. L. (1994) Dissociative phenomena in women with borderline personality disorder. *Am J Psychiatry* 151(9)：1324-1328
・Southwick, S. M., Bremner, J. D., Rasmusson, A., et al. (1999) Role of norepinephrine in the pathophysiology and treatment of posttraumatic stress disorder. *Biol Psychiatry* 46(9)：1192-1204
・杉山登志郎（2000）「注意欠陥多動性障害と非行」『小児の精神と神経』40(4)：265-277
・Williams, D. (1992) *Nobody Nowhere*. Transworld Publishers Ltd., London. [河野万理子訳（1993）『自閉症だった私へ』新潮社]
・Waller, N. G., Putnam, F. W., & Carlson, E. B. (1996) Types of dissociation and dissociative types. *Psychological Methods* 1：300-321

第3節

・Herman, J. H. (1992) *Trauma and Recovery*, Basic Books, New York. [中井久夫訳 (1996)『心的外傷と回復』みすず書房]
・星野崇弘、山下淳、北野陽子 (2003)「施設入所児童に対する通院治療」厚生労働科学研究費補助金。子ども家庭総合研究事業：被虐待児の医学的総合治療システムのあり方に関する研究。H15年度研究報告書。258-268
・井上登夫（2005）「Failure to thrive」（井上登夫、奥山眞紀子、坂井聖二編『子ども虐待の臨床――医学的診断と対応』南山堂、1534-1568）
・加賀美尤祥 (2001)「児童養護施設の現状と課題」『小児の精神と神経』41(4)：229-231
・MacMillan, D. L., Gresham, F. M., & Siperstein, G. N. (1993) Conceptural and psychometric concerns about the 1992 *AAMR* definition of mental retardation. AJMR, 98(3)：325-335
・西澤哲、中島彩、井上登夫他（1999）「被虐待児のトラウマ反応と解離症状に関する研究」（厚生省科学研究費補助金（子ども家庭総合研究事業：被虐待児の精神的問題に関する研究H11年度研究報告書）289-301
・野邑健二、吉川徹、木村宏之他 (2005)「児童養護施設入所児の精神医学的問題について」第46回日本児童青年精神医学会、神戸
・小川俊樹、松本真理子編著 (2005)『子どものロールシャッハ法』金子書房、3-32
・Pelcovitz, D., van der Kolk, B., Roth, S., Mandel, F., Kaplan, S., & Resick, P. (1997) Development of a criteria set and a

structured interview for disorders of extreme stress (DESNOS). *J Trauma Stress*, 10(1)：3-16
・Putnam, F. W.（1997）*Dissociation in Children and Adolescents: A Developmental Perspective*［中井久夫訳（2001）『解離、若年期における病理と治療』みすず書房、付録Ⅱおよび付録Ⅲ］
・斉藤学（2001）「養護施設に入所してきた被虐待児とその親に関する研究」『子どもの虐待とネグレクト』3：332-360
・杉山登志郎、海野千畝子、河邉眞千子（2005）「子ども虐待への包括的治療：三つの側面からのケアとサポート」『児童青年精神医学とその近接領域』46(3)：296-306
・Summit, R.（1983）The Child Sexual Abuse Accommodation Syndrome；*Child Abuse Neglect*, 17(2)：177-193
・海野千畝子、杉山登志郎（2004）「養護施設入所児に対する心療科病棟アセスメント入院の試み」第3回トラウマティックストレス学会、東京
・海野千畝子、杉山登志郎、加藤明美（2005）「被虐待児童における自傷・怪我・かゆみについての臨床的検討」『小児の精神と神経』45(3)：261-271
・吉田敬子、武井庸郎、山下洋（2002）「精神医学領域における児童虐待に関する多元的評価の意義」『児童青年精神医学とその近接領域』43(5)：498-525

第3章 被虐待児童の愛着の修復

（➡ p.247）

第1節　被虐待児童の愛着を修復する
――こころのケアの役割

臨床心理士　海野千畝子

1．哺乳動物としての子ども

わが家には2匹のシーズー犬がいる。一匹は雄犬、もう一匹は雌犬である。2匹はほぼ同じ時期に生まれている。雄犬は、誕生から2ヶ月まで母犬と育ち、美容院でたくさんの人に愛されてわが家に来た。一方、雌犬は、6ヶ月までペットショップの四角のゲージの中で育っている。現在、4歳である。犬年齢では35歳くらいであろうか。最近、わが家は引っ越しをした。雌犬は、新しい環境に不安が高まるのか、飼い主の後ばかり追っている。常に警戒態勢である。一方、雄犬はどっしりと構えて横たわり、目だけで飼い主の姿を追い、食べ物をもらえそうな気配がすると動き出す。飼い主がいないときは雌犬の親役割をしている。

さて、この2匹の違いは何であろう。一概に、育ちだけで行動が決まるものではないが、変化に弱く、安全感覚が乏しいのは、ゲージの中で育った犬の方である。

子どもにとって、世の中が安全で何とか生きていけると思うためには、自分を養い守ってくれると思える人

（愛着対象者）のイメージを内在化する（安心して保護してくれる人が心の中に住んでいると思える）必要がある。その人が自分の目の前から見えなくなったときでも、自分の中のその人のイメージに慰められ、自分を励まし、自分の身近な世界の中に類似する人を見つけて関わり合うことができる――健康な愛着の絆が存在することとは、こういった能力の表現であると筆者は捉えている。

犬の場合はどうであろうか。犬は嗅覚が鋭いので、飼い主の臭い、自分の臭い、同居犬の臭いに敏感である。その臭いのイメージをもちつつ、飼い主を待っている。引っ越した馴染みのない場所や部屋には臭いがないため、前述の雌犬は、飼い主が目の前から去るとき、強烈な分離不安を示し、おたけび鳴きをする。雄犬は飼い主の臭いのついたスリッパを咥えてその上に寝て、飼い主を待っている。雌犬は、その雄犬を飼い主に見立てて待っている。

さて、人間も犬も同じ哺乳動物である。本能的な哺乳動物としての視点を加えると、とてもシンプルに考えることができる。何より感覚（五感）が重要なのである。はじめに感じた感覚（肌触り・色・音・香り・味）は脳の中に染み付いている（一次的愛着形成）。良くも悪くもその感覚を頼りに世の中を生きていく基盤がつくられてしまう。これは生涯にわたりその人間の人生を左右する。それは、虐待を受けた子どもにおいても同様である。虐待者の発する声、臭い、色合い、音、の五感を通して、虐待や不適切な養育の中にさえ「なじみの感覚」をもち、そこを基盤（はじまり）に生きようとし、それに囚われていく。その人（虐待者）が生存を保証してくれるのであるならば、子どもはそこに拠り所を求める以外に生き延びる方法が見当たらない。

本章では、愛着を、不安が生じたときに保護を求めてなじみのあるものに引き寄せられる人間の特性であり、なおかつ一つの能力である、と定義する。

表 3-1-1　健康な愛着とゆがんだ愛着（トラウマの絆）関係の特徴

（James, 1994. 筆者一部修正）

	健康な愛着	歪んだ愛着（トラウマの絆）
感情の基盤	安　心	恐　怖
時間性	積み上げられた継続性	瞬間的・刹那的
中心となる関係	相互性とケア	支配と恐怖
基本的対人関係	自分が生き残るためには他者が必要（存在が無条件に肯定されている）、親密	自分が生き残るためには他者が必要（自分次第で状況が変わる）、偽親密
他者の接近	安全と喜び	葛藤と警告、麻痺
自己意識	別個の人として自立する	他者の要求の延長に生きる
主体の統御	自己によるコントロール	他者によるコントロール
自己同一性	自律と個別化	他者の意志へ従順

2. 愛着の治療

表に、ジェームズによる健康な愛着とゆがんだ病理的な愛着、またはトラウマの絆（トラウマボンド：外傷性絆）を挙げる（表3-1-1）。健康な愛着は安心を感情の基盤とするが、歪んだ愛着は恐怖を基盤としている。健康な愛着は積み上げられた継続性を時間感覚としてもつが、歪んだ愛着では瞬間的、刹那的である。また、健康な愛着は相互的な対等な関係性からなるが、歪んだ愛着では支配的な関係性になりやすい。他者の接近は、健康な愛着をもつものにとっては、安全に感じられ喜びになるが、歪んだ愛着をもつものにとっては、多くの葛藤と警告・麻痺の意味をもつ。前者では、自己と他者は境界線をもち別個の個として生きているが、後者では、他者の要求の延長に自己を置いて生きている。虐待を受けた子どもが歪んだ愛着をもつゆえんである。

そこで、健康な愛着形成獲得のための心理療法を考えてみたい。それは、心理療法家との協働作業により、最初の染み付いた歪んだ愛着（人だけではなく、物や状況も含む）の肌触り、色、音、香り、味を浮き出させるように促し、新しい肌触り、色、音、香り、味と混合して、その後で新しい肌触り、色、音、香り、味の濃度を強めて体験を塗り替え固めていくという地道で長い道のりである。

表のようなゆがんだ愛着を健康な愛着に変容させるためには、虐待から保護され、心理療法を始めた時期が5歳の子どもであれば零歳から、12歳の子どもであれば7歳からと、その子の情緒的発達はマイナス5歳からの出発になる。時間がかかること、5年から7年間付き合うことを念頭に置いて初めて、この作業は実を結ぶのである。

(1) 愛着の査定

あいち小児保健医療総合センター（以下、あいち小児センター）育児支援外来においては、初診の子どもと家族の愛着関係の様相の査定については、行動観察を特に重視している。家族である養育者との関係を、準構造化した場面で観察する。その場面において必要となる視点を挙げてみたい。

子どもと家族の座る位置、姿勢、家族と子どものどちらかが話しているときの、それぞれの表情、行動、言葉かけの様相などを観察する。たとえば、脱抑制型の反応性愛着障害の子どもは、やや緊張する場面においても、母親から離れて、無差別に他者に関心を向けて、不自然ななれなれしさで関わってしまう。さらに、医師と話している母親の声音にびくっと反応する、または固まる（フリーズ）などの反応が出る。抑制型の反応性愛着障害の子どもでは、緊張場面において、目が合わない、物に向かって突進する、という行動が観察される。心理療法家が関わりをもとうとすると、無視する、体を硬直させるなど、一見発達障害にみえる様相を呈することがある。ネグレクトなど心理的虐待を受けたものとの判別が困難になる。

心理療法家には、初診での身体言語を考慮した行動観察、絵画検査（バウムテスト、人物画テスト）や病的解離の検査（CDC、A-DES）やロールシャッハ・テストなどを通して、無意識・意識両側面の子どもや家族の表現から仮説を組み立てていくことが必要とされるだろう。

（2）　健康な愛着形成を邪魔するもの

本来、穏やかで安全な養育を受けた子どもは、3ヶ月単位で成長し、対人関係において新しいことができるようになる。そういった養育では、穏やかであたたかな会話により相互作用がなされ、「おかあさん」「なあに」「○○ちゃん」「なあに」という言葉の背後に優しい波動を伴うエネルギーの交流が読み取れる。

しかし、虐待を受けた子どもは、前述したように虐待的体験と愛着（なじみのあるものに否応なく引き寄せられる：執着）を結んでいるために、あたたかく手を差し伸べる働きかけに対し、その手をつかむのではなく、「はねつける」「縮こまる」「顔をゆがめる」「無視する」「頭を覆う」などの外傷体験（トラウマ）の再現行為（虐待者が自分にした行為、または自分のなじみの行為がよみがえる）が否応なしに飛び出る。

そして現象的には、この外傷体験の再現行為は、子どもに本来の健康な愛着を提供する立場にある者（養護施設職員など子どもの生活を支える人間）や心理療法家による親密で健康な愛着形成を邪魔していることになるのである。

A．フラッシュバック

フラッシュバックとは、侵入的想起と訳され、何らかの引き金刺激により、突然過去に起こった外傷体験が生々しく現在に侵入してくることをいう。本項においては、フラッシュバックの定義を広域に捉えている。

9歳以下の子どもの場合は遊びのなかで、自分が虐待で体験した行為を人形を使って再現する。ここで使う表現は、DSM-Ⅳにおける PTSD の症状の中のフラッシュバックと類するものとする（表3-1-2）。

表3-1-2　健康な愛着形成を邪魔するフラッシュバック

PTSD（外傷後ストレス障害）〔『DSM-Ⅳ-TR』p.179一部抜粋〕

B.　外傷的な出来事が、以下の１つ（またはそれ以上）の形で再体験され続けている。

⑴　出来事の反復的で侵入的で苦痛な想起で、それは心象、思考、または知覚を含む。

注：小さい子供の場合、外傷の主題または側面を表現する遊びを繰り返すことがある。

⑵　出来事についての反復的で苦痛な夢。

注：子供の場合は、はっきりとした内容のない恐ろしい夢であることがある。

⑶　外傷的な出来事が再び起こっているかのように行動したり、感じたりする（その体験を再体験する感覚、錯覚、幻覚、および解離性フラッシュバックのエピソードを含む、また、覚醒時または中毒時に起こるものを含む）。

注：小さい子供の場合、外傷特異的な再演が行われていることがある。

⑷ ⑸は省略

子どもは遊びを自分の意思で行なっているが、外傷との関連については無自覚であるため、取り憑かれたようにその遊びを反復する。たとえば、虐待を受けて首を絞められた子どもが、赤ちゃん人形やチンパンジーのぬいぐるみに「お前なんか死んでしまえ。これでもか、これでもか」と眉をしかめ、鋭い目つきで低くつぶやく。このとき本児の首筋には赤い斑点がいくつか出ている。

この例のように、子どもの使う言葉や考え、行動、生理、身体、精神症状が過去の外傷体験に結びついて否応なしに飛び出してくることがある。それぞれを7種に区分けし、言語音声的フラッシュバック、認知思考的フラッシュバック、行動的フラッシュバック、生理的フラッシュバック、身体的フラッシュバック、精神症状的フラッシュバックと命名した。一種のフラッシュバックだけではなく、二種、三種が重なって表現される場合もあるうし、単種の場合もあるだろう。

たとえば、遊びの中で行なう外傷体験の再現遊びや、突然誰かを殴る、暴れる、泣く、叫ぶなどは、行動的フラッシュバックである。外傷体験の話をしていたときに、突然身体の一部に痛みやかゆみが出たり、発赤したりすることなどは生理的フラッシュバックになる。さらに、虐待者から言われた言葉がいつもの子どもの声と違う声として飛び出るのは言語音声的フラッシュバックである。また、被虐待児童特有の思考、たとえば「自分は完璧でなければ死ぬしかない」「今後も悲惨なことばかりの人生である」「子どもは大人の召使いである」などは認知思考的フラッシュバックであり、また、よく喪失体験の引き金刺激で起こる、どんよりした気分になる、抑うつ状態になる、虐待者の「殺す」という声が聞こえる、などの精神症状的フラッシュバックも考えられる。

B．虐待とフラッシュバック

前述したフラッシュバックは、子どもだけではなく、虐待をする家族においても同じことが起こり得る。虐待をする家族もこのフラッシュバックの渦に没入したなかで成長しており、そのなかで、行動的フラッシュバック（身体的虐待、性的虐待）を表現している。さらにそれぞれの家族は、自分の人生とどう結びついてこういった表現になるのかという繋がりを認識できず、問題視もできず、自分に翻弄されつつ人生を生きている。

このような状況においては、子どもへの健康な愛着形成の支援のみでは不十分になることは歴然としている。家族の本来の健康な愛着形成がみずからの外傷体験で邪魔されている状態で、子どもの健康な愛着形成が可能になることは考えられない。外傷体験のフラッシュバックに翻弄され、歪んだ愛着しか表現する術をもたないからである。家族の健康な愛着形成への支援が同時に行なわれてこそ、子どもの健康な愛着形成が発展する可能性が考えられる。

C．解離とフラッシュバック

虐待などの反復的に繰り返される外傷を体験した子どもは、本来備わっているはずの自分の身体感覚、感情、思考を、切り離す、麻痺させる、ゆがめる、「私は感じない」と思い込む、などの自己への操作を行なうことで生き延びようとする。これを「心的規制としての解離」という。この心的規制を繰り返すことで、心身には解離状態が定着していく。解離状態には、健康な日常生活に支障のない範囲の通常解離と、日常生活を停滞させる病的解離がある。病的解離は、大きく三つに分けられ、記憶の障害、自己感覚の障害、自己コントロールの障害としての様相を表わす。前述したフラッシュバックとは、この病的解離の症状の一部として、また、病的な解離症状が何らかの引き金刺激で健康な方向へ繋がり始めたときの反応として付随的に起きるものであると考えられる。

解離の症状として、子ども本人は無自覚の症状がある、ということがある。たとえば、手足が勝手に動き暴れてしまう、知らないうちにぺらぺらと事実と違うことを言ってしまう、気づかないうちに知らない場所に来ていた、いつの間にか時間が経っていた、その間にあったことを憶えていない、やった記憶のないテストが返却される、などである。

また、子どもが自分だけで症状を抱えているものもある。幽霊が見える、自分ではない人の声が聞こえる、いつの間にか自分を傷つけて切ってしまう（自傷行動）、誰にも言えない性的な行動をして後で気づく、などが該当する。

さらに病的解離症状のなかには、多重性をもった自我状態が存在する子どもが多い。たとえば、あるときには愛情表現べったりの「○○さん大好き」などという赤ちゃんのような子ども（退行モード）が現れたかと思うと、あるときには「あんたのところなんか来るもんか」と机を蹴るような拒絶的で醒めた子ども（暴れモード）が現れる。

この暴れモードをフラッシュバックの視点で見てみると、子どもは、心理療法家の反応によって、見捨てられたという引き金刺激が出て、昔、虐待者（母親）から言われた言葉が飛び出た、というストーリーが浮かび上がる。本来は信頼がその言葉を抑えるブレーキとなるが、恐怖に圧倒されているために翻弄されてしまう。これが、病的解離が健康な愛着形成を邪魔するゆえんである。

(3) 健康な愛着とは

健康な愛着の定義は、子どもにおいて、愛着提供者との信頼を基盤とした、相互的、永続的、情緒的、身体的な親和である。当然、発達年齢ごとにその健康な愛着能力の達成特性や程度は異なるが、大人においての愛着の能力をかみくだいて表現すると、「心の中に信頼する人が住んでいて、その人がたとえ一時的に裏切るような行動をしたとしても、その人に見放されるという恐怖や不安を感じることなく、その人への信頼を失わずに、時に、待つこと、凌ぐことができ、その間に起きる曖昧な感情に耐える能力」である。つまりは、愛の能力ではないかと考える。

この能力の形成のためには、心理療法家と子どもが、年月のなかで信頼関係を結ぶことが第一に優先される。子どもは、心理療法家に安心感を感じると、幼児になり退行していく。スキンシップや保護を求め、その後には、強烈な攻撃性を表出し、心理療法家を試すようになる。自分は大事に扱われ続けるかを確認するのである。これは時に発達に必要な、怒り、自己の表出であり、時にフラッシュバックとして表現される。虐待を受けた子どもにおいては、この期間が虐待の程度に比例する。

子どものなかには、病的解離があるために、週一回程度の心理療法では心理療法家との関係の構築がままならず、愛着関係が発展しない児もいる。対象恒常性が確立されない場合は、頻繁に子どもに会う必要が出てくる。心理療法家との愛着を結んだとしても、生活において愛着を提供できる人間がいない場合も考えられる。学童期中期までは、子どもの世話をする役割の愛着提供者が部分的であっても必要となるであろう。

ある程度の健康な愛着形成が達成されると、学童期後期において、同性との親密な友人関係に発展することができるようになる。同じ方向を向いて歩く同志が存在することは、子どもを励まし、慰め、鍛える。健康な生活を維持するには、仲間の存在が欠かせないだろう。

（4） 被虐待児童のケアにおける心理療法家の役割

心理療法は、限られた特殊な人間関係である。部分的であり儀式的である。筆者は、心理療法を支える生活のなかの愛着提供者とその周りの環境があってこそ、心理療法が愛着の修復を可能にする、と考える立場に立つ。心理療法に子どもが参加するためには、その場まで繋げる存在が必要である。その人は、子どもが心理療法が行なわれる場に送り届け、それが終わると子どもを迎え入れる。子どもは、その人の姿を見て、自分という存在を大事にできるようになっていく。心理療法が終了したときに迎えに来てくれる人間がいないと、子どもの表情は次第にこころもとないものになっていく。

自分を待っていてくれる人がいる、自分を承認してくれる人がいる、心理療法のために日時を確実に記憶にとどめて間違いのない時間にここに連れてきてくれる人がいる、という基盤のなかで、子どもは健康な愛着を育むことができるのである。

子どもの生活を気遣い、慰め、励まし、支える生活を共にする者の存在があってこそ、心理療法は有効に機能すると考える。それが必ずしも血縁関係のある家族でなくてもよい時代がきているのではないだろうか。

改めて心理療法家の役割を考えてみたい。心理療法家は、前述した子どもの情緒発達や解離、個々のフラッシュバックの表われを読み解く通訳者である。専門家として、愛着提供者に、そして子ども自身にその内容を伝える心理教育をし、安全に愛着形成の長い道のりを辿ることを促しながら、時に仕切り直す。心理療法家には、愛着提供者と協働して子育ての発達を促す同志としての役割があるのではないかと思われる。

3．症例から見えてくること

【症例10】 母と姉から虐待を受けた男児（初診時年齢5歳）

実母と義母両方から身体的虐待、姉から性的虐待を受けていた。家族歴は、タローが2歳で実父母離婚、父方に姉とタローが、母方に弟が引き取られた。タローが4歳で父が再婚。義母と生活をする。その後父は離婚し、現在、父・姉・本人の3人家族である。父方祖父母は別の街にいる。

初診時印象は、虫が好きな男児で、目を合わせず、一見自閉症スペクトラム障害と見間違うほどに関係性の障害があった。治療過程としては、2週間に一回の心理療法開始後、愛着の構築はままならず、あらゆるフラッシュバックが続出する。その後、実父の義母との離婚を経て、入院治療を開始する。問題として、初診から一年半の時点で治療者の名前を思い出せないなどがあったことから、対象恒常性が獲得されていないと治療スタッフで判断し、週2回の心理療法を開始する。

経過は、実父との分離不安が出現、暴れ、ファンタジー・モードへの没頭が続くが、「暴れちゃう、止まっちゃう、忘れちゃう、を治す」を治療目標とし、本人と治療スタッフで確認する。病棟での暴力「あばれちゃう」が一時期収まると、記憶の障害「忘れちゃう」が出現し、暴力の出現と記憶の障害が反比例のような関係になっていた。

その後、性的行動化が出現し、姉からの性的虐待が明らかとなった。そこで、性的な心理教育を開始した。心理治療者への攻撃、母を殺す、父が殺される恐怖、などのテーマが出現する。

家族の経済的な問題で入院は打ち切りとなる。その後外来治療中。虐待のテーマの出現によるフラッシュバックが以前より継続せず、通常の意識への立て直しが早くなってきている。

被虐待児の心理療法におけるエッセンスを挙げる。

①何回も同じテーマが循環し、出現する。アレルギーの反応に似ていて、一度落ち着いたと思っても、何らかの引き金で刺激を受け、子どものなかにある虐待的記憶のフラッシュバックが形や色を変えて出現を続ける。

②虐待を受けた子どもは、マイナスからの出発であるので、なるべく一人の心理療法家が長期（5年から10年）に継続して担当することが治療の効果に大きな意味をもつ。

③簡単に絶望しない、反対に、少し成果が出たからと喜び過ぎず、発達課題ごとに長いスパンでケースを考えていく姿勢を保持することが重要である。

④心理療法家自身のセルフ・ケアをする。ケースとの細く長い付き合いを大切にし、時に鋭く介入し、時の熟するのを持つことが必要なときもある。

⑤チームで取り組むことである。虐待のケースとともにチームの各個人が成長し修行するのと同時に、他者の資源を活用して大いに生かし合う相互の信頼関係を基盤とするチーム自体の成長が必要とされる。

4. おわりに

冒頭で述べた犬の話だが、雌犬は新しい場所になじみはじめた。犬は、自分の親ではなく人間という里親に預けられ育っていく。里親と犬の関係は主従関係であり、人間に服従する。

では、人間の里親の場合はどうであろう。子どもの世話に関しては、時に子どもが王子様やお姫様、大人が侍従や召使いになることは否応なくある。振り回され、途方に暮れる日もあるだろう。里親を支える制度はまだまだ手薄である。里親の育成もまだまだ不十分である。

社会にとって大事な子ども達をたくさんの人達で一緒に育てることに、実親が過大な罪悪感をもたず、世間もそれを承認する日はいつか来るのだろうか。虐待を受けた子どもたちと日々関わっていると、そんな望みをもってしまう。

第2節　被虐待児童における自傷・怪我・かゆみについて

臨床心理士　海野千畝子、医師　杉山登志郎、看護師　加藤明美

1．はじめに

被虐待児童に特有の、解離による自己感覚障害からの回復過程で見られる皮膚症状である、自傷、怪我、かゆみの3症状に注目して臨床的検討を行なった。対象は、児童養護施設で生活し、解離性障害の診断を受け、あいち小児センター心療科病棟に入院し、アセスメントと治療を行なった12名（男児4名、女児8名）である。この対象のなかで、自傷は75％、怪我は100％、かゆみは50％の児童に認められた。これらの皮膚症状と治療経過との関連を見ると、解離性障害の治療の進展に伴って、意識的無意識的な自傷が最初に生じ、やがて怪我が増え、解離状態からの回復に先立ち、かゆみ症状が現れるという経過が認められた。

これらの皮膚症状に注目し積極的に取り上げることは、自己感覚障害からの回復に治療促進的に関わり合ううえで有効であった。これらの皮膚症状と解離性障害との関連について考察した。

2．目　的

筆者らは、現在、被虐待児童の治療センターとしての機能を持つあいち小児センターで勤務している。特に心療科系の病棟が開設（2003年5月）された後、多くの被虐待児童が入院し、その解離性障害に対する治療を行なっている。

被虐待児童は、虐待の心理的、身体的影響からみずからを防衛するために、本来備わっていた感覚機能を麻痺させ、解離による心的機制を用いて感覚を飛ばすことを覚えるようになる。虐待を受けた子どもは、このような心的機制が継続的に働くため、解離状態に定着し、記憶、身体感覚、感情等の統合が失われた状態となる（岡野　1995）。解離性障害の3大症状は、①記憶の障害、②自己コントロールの障害、③自己感覚の障害である（Harman, 1992）。特に、三つめの自己感覚の障害とは、人間が持つ健全な身体感覚の発達が滞っている状態であり、気温の冷暖感覚や痛感覚、対人距離感覚、対物距離感覚などの障害をもたらし、さらには五感や認知機能の障害として現れる。この自己感覚障害には、被虐待児特有の、生き延びるための手段としての警戒信号である聴覚過敏性や無意識の防御行動などオートマチック反応へと発展することもある（Putnam, 1997）。

われわれは、被虐待児童が解離の治療過程のなかで、皮膚に発現する症状に注目した。自傷、怪我、かゆみの三つである。これらの皮膚に発現する身体症状を放置することなく対応し、積極的に取り扱うことによって、児童が解離による自己感覚の障害から回復する過程が明らかになるだけでなく、それ以外の解離にも治療促進的に働くことにわれわれは気づいた。

この皮膚に現れる三つの身体症状のうち、自傷、かゆみに関する心因の問題や解離性障害における皮膚発赤反応については、わずかな言及はあるものの、被虐待児童の解離性障害に関連して、皮膚に発現する症状として検討を行なった研究は未だに見当たらない。

われわれは、被虐待児童の皮膚に現れる訴えに注目し、臨床的関与において体が発する意味を読みとることを試みた。さらに、これらの皮膚症状に対する適切な対応方法について検討を行なった。

3．対象と方法

(1) 対 象

対象は、あいち小児センター心療科に入院した児童養護施設入所児童12名（男児4名、女児8名：7歳～15歳）である。これらの児童は、今後の治療指針を立てる目的で、入院中に七つの心理検査アセスメントを行なった。その一つに、病的な解離状態の有無を看護師によりチェックを行なう「行動観察アセスメント」があり、そのなかに皮膚に発現する身体症状の所見項目が含まれている（表2-3-2）。入院中、病棟看護師らは、児童らの皮膚に発現する症状を記録し続けた。その結果をもとに、われわれは担当看護師とのコンサルテーションを行ない、児童らの皮膚に発現する症状を把握した。また、すでに心理治療を実施している児童については、心理治療を担当する臨床心理士（海野）が行なった患児の行動観察や叙述からも患児の状況を把握した。なお本節では、以下の記述において、「心理治療」とは、臨床心理士による解離に焦点を当てた継続的な精神療法として用いることとする。

本児らを対象とした理由としては、第一に、期間が限定された（通常2、3ヶ月）入院で、その治療を通して均一な経時的観測を行なうことが定められていたからである。さらに、これらの児童にとっての入院は、医療による施設児童に対するケアの質的向上が目的であり、今回の研究目的と対象児の入院目的が合致していると思われた。

（2）皮膚症状の定義

a **自傷**：本研究では、被虐待児童にみられた自傷の定義としては、「無意識的・意識的に自分の身体を傷つける行為」とした。いつの間にかやっていたというものも含めて広範囲に捉えている。具体的種類としては、かさぶたをはがす、傷をひっかき悪化を繰り返す、指の皮や爪をむしる、髪の毛を抜く、壁を殴り自らを傷つける、鋭利なもの（ペン、ハサミ、カッター、ナイフ、安全ピン、等）で自らを刺す、切るなどである。われわれは、ボール遊びにおいて意識的か無意識的かは問わず顔でボールを受けて傷を作ったような例や、自己装飾の目的で行われるピアス（耳、顔、身体）をも自傷に加えた。その理由は、これらの傷を作る行為の背後にしばしば自責という力動を認める例が少なくなかったからである。部位としては、手首・前腕・大腿・下腿など身体のあちこちらに認められた。

b **怪我**：怪我としては、打撲、ねんざ、擦り傷、切り傷など、一般的な怪我に加えて、本研究では、治療の過程で初めて患児が訴えるようになった皮膚のできもの、いぼ、あざ、しこり等、皮膚の異変や不快感の訴えについても加えた。その理由は考察において述べる。

c **かゆみ**：かゆみとは、アトピー性の皮膚炎や湿疹が主なものであるが、本研究では、皮膚の所見がないかゆみも加え、また傷から治りかけのかゆみも加えた。部位としては、首筋、足、性器、肛門、眉毛、耳や鼻の穴などに認められた。これらの部位の多くは身体の外と内の境界となる所である。さらにわれわれが注目したのは、偶発的に出現し消失する皮膚の発赤とかゆみである。心理治療のなかで外傷体験に関連する何らかの想起があった時に、この皮膚症状が突然に現れ、また消えてゆくのをしばしば認めた。

表 3-2-1　対象の診断と心理治療実施状況

症例	age	sex	abuse	診断	心理治療
1	7	f	身体的虐待	DDNOS1	退院後実施
2	9	m	身体的虐待	DDNOS1	退院後実施
3	10	f	身体的虐待	解離性同一性障害	退院後実施
4	10	m	身体的虐待	DDNOS1	退院後実施
5	12	f	身体的虐待	DDNOS1	入院前実施
6	12	f	性的・身体的虐待	DDNOS5	入院中実施
7	12	f	身体的虐待	DDNOS5	入院中実施
8	12	m	身体的虐待	DDNOS1	入院中実施
9	13	f	性的・身体的虐待	解離性同一性障害	入院前実施
10	14	f	性的・身体的虐待	解離性同一性障害	入院後実施
11	14	f	性的・身体的虐待	解離性同一性障害	入院前実施
12	15	m	身体的虐待	DDNOS1	医師のみ

（注）DDNOS＝特定不能な解離性障害

4. 結　果

(1)　対象児童の診断と心理治療

対象児童の一覧を表に示す（表3-2-1）。虐待の種類については、性的虐待、身体的虐待を重複するものが4名いた。ネグレクトについては、対象児童がすべて養護施設児童であるために省略した。児童の診断は、DSM-IVにより特定不能の解離性障害1型（スイッチング含）が6名、5型（意識消失・昏迷含）が2名、解離性同一性障害が4名であった。また、臨床心理士による心理治療については、入院前より開始していたものが3名、入院中から開始したものが3名、退院後に開始したものが5名、心理治療を行わず、医師による精神療法のみのものが1名であった。

表3-2-2　自傷、怪我、かゆみの結果

症例	自傷行為	怪我	かゆみ
1	鼻異物混入出血・抜毛・爪めくり	打撲、爪の傷	
2	夏上着を３枚	手の甲発赤痛、切り傷	
3	爪噛み出血	左膝打撲、頭部打撲	
4		関節痛、目の打撲	腹部発疹の掻痒感
5	指皮めくり出血	左顎下腺痛、鼻出血	頬、大腿の掻痒感
6	手足打身痕・腕に歯形	打撲によるあざの痛み	
7		足の打撲	
8		頭部打撲、右肩痛	両大腿の掻痒感
9	かさぶためくり	あざ、水疱、左足膝腫れ	目、背中、上肢、疣の掻痒感、頭部湿疹
10	かさぶためくり、リストカット	打撲によるあざ、擦過傷、歯肉の腫れ	
11	指皮、かさぶためくり、リストカット	額の傷痕傷、紙で切り傷、額の膿	身体全般湿疹、性器掻痒感
12	切り傷、右手打傷	転倒切傷	顔面皮膚の湿疹

（2）自傷、怪我、かゆみの結果

結果を表に示す（表3-2-2）。自傷については、対象の9名（75％）に何らかの症状が観察された。内容は意識的なものから何となく無意識にやっていたというものまである。虐待の類型と自傷の種類との間に特徴的な傾向は見られなかった。怪我については12名（100％）のすべての児童に観察された。かゆみについては、入院治療のなかの6名（50％）に何らかのかゆみ症状が観察された。かゆみは、心理治療が進展していて虐待体験の叙述が明確なものほど、入院後早い時期から現れるという傾向が見られた。

（3）皮膚症状の発見について

自傷、怪我、かゆみは、痛みや掻痒《そうよう》感に当人が気づいて訴えるもの、身体感覚の希薄さゆえに痛みを伴わず「血が流れている」などと気づかれるもの、児童みずからではなく、看護師、臨床心理士等、周囲の人間に皮膚の異常が気づかれるものと大きく三つに分けられた。被虐待児童は、身体を大事にされた経験が少ないため、看護師や臨床心理士の対応や手当てに戸惑いを見せるものも見られ、対応に際して、「痛くないよ」や「たいしたことではない」「放っておいて」などの反応があり、当然のことではあるが、セルフケアの苦手さが認められた。しかし、何度か繰り返すうちに、自分から、「ここが痛い、手当てして」「かゆい」「できものが気になる」と、これらの傷等を大切に扱われた心地よさが体得され、次第に本来の自己の感覚に即した反応が表出されるようになることが観察された。

5. 症　例

ここで集中的な心理治療を行なった性的虐待の女児の症例を提示して、その経緯を振り返るなかで、皮膚に発現する身体症状の意味について、詳細に検討する。

【症例11】 **解離性障害の女児**（14歳）

児童養護施設入所中の児童である。養父から性的虐待、実母からの身体的虐待があって入所したが、さらに施設内でレイプ被害を受け、その前後から施設では、性的逸脱行動が問題になり、受診となった。

［生育歴および現病歴］

乳幼児期の発達歴に特記する事項はない。幼少期から母親に、木刀、ほうきを使った身体的虐待、包丁やアイスピックで刺されるなどの虐待を受けた。母親は異性交友が激しく、現在の施設に入所するまでに本児リョウコには4人の父親ができ、現在5人目の父親と同居している。特に4人目の父親は、身体的虐待だけでなく、リョウコは小学校2年生のころから入浴時の性的接触があったというが、小学校5年生ごろの記憶がなく、性的虐待の部分的な想起のみで、その全容は明らかではない。リョウコが12歳、小学校6年生のとき、学校からの通報を受け、児童相談所に保護をされ、現在の施設に入所した。

児童養護施設入所後、13歳の夏、同じ施設内の6歳上の男子からレイプ被害を受けた。この後、リョウコは施設内のある男児と性的な接触を伴う交際が続くようになり、それが問題となり、あいち小児センター心療科に受診となった。

〔治療経過〕

リョウコは記憶の断裂や人格のスイッチングが認められ、解離性障害と診断され、薬物療法と心理治療が開始された。心理治療では、生育史を本人から聴取し、解離性障害の概念や男女交流についての心理教育を実施した。

半年ほど経過したころ、現在交際中の男子の行動に対して、性的接触をしないと見捨てられるのではとの不安が高まり、寮のルールを破った性的行動が生じた。これが判明すると、どちらかが退寮となるため、リョウコは事実を隠していた。このため希死念慮が高まり、針によるリストカットがあった。この事実については心理治療のなかで、リョウコから治療者に開示された。

治療者が「生命に関わることは秘密にはできない。あなたを大事にしたいから養護施設側に伝える。リョウコにとってより良い方向にいくように話し合いたい」と直面化すると、リョウコは「何でだよ」と怒りを露わにしたものの、やがて無言のまま同意した。

その後、児童養護施設、児童相談所、治療者で話し合いが持たれた。治療開始して9ヶ月が過ぎており、リョウコの保護と、衝動コントロールの強化、さらに過去の外傷体験の捉えなおしを目的に、入院治療となった。この入院は、治療の方向性を定めるための総合的なアセスメントの目的も兼ねていた。

児童養護施設の籍を維持するため、３ヶ月間の限られた期間となる入院治療が開始された。

閉鎖ユニットの個室で入院治療を開始したが、「ぼうっとして過ごした」とリョウコは発言し、看護師からも、かなりの時間寝ていて他児童との接触もないということが報告された。

アセスメントは、子どもの解離尺度や知能検査から開始し、心理治療のなかでは、自己の外傷体験、特にレイプ被害に言及した後に、「紙で手を切ってしまう。なぜかわからんけど……」と述べ、さらに「かさぶたができると取りたくなる」と皮膚に発現する症状の訴えがあった。同時に、「病棟の子は、ああだ、こうだといろいろ言う。施設の職員も、私のつきあいに、ああだこうだと言ってむかつく」と訴えた。治療者は、「自分と重なる？自由にさせてほしいけどうまくできないのが何か怖いのかな」と伝えると、「レイプ事件……どうして自分を守れなかったのか。なんか罪悪感がある」と述べた。

開放ユニットに転室した入院一ヶ月目ころから、背面、胸の下などに湿疹が出現し、かゆいという訴えがあった。主治医の診察後、皮膚科を受診した。併せて、痔出血、発熱などの身体症状が次々と出現した。また、怪我も頻発し、他児童の挑発にまきこまれ、怒りで壁を蹴って打撲したという報告を受けた。

また、精神療法のなかでリョウコは、「この額の傷のできもの、ずっと気になっている。治らないし、膿《うみ》がたまっている気がする」と言う。過去にその部位に何らかの傷を受けた可能性の有無について言及すると、「お母さんに髪の毛を持って振り回された。その時、布団叩きで殴られた時についた傷。泣いたらもう一発。だから泣けない。お母さんに殺される気がして怖かった」と想起した。ついで、リョウコは傷に手をやり、胸の下や背中を掻きはじめ、「かゆい」と訴える。治療者はその傷を、患児の言葉とともに看護師に伝え、継続的な処置を依頼し、またかゆみについても薬の塗布をお願いした。その後、額の傷についての訴えは消失し、傷も小さくなったように見受けられた。

病棟内での対人関係については、時折投げやりになり、引き続いて部分人格の交代現象が生じ、男の子モードになって暴言を言うことや、クールなお姉さんモードで冷ややかなまなざしで無視をすることも見られた。また、同じ病棟内の男児との交流が目立つようになり、異性への距離感覚の欠如がテーマとして浮上した。施設の他の男児との交際がありながら、他の男児と付き合いたいという欲望が湧き上がって性的モードになることを、レイプ事件や母親の性的動向を部分的に想起しながら思い出す。

どのような距離にあることが、自己へも他者へも負担を最小限に抑え、自分を守りながら成長していけるのか捉えなおすという面接が進んだ。また、継続的に行なっている描画において、冷たい目をした女性を描いていることを言及すると、母親が冷ややかな目で首を絞めてきたエピソードや、母親自身のリストカットがあったことなどの外傷体験の想起があり、殺される恐怖や孤独感を治療者は共有した。その後、途中に攻撃性が高まり、他児童への暴力、看護師への反発、暴言暴力等が出現し、一度出た開放ユニットから再度閉鎖ユニットへ戻ったが、ほどなく落ち着きを取り戻し、当初予定していた3ヶ月間で退院した。

退院後は母子との距離、異性との距離がテーマとなり、続いて、治療者への攻撃性が出現し、男の子モードで「うぜー。しらん。ついてくるな。きもい」などの言葉や箱庭のシャベルをぶつける等、自分が受けた攻撃の象徴的な表出が繰り返された。治療者は「いらいらするね。リョウコのなかで、他の人やお母さんに言われた言葉が出るね。それをなぐさめるリョウコもいるはずと信じているよ」とつぶやくと、「しらん……」と言いながら攻撃はやや下火になっていった。

現在は、フラッシュバックする記憶をテーマとして、想起と追悼の作業に取り組んでいる。異性交際を巡る課題は続いているが、男性への違和感、恐怖感を持つと同時に、男性を信頼したい気持ちも現れ、主治医への質問や問いかけが増えてきている。現実生活においては、無事に希望の高校に合格することができた。

［症例に現れた皮膚症状に関する検討］

症例11において、次の三つの視点から、皮膚に発現する身体症状と解離性障害の治療過程について検討を試みる。

第一に自傷、怪我、かゆみの症状や皮膚の状態像について、第二に患児がこれらの症状をいかに訴え、捉え、周囲の人間がその症状に関与したのかという、患児自身の症状への関わり方と治療スタッフの対応に、そして第三にそれぞれの症状がその他の二つの症状とどう関わり合いながら出現したのかという視点から整理してみたい。

リョウコの入院前の状態は、つきあっていた施設男児との性的逸脱行動に伴って見捨てられ不安が強まり、リストカットに至ったことからはじまる。この時の傷の状態は、針で腕をひっかきながら刺すという行為であった。その行為は、母親が包丁をリョウコに向けた行為に似ており、また母親もかつてリストカットがあった。リストカットは、虐待的に自己を罰する再現行為であると同時に、閉塞的な気分を突破する対処行動でもある(Levenkron, 2005)。この自傷は、右手首の内側に針でひっかいた傷がミミズ腫れになり、かさぶたがすでにできかけて治癒途中の状態であった。治療者は、常に傷を発見した時点で絆創膏を貼り、傷の程度により主治医に診察を依頼するという対応をしているが、この時は、傷には手を当てた程度で、希死念慮の保護という対応を重視した。

入院が開始されて、閉鎖ユニット個室の環境で医師、看護師らに保護され、しかも心身を大切にされた治療空間のなかで守られる体験によって、解離状態にあった身体と精神が目覚めて、動きはじめたといえる。このころから、心理治療場面でも皮膚にできた湿疹のかゆみを訴えるようになった。この時の発疹は胸の下や背中の下など広範囲にわたっていた。リョウコはかゆみを訴え、皮膚科を受診し、看護師による薬の塗布、またスキンシップやマッサージなどの継続的な処置を受けた。この対応がリョウコに与えた影響はどんなものであっただろうか。今までの男性からの身体への侵襲とは反対に、主治医、看護師、心理士の「あなたの身体を大事にしたい」という意味づけられた治療的対応によって、ケアへの抵抗は減じ、安堵へと変化していった。

また、入院当初、注射を怖がり、採血にかなりの抵抗を示したが、しだいに主体的に他科受診に臨むようになった。病棟の男児との交流がはじまるころに、再度、無意識に手を紙で切る、かさぶたをはがすなどの自傷が出現した。看護師は、病棟での傷の発見時には処置を行ない、治療者は外傷体験や本人の男児との交流パターンについて捉えなおす作業を行ない、自責が強まると自傷が起きることを、患児と共に確認した。そのなかで想起された患児の外傷体験について話している時、消失したはずの胸の下の湿疹や首の発赤が再発し、リョウコは手で掻きながらかゆみを訴えることが観察された。

リョウコ自らの、額の傷が膿をもっているようで気になるという表現は新鮮である。体を大切にするという処遇を受けたことで、自己の身体の状態や感覚を初めて意識しはじめたためなのではないかと考えられる。身体の再発見であり、自己身体の一致感であり、自己感覚や自己コントロールが回復する、かすかな兆候なのであろう。そして不快な感覚を治療者に訴えることにより、過去の想起は深まっていった。このような体験とともに皮膚の症状は変化していったのである。この経過に並行して入院前には訴えていた女の人の幽霊という解離性幻覚は見えなくなった。

自傷、怪我、かゆみの現れ方は、入院前から外傷体験の想起が始められていて、かゆみは時折観察されていた。このアセスメント期間においては、まずリストカットがあり、次に湿疹やかゆみがあり、身体反応や熱発、その後、かさぶた取りや手を切るなどが出現し、額の傷を訴え、攻撃性が出て壁を殴り、打ち身をつくる怪我が出現した。

6．考　察

(1)　被虐待児童における皮膚症状のもつ意味

被虐待児童の皮膚症状に注目した研究は少ないが、皮膚疾患と心理的要因との関係については、アレルギー疾患領域ではかねてから注目されてきた。細谷（2004）は、アトピー性皮膚炎の難治例では、心理的な要因からの習慣的掻破について注目し、他覚的な皮膚症状がないにもかかわらず、心理的な要因からかゆみが突然に出現し、皮膚症状を著しく増悪させる掻破に至る経緯を報告した。

また、鏡ら（2004）は、アトピー性皮膚炎患者の気分感情を測定する質問紙ＰＯＭＳ（Profile of Mood States）を活用して、皮疹の変動と心理状態との連動との敏感な相関について報告した。有意に高い相関が示された気分感情項目は、疲労と緊張、抑うつ、混乱という結果であった。本研究においても、何らかの心理的な刺激から皮膚症状の悪化が認められた事例は多く、同一の生理学的な基盤をもつ現象であると考えられる。

被虐待児童にとって、皮膚に現れる身体症状はどのような意味をもつのであろうか。自傷と被虐待児童との関連においては、レベンクロン（Levenkron, 1998）によれば、生育の中で、虐待という痛みや苦痛を伴うものと愛着が結合してしまった人間は、虐待から抜け出して保護された環境下に置かれた時、むしろ分離不安が出現する。すると、外傷的絆によって虐待類似行動である自傷や怪我といった苦痛や、自己損傷を伴う行為が、むしろ安全感や安心をもたらすものとして機能する、と述べている。さらに自傷を止めるためには、本来的な保護者の代理人である、信頼できる他者との愛着関係の成長以外はあり得ないと主張する。

この見解に従えば、被虐待児童にとって自傷や怪我の発現とは、それが痛みを伴うものであったとしても、虐待者との関係性の囚われではあるが、本来の健康な愛着関係への成長を求めてのメッセージを含んだ行動として捉えられないだろうか。われわれは、自傷行為のなかに、自己の身体を痛めながら人との繋がりを希求する子どもたちの声を聞き取る必要があるであろう。

被虐待児童における怪我の意味は、自傷の意味と相当部分重なる。さらに、怪我が多発する背景として、病的な解離状態による自己感覚の障害による対人距離感覚、対物距離感覚が希薄なために怪我をしてしまうことがある。われわれは、しこりやできもの、いぼ、膿等も、怪我と同等のものとして扱った。

臨床経験において、治療が進展してゆく過程で、被虐待児童が初めて、「このできもの（うみ、いぼ）、気になる」と訴えるようになることがたびたび観察されたからである。症例の検討で前述したように、親指のしこりやいぼは、養父からの性的虐待が体の中にしこりとして留まっているもの、顔の膿は母親からの殴打の残遺というように、体への自己認識が進展するなかで、児童が体の表面にあるこれら異物の違和感を、虐待の身体的記憶の痕跡として、心の傷と重ねて捉えるのである。不思議なことに、皮膚科的処置もさることながら、外傷体験を想起し言語による表出が行なわれ、その部位へのマッサージやタッチングを繰り返すなかで、これらの異物が違和感の消失と共に治癒した症例を数多く経験した。

体は、主体であると同時に客体であり、必ずしも二元論に還元できない心身の複雑な絡み合いは以前から注目されてきた（市川 1992）。ここでは体の境界をつくる皮膚が、虐待の心的外傷の記憶を留める主体として、しこりや膿という現象を取ることがあるという事実に目を留めておきたい。

かつて受けた皮膚の傷が、外傷記憶の想起に伴って皮膚に再度現れるという現象は、外傷体験の治療を行なっている者には周知のことであり、スティグマ（stigmata）と命名されていた（Tinker, 2005）。スティグマとは、宗教的な体験のなかで、キリストが受けた傷が体に現れるスティグマ（聖痕：stigmata は stigma の複数形）に類似した現象である。心的外傷を治療的に扱った時に、その虐待の時に受けた傷が皮膚に数時間から数日間再現されるという現象である。これまでに宗教体験による傷以外にはまだ記載がなされていないが、外傷の皮膚による記憶という点からも注目される。

かゆみそのものについて、岩村（2001）は、かゆみとは、ある部分の血流の増加により神経に伝達される現象であると述べている。被虐待児童に現れるかゆみを取り上げた研究は少ない。クーン（Coons, 1988）は、大人の結晶化した多重人格障害の研究のなかで、ある人格が前面に出た時に限って現れる皮膚発赤反応に言及している。また岡野（2002）は、心的外傷はアレルギー抗体が作られる過程に類似した状態で体に刻み込まれており、外傷に関連する引きがね刺激によって再体験（フラッシュバック）としての皮膚反応が生じるという独自の外傷アレルギー説を展開している。

皮膚は人間の外界と体との境界である。その皮膚を通して人は外界からの刺激を感受するが、被虐待児童の場合は、強烈な外界からの虐待による刺激が入力されるため、防衛的に解離が働き、皮膚と感受する受容器の機能が凍結し、外界からの刺激を遮断する壁となってしまう。解離の治療の過程で、外傷体験が想起されるレベルに至ると、解離の壁が溶解しはじめ（杉山、海野 2002）、外界からの刺激を遮断していた凍結した壁としての皮膚機能も溶解する。そして外界、内界の相互作用が回復し、停止していた皮膚感覚が動き始めることによって、様々な皮膚症状が現れる。せき止めていたダムが少しずつ開けられ、水が流れ始める。このようにして血流が増加し、身体感覚が蘇生する状態がかゆみとして出現するのではないだろうか。臨床において、かゆみの出現に伴い、倦怠感（筆者らはぽくぽく感と名づけている）や体が流れ出る感覚、虫が這うような感覚等が頻回に生じ、固めてもらいたいような感覚となることが多いのは、この仮説を裏づける現象である。このような時、服で包むだけでは不足で、強くタオルケットやコルセットで体を包むことや抑制を自ら求めるといった状態となるのである。

このような身体感覚の蘇生に伴う不安定さには、シャワーを浴びることや運動を積極的に行なうことが有効であるが、ときには白川ら（2004）の言うキルティングを利用した抑制（まきまき療法）を必要とすることもある。

（2）自己感覚の障害からの回復

皮膚感覚は健康な愛着の形成に一翼を担っている（Bowlby, 1951）。ハーロー（Halow, 1958）によれば、子ザルが不安を喚起された場合、抱きつこうとするのは毛皮ザルであって針金ザルではない。生まれながらにして母ザルの感触というものを、小ザルは皮膚感覚を通して知っているからである。

被虐待児童の場合はどうであろうか。虐待の種類や程度により多少の差異はあるものの、ある時期にカードやプラスチックのキャラクターなど、無機質の物を好むものが多い。さらにアニメの『ガンダム』への偏好が多いことは、ガンダムが体を包み、守り戦うための強化服（モビルスーツ）であることを考えれば興味深い。しかし、安全が保障され、信頼関係を構築していくなかで、抱っこを嫌がっていた子どもが、自分から「抱っこして」と求めてくるようになる。玩具の好みが、虫や無機質の物から哺乳類系のぬいぐるみなど、より人間に近い物に変容してゆく。生暖かい皮膚の感触が、虐待を受けていた当時の不確かで危ない刺激から、安全にもとづいた心地よい感覚へと変化する過程である。抱き寄せた時に、びくっと反応した子どもが、依存をみずからに許し、力を抜き、身を委ねるようになってくる。

病的な解離状態である感覚の障害には、気温の冷暖や痛覚、さらに対人距離感覚、対物距離感覚の障害まで含まれる。われわれは暑いと上着を脱ぎ、寒ければ一枚余分に着る。この当たり前の行為が、被虐待児童にはきわめて困難である。身体的虐待を受けた児童のなかには夏でも長袖を着、また性的虐待を受けた女児のなかには、冬でも露出の多い服を着ているものがいる。このような被虐待児童が、治療過程のなかで、過敏なほど冷暖感覚を強く訴えることや、わずかな刺激に対して痛みを強く訴える時期が必ず認められる。そして突然に再度、皮膚感覚の麻痺が現れ、しばしばこの両者の間を反復する。この反復の振り子が徐々に小さくなるなかで、患児は健康な通常の皮膚感覚へと定着してゆく。皮膚症状を手がかりに、適切なケアを実践していくことが、解離の壁を溶かし、自己感覚を回復してゆくための近道となる。

これまでの検討から、改めて皮膚症状の現れ方を整理してみると、治療的関与によって被虐待児童は、安全感覚を持つようになる。すると他者との関係性のなかで、体への強い刺激としての自傷や無意識の怪我が現れるようになる。これらの皮膚症状に適切な対応やケアがなされることによって、外傷体験の想起が進むと、体の自己認識が深まり、自傷や怪我は収束し、凍結していた皮膚感覚が蘇るなかで解離状態が溶解し、かゆみが現れると考えられる。

(3) 皮膚症状へのケア

あいち小児センター心療科の虐待治療チームが、皮膚に現れる症状について実践しているケアについて述べておきたい。心療科看護師は、自傷、怪我、かゆみの症状を発見した時の手順として、次のようにしている。

まず、身体の処置や応急手当てを行ない、医師へ皮膚症状を伝え、診察と薬物処方を依頼する。その際には、症状の発現経緯を児童との交流のなかで明確にし、看護ケアを行なうと共に、記憶の断裂の有無、あるいは痛覚の程度など、皮膚症状に伴う解離のレベルを評価している。

また、タッチングやマッサージを症例のニードに合わせて実践している。睡眠導入に際して、とんとんと軽く体をたたきながら、半身添い寝をすることや手を握るなどのスキンシップをするといった、母親的ケアを行なうなど、きめ細やかな看護を実践している。

臨床心理面接のなかで、皮膚症状を発見した時の対応としては、自傷、怪我については、意識無意識の確認を行ない、どう心が動くとそのような行動に至るか、引き金刺激について明確化し、継続的な観察を行なうと共に、変容可能な他の代理行動への促しや、タッピングによる脱感作と再処理（tapping desensitization and processing: Shapiro, 2001）を行なって、過去の外傷体験の想起と解放を促す。

怪我については、処置を行ないつつ、児童が身体を大事に扱うための心理教育を実施することもある。

かゆみについては、無自覚の発赤には、自己認識を深める意味において、鏡での部位の確認を促している。さらに、継続的観察、医師、看護師とのコンサルテーションを通して、病棟の生活場面に繋げている。

臨床心理士が行なう行為としては、異例かもしれないが、筆者自身は、レベンクロン（Levenkron 1998）の言う被虐待児童に関与する姿勢として、身体状態を視座に入れた被虐待児童に対するチームの調整役として働くという立場を取っている。被虐待児童に対する解離に焦点を当てた精神療法を行なううえで、個々の場面を繋げてゆくことを重視している。被虐待児童にとって、身体症状は自己認識に先んずる現象であり、周囲がそれを大事に扱うことにより、内省と言語的な展開に繋がる可能性があるからである。

第3節　被虐待児童の治療における他科受診の有用性の検討

臨床心理士　海野千畝子

1．はじめに――被虐待児童の身体性

被虐待児童は、病的解離を活用して自己の全体性を保とうとする傾向がある（海野 2007）。また、筆者らは、治療経過でおいて出現する身体の表現形があること、身体感覚としての違和感があることを報告した（海野ら 2005）。

筆者が医師の治療に加え、臨床心理的な心理療法を3年から5年実施した児童30名の治療経過中、さまざまな身体症状が出現した内容と必要とされた他科受診を分析した。被虐待児童にとっての身体症状からの意味を読み取り、他科受診の有用性を検討し、その適切な対応や治療的範囲の拡大について考察した。

2．身体への対応の2軸

小澤ら（2009）によれば、虐待の影響をアセスメントする際に、身体的な訴えに焦点を当てることの重要性がある、という。廣常ら（2009）によれば、突然出現する疼痛とＰＴＳＤ症状は何らかの形で増強しあい、疼痛の

因果の一つに被虐待経験やＰＴＳＤがあるという。われわれは、後述する被虐待の身体表現性障害の事例の一つとしての転換性障害を経験している。

そこで、次の2軸に焦点をあてることが、被虐待児童の治療に意味を持つと考えた。1軸としては、心身症への治療である。心身症の背景に、虐待を受けた後遺症が隠れている可能性がある。摂食障害、アレルギー症状、慢性的症状、転換性障害等である。

患者から、虐待を受けた等の言語的な表出が何らかの理由で表現されない時、前駆的な身体の表現形の身体科において治療を先行するが、治療者らは言語的な表出がある可能性に留意し、心構えを作る。身体および精神に言語的な準備ができた際、被虐待エピソード等の言語的表出が可能となる。その後被虐待の治療を進める。

もう1軸としては、児童精神科的な精神症状を扱いながら、出てくる身体症状へ対応する視点である。患者は、虐待の開示はしているが、その治療経過で起きる、さまざまの身体の訴えに対応する視点である。この軸は、被虐待の開示および治療の進展により、本来の身体性である感情や身体感覚が蘇生され、細胞が活性化し、虐待を受けた当時には感じられなかった痛みやしこり、その反動となる身体症状が表出される。丁寧に関与し末端（身体の部位）から中枢（脳）に働きかけ、相互の流通を円滑にする治療の視点である。この2軸に留意することで、被虐待の外傷的身体的表現の治療を包括できると筆者は考えている。

3. 方法

対象者は、あいち小児保健医療総合センター心療科を受診して、継続的に臨床心理士（筆者）に心理療法を受けた被虐待児童30名（男児5名、女児25名）である。

虐待の種類は、身体的虐待のみが5名（16・7%）、性的および身体的虐待25名（83・3%）である。その他の心理的虐待やネグレクトは、性的虐待の範疇に入ると定義した。

研究方法としては、個人のカルテ内の心療科治療経過中（前後含む）他科受診歴を検索し、量的質的に分析した。そして、心理療法における患児らの行動観察と叙述により、他科による治療の意味を考察した。

4．他科受診歴の結果

被虐待児童30名のうち、①皮膚科およびアレルギー科25名（83・3%）、②婦人科（院外）泌尿器科18人（60%）、③整形外科16人（53・3%）、④耳鼻科15人（50%）、⑤歯科10人（33・3%）、⑥眼科9人（30%）、⑦形成外科4人（13・3%）、⑧循環器科3人（10%）、⑨腎臓科（6%）で、1人あたり4・2科の他科受診をしていた。

また、虐待の種類により、他科受診の受診数には有意差はなかったが、性的虐待が存在する児童にのみ、婦人科泌尿器科受診が存在した。

他科受診ごとの診断名や受診理由の内訳は、アレルギー科および皮膚科では、気管支喘息、気管支炎、小児アトピー湿疹、皮膚乾燥性皮膚炎、挫創、口内炎、急性咽頭気管支炎、皮膚遺瘍、伝染性膿痂疹、蕁麻疹、躯幹膿痂疹湿疹、アレルギー性結膜炎、皮脂欠乏症、拇指化膿症、足白癬症の疑い、顔面尋常性挫創、左足尋常性疣贅、足底角化症、左足胼胝腫、左上肢伝染性軟属腫、背部小児乾燥型湿疹背部、陥入爪症であった。

婦人科（院外）および泌尿器科においては、膣炎・肛門裂烈、トリコモナス尿道炎、陰部湿疹、外陰部外傷、真菌症、烈肛である。

歯科においては、インレー脱離、単純性歯肉炎、う蝕、冠脱離う蝕、歯周炎、顎下リンパ節炎、根尖性歯周

表 3-3-1　他科受診歴一覧

No	sex	abuse	age	アレ	婦泌	外整	耳鼻咽	歯科	眼科	形成	循環	腎臓	看護
1	F	SA	10	○	○		○	○		○			○
2	F	SA	7	○	○	○	○		○	○	○		○
3	F	SA	6	○	○	○	○	○	○			○	○
4	F	SA	11	○	○		○	○					○
5	F	SA	10	○	○	○	○		○				○
6	F	SA	10	○	○			○	○				○
7	F	SA	14	○	○		○						○
8	F	SA	14	○	○	○							○
9	F	SA	6	○		○	○	○				○	○
10	F	SA	10		○					○		○	○
11	F	PA	10	○									○
12	F	SA	7	○	○		○	○					○
13	F	PA	6	○			○	○					○
14	M	SA	5	○		○	○	○	○	○			○
15	M	SA	9	○		○	○	○	○				○
16	F	PA	12	○		○			○				○
17	F	PA	10			○	○						○
18	F	SA	11	○	○	○			○				○
19	F	SA	13	○	○								
20	F	SA	10		○								○
21	F	PA	10	○									○
22	F	SA	10		○	○	○						○
23	F	SA	7	○		○	○			○		○	○
24	M	SA	9	○		○	○	○					○
25	F	SA	5	○	○	○							
26	M	SA	10		○	○					○		
27	M	SA	9	○							○		○
28	F	SA	5	○	○								
29	F	SA	5	○	○								
30	F	SA	14	○	○	○			○				○

炎、乳歯晩期残存、歯肉膿瘍、歯髄炎、萌出時歯肉炎、先欠歯の疑いであった。

眼科においては、外斜位、角膜炎、両調節性眼精疲労、心因性視覚障害、左麦粒腫、近視、左混合乱視、網膜変性、両近視性乱視、右麦粒腫、両弱視、両混合乱視、アレルギー性結膜炎、眼瞼炎であった。

形成外科においては、右母指尋常性いぼ、左第4趾挫創、左前腕刺青、右足底尋常性いぼ、右側胸部感染性粉瘤、左小指剥離症、ケロイドであった。

循環器科においては、気管支炎、烈肛、マイコプラズマ肺炎、頭部腫瘍の疑い、甲状腺機能低下症疑いであった。

腎臓科においては、腎機能低下の疑い、尿路感染症の疑い、遺尿症、無症候性血尿であった（表3-3-1参照）。

5．他科受診をする際の配慮点

2軸においては、他科受診を進める際に、筆者が、配慮している点を述べる。

他科受診が再外傷にならない配慮が必要である。事前に他科と連絡をとり、児童個人の被虐待等の状況を説明伝達し、当日の受診への繊細な対応を依頼する。

例えば、性的虐待において、口腔性交被害を受けた児童は、歯科受診において口腔内の診察の際、再外傷となりパニックに陥りやすいため、実施する医行為への準備の前触れをする。例えば、「この手順で行うよ、今から入れるよ、痛かったら手を挙げてね。時間はいくつ数えるくらいだよ」等の配慮をし、児童が「うん」や「いや」等自己の意思を伝達する言語的反応をしているかを確認し、その工程に留意する。被虐待児童に対しての視点や構えが整う準備性がある他科受診は、外傷体験を塗り替え、乗り越える新規まき直しの契機になりうる。

6. 事例

(1) 転換性障害から被虐待歴が発覚した女児(トモ12歳女児)(1軸2軸)

家族歴は、父、母、トモ、弟の4人家族。後に離婚する。現病歴は、12歳女児。来談経緯は突然全身の力が抜けて歩けなくなる脱力発作と視野狭窄が起こり、整形外科、眼科において異常が見られないため、心因性という見立てから心療科を受診した第1軸の事例である。

治療開始、インテーク面接においては、トモは、解離性幻覚として、上から見下げる男の幽霊が見えると言う。父からのトモや弟への身体的虐待、父から母へのDVの目撃があり、薬物療法、心理治療を導入する。自ら「父から逃げちゃダメ、逃げたい」の複雑な葛藤と外傷歴を表現後に「お父さんが怖い。入院したい」と入院治療意思を伝達でき、入院治療を導入する。その間に父母が離婚し、別居する。身体の統合程度を測定する解離体験尺度(Dissocietive Experience Scale)では、33%と解離性同一性障害水準となる。

入院後、看護ケアと共に、トモの希望する他科受診を始める。眼科においては、外斜視、両弱視、耳鼻アレルギー科では、鼻炎、蕁麻疹、皮膚科においては、顔面尋常性挫創、アトピー性皮膚炎、整形外科においては、右段発股、外科においては、左足ひょう疽の治療を受ける。

退院後、外来治療内で、心臓疾患を抱える母のセルフケア不足を訴え、怒りを表しながら、「お金がない、お母さんが嫌そうな顔をする。お母さん自身は隈ができて放置している」と言い捨て、本人には身体や皮膚のケアの継続を促す筆者に反発して、十分なケアを受けることへの躊躇を表現する。

心理士は、家族内の福祉環境調整のため、経済的支援を精神保健福祉士と連携して実施し、母親のために精神福祉手帳を取り、市の生活補充手当てを確保した。

心理治療においては、性被害やいじめのトラウマ内容を表出し、EMDR（Eye Movement Disensitaization Reprossing：眼球運動の脱感作と再処理）によるトラウマ処理を開始する。父との断続的な面会等の接触後には、身体が反応して嘔気が起きることや、そのフラッシュバックから抑うつになり、もやもやを断ち切りたくて自傷（リストカット）行動をしてしまう、と経過を振り返る。

解離性の幻覚幻聴などの精神症状が悪化したため、主治医の判断で、いったん心理療法をストップする。心理療法を再開したいと、トモ本人の要望に、自傷をしたら心理療法を中止する、と本人、主治医、心理士三者で取り決め、心理療法を再開する。

取り決めへの憤りを筆者にぶつけるが、トモ曰く、自分の中のもやもやを本当にぶつけたいのは父であり、フラッシュバックのもやもやの憂鬱は、父からの暴力を受けた時に身体が感じていたものが蘇った際に起きるサインであったことを共有する。母は、自分たちを守ってくれなかった、と怒りを心理士に表現する。トモは、言語的表現をしながら描画を続け、「絵を描くことが自分を表す唯一の方法」と言う。セラピー中に描画を続けた。描画の内容はおどろおどろしい手足や身体の一部がもげたもの、怪奇的なものから、徐々に統合されたものに変容していった。心理士から、「身体は、トラウマを外に出そうと表現をしている。身体は、トモさんの味方だよ。身体のサインに気づいて、身体に優しくしてあげよう」と伝えると、トモは、ストレスが皮膚に出る、と言い、洗顔や薬の塗布を皮膚科で言われたことを思い出し、語る。その後、皮膚科を再受診し、次第に他者からの気遣いの受け入れが可能となる。勧められたサプリを飲み始めた頃、単位制の高校に通いだし、友人ができ、心理治療は終結した。

（2） 事例の考察

考察として、本人の身体が最初に表出した転換性障害は、脱力発作や視野狭窄という形を通して、心の代わりに身体がヘルプを出し、父からの虐待から逃れようとしたと捉えた。

入院中の身体症状の現れは、身体が安全を感じ、凍り付いていた塊が溶け出し（Putnam, 1997）、解離症状を表し、同時に身体症状を表した。外傷的に被った時に凍り付いた痛みを表現しはじめたと捉えている。

他科受診により、虐待していた父の行為が、包容力ある他科の医師からの身体的ケアに色が塗り替えられ、新規まき直しが始まる。本人の言動の端々にあった強迫的な完璧主義が、自ら身体を労わるしなやかな姿勢となり自分にも人にも「55点で行こう」に変化した。

また、家族（母）の健康への観念が本人の治療に影響した。母自身の心臓疾患に支援者らが目を向け、院内外の福祉的サービスに助けを求めたことが伏線となり、母を気遣う本人の意識が変化したと言える。父自身の虐待歴については母から語られたが、父母の家族世代関連鎖としてのトラウマパーツが出やすい家の中ではなく、外で会うことで程よい関係が生まれている。

描画の意味するものとしては、トモの恐怖や孤独を表し、描画は唯一トモが許された表現形であった。表現が、身体化、行動化、言語化とレパートリーが広がり、心理士と共有し、安全感が生まれ、描画の内容も可愛い幼児的なもの、大人びたもの、男の子、女の子等、レパートリーが豊かになっていった。アートの感性がトモを助け、トモは美術系アートの専門学校に行くと希望を得た。トモの中の、解離性のパーツを生かせる職業選択が可能となることを願う。

7．身体症状出現の意味とその対応

被虐待児童は、環境調整や心理療法等で外傷刺激に触れると、外傷を得た当時は解離して切り離されていた脳内の細胞組織が溶解し、血流が増大し、そこに身体的症状が出現する（ven der cork, 2015）ゆえに、外傷が身体に閉じ込められている、という。

しかし、支援者が無視をすると、細胞が再び解離状態に戻ってしまう。神経的に、虐待当時の痛みがぶり返すため、過剰な痛みとなる場合もあり、他者から見た目には大げさと思われる痛みとなりうる側面があることを想定したい。また、痛みや症状が極端から極端に、増悪と消去が繰り返される。圧倒と麻痺が繰り返されるため、支援者は虚言ではないかと思えてしまい、ケアが停滞する可能性が付きまとう。

支援者が、児童のアピールだと放置することで、細胞が停止する側面があることを吟味したい。「傷を受けた時は、体を固めて感じられなかった身体さんが、今感じているんだね。大変だったね」と共感したい。外傷の質や程度、方向等によって、その身体の表れは表現系を変化させていく。昨今はこの理論から、身体（somatic）へのアプローチとしての心理療法が重要とされている（Levine, 1997）。

8．今後の課題

児童相談所、一時保護所、心理治療施設、児童養護施設等、個人ではなく、集団を扱う福祉施設においては、医療的ケアが十分ではない。慢性的な人手不足であるため、1人の子どもへの精神的身体的ケアに時間がさけられない現状がある。

児童側においては、行動の障害や病理の派手な児童が優先され、本来健康な家庭であれば、一人の子どもが安全を感じて表現できる症状が、潜伏され見逃されている現実が危惧される。

可能であれば、医療機関に隣接した一時保護所が各地域に作られ、児童は医療的保護を受けるために家庭から保護されたと理解しやすいことが重要と考える。

養護施設や自立支援施設なども、総合病院に隣接していれば、たくさんの他科受診が可能となり、施設職員の時間的ロスは減り、治療スタッフへの愛着がわきやすい。筆者の立場としては、子ども虐待の支援には、医療と福祉が不可欠であると断言したい。症状を潜伏させ閉じ込める氷結効果（sleeper effect）ではなく、症状を表出させ表現することで青年以降の機能を取り戻すことになる。

現在までのように、福祉の中に一部精神的小児科の医療が入るのではなく、虐待を受けたすべての児童に総合的な医療が必要であり、システム構築が望まれる。

本稿は2010年3月にトウマティックストレス学会にて発表した内容を、本書掲載にあたり、論文化したものである。

［文献］

第1節

・American Psychiatric Association（2003）高橋三郎、大野裕、染谷俊幸訳『DSM-Ⅳ-TR 精神疾患の分類と診断の手引 新訂版』医学書院

・James, B.（1994）*Handbook for Treatment of Attachment-Trauma Problems in Children*. Lexington Books［三輪田明美、高畠克子、加藤節子訳（2003）『心的外傷を受けた子どもの治療――愛着を巡って』誠信書房］

第2節

・Bowlby, J. M. (1951) *Maternal Care and Mental Health* [黒田実郎訳（1967）『乳幼児の精神衛生』岩崎学術出版社]
・Coons, P. M. (1988) Psychophysiologic aspects of multiple personality disorder : a review. *Dissociation*, 1(1), 47-53 [「多重人格の精神生理学的側面」F・パトナム他／笠原敏雄編『多重人格障害——その精神生理学的研究』春秋社、1999, pp21-33]
・Halow, H. F. (1958) The nature of love. *American Psychologist*, 13, 673-685
・Herman, J. L. (1992) *Trauma and Recovery*. Basic Books, HarperCollins, Publishers, Inc., New York [中井久夫訳（1998）『心的外傷と回復』みすず書房、147-251]
・細谷律子（2004）「自覚症状と他覚所見の解離——かゆみ」『心身医学研究』44(10), 774-781
・岩村吉晃（2001）『タッチ』神経心理学コレクション、医学書院、92-113
・市川浩（1992）『精神としての身体』講談社学術文庫
・鏡玲子、相原道子、石和万美子他（2004）「アトピー性皮膚炎患者におけるPOMSの活用——横断的検討」『心身医学研究』44(4), 264-269
・Levenkron, S. (1998) *Cutting : Understanding and Overcoming Self-Mutilation* [森川那智子訳（2005）『CUTTING　リストカットする少女たち』集英社文庫、32-44]
・岡野憲一郎（1995）『外傷性精神障害——心の傷の病理と治療』岩崎学術出版社、11-22
・岡野憲一郎（2002）「外傷性精神障害とは何か」『最新精神医学』7(4) : 309-317
・Putnam, F. W. (1997) *Dissociation in Children and Adolescents : A Developmental Perspective*. Guilford Press. [中井久夫訳（2001）『解離——若年期における病理と治療』みすず書房、27-193]
・Shapiro, F. (2001) *Eye Movement Desensitization and Reprocessing* (*EMDR*) : *Basic Principles, Protocols, and Procedures* 2nd ed. [市井雅哉監訳（2004）『EMDR——外傷記憶を処理する心理療法』二瓶社]
・白川美也子（2004）「被虐待児の医学的総合治療システムのあり方に関する研究」子ども家庭総合研究事業、平成15年度構成労働科学研究、293-305
・杉山登志郎、海野千畝子（2002）「解離性障害の病理と治療」『小児の精神と神経』42(3) : 169-179
・Tinker, B. H. (2005) Using EMDR with children; Text of Workshop. 子どもへのEMDRワークショップ、京都

第3節

・廣常秀人、内海千種、加藤寛（2009）「痛みとPTSD」第8回日本トラウマティック・ストレス学会

・Levine, P. A.（1997）*Waking the Tiger: Healing Trauma*. North Atlantic Books.［藤原千枝子訳（2008）『心と身体をつなぐトラウマ・セラピー』雲母書房］
・Putnam, F. W.（1997）*Dissociation in Children and Adolescents: A Developmental Perspective*. Guilford Press.［中井久夫訳（2001）解離――若年期における病理と治療．みすず書房］
・小澤幸世、田辺肇、後藤和史（2009）「精神表現性解離と身体表現性解離――概念の導入における予備的文献的検討」『静岡大学心理臨床研究』8：41-49
・海野千畝子（2007）「解離」『里親と子ども』2：48-53
・海野千畝子・杉山登志郎・加藤明美（2005）「被虐待児童における自傷，怪我，かゆみについての臨床的検討」『小児の精神と神経』45(3)：261-271, アークメディア
・van der Kolk, B. A.（2015）*The Body Keeps the Score: Brain, Mind, and Body in the Healing of Trauma*. Penguin Publishing Group.［柴田裕之訳（2016）『身体はトラウマを記録する――脳・心・体のつながりと回復のための手法』紀伊国屋書店］

第4章

性的虐待への対応——施設内虐待の場合

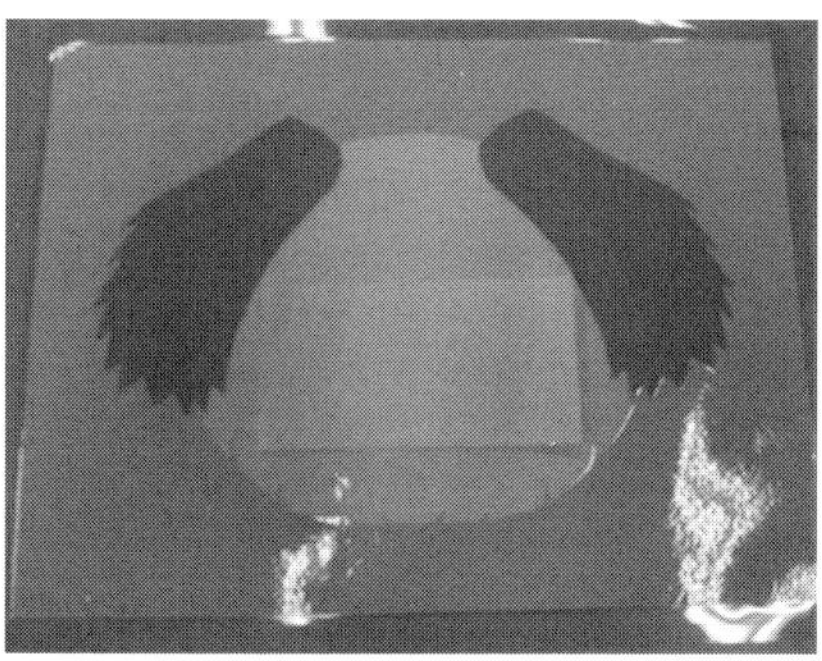

（➡ p.241）

第1節　性的虐待と保護者（非虐待者）に対するケア

臨床心理士　海野千畝子

1．はじめに

ここでは、性的虐待を受けた子どもへのケア（支援）について、そして、子どもの性的虐待の事実を知った保護者へのケアについて順に紹介する。

性的虐待を受けた子どもへのケアをする支援者は、次の五つの視点を同時進行でもつことが望まれる。①病的解離への視点、②歪んだ愛着（外傷性の絆）と性的虐待順応症候群への理解の視点、③ボディーワークと心理教育等のスキル実行の視点、④対応チーム（支援環境）づくりの視点、⑤セルフ・ケア（二次受傷予防・信仰）習慣の視点、である。本章では、とくにケアに必要な①②③の視点について、以下に記述する。

2．病的解離への視点

（1）　解離とは

子どもは圧倒された性的虐待により、自らの恐怖の体験を切り離し、日常的に解離症状が出現していることが多い。解離とは、記憶・意識・感情・身体感覚のまとまりが崩れていることである。性的虐待でいえば、性的虐待の記憶やその時の身体感覚、感情、自分の考えなどが、十分に誰かと共有されないまま、脳内に凍りついた状態で放置されていることをいう。

解離症状は大きく、次の三つに分類される。①記憶の障害、②自己感覚の障害、③自己コントロールの障害である。その一部を思春期解離体験尺度（adolescence experience scale）から、以下に例を挙げる。

a．**記憶の障害**：記憶の障害には、誰かを殴ったり、暴言を吐いたりした記憶がないのに他者から指摘されることがあるという「生活不快記憶」の忘却、自分が書いた覚えがない絵やメモを見つけることがあるという「描画・書字記憶」の忘却、自分の生育歴の中で記憶が抜けているという「生活史記憶」の忘却などがある。

b．**自己感覚の障害**：自己感覚の障害としては、自分が霧の中にいるようだ、自分の周りのことが本当のことではない気がするという「離人体験」、頭の中で自分の声ではない誰かの声がするという「解離性幻聴」、ある場所にどうやって辿り着いたか思い出せないという「解離性遁走」、体の痛みを感じないという「痛覚の麻痺」、鏡に映っている自分が誰だか分からないという「鏡映像の違和感」、自分の中に別の人がいるように感じる「自己内部の別人格の存在の自覚」、まるで自分が体の外側にいて、そこから他の人を見ているように自分を見る「幽体離脱体験」などがある。

c．**自己コントロールの障害**：自己コントロールの障害としては、誰かを殴りたい、殺したい、自分を傷つけたい、死にたい等の感情がわく、内的激情の存在、いけないと分かっていることをしてしまう衝動コントロール不全、自分の中に自分がしたくないことをさせる、させられ体験などが挙げられる。

特に自己感覚の障害である解離症状は、病的解離として、よくある通常の解離状態とは判別されている。

（2） 解離に焦点を当てた統合的心理療法

筆者は臨床心理士として、この解離に焦点を当てた統合的心理療法を実践している。これは、性的虐待により歪んでしまった子どもの世界観を支援者と子どもが共有し、新たに信頼を中心とした認知の再構成をしていく作業プロセスといえる。

子どもには次の目標を伝える。「昔（性的虐待を受けていた当時）は、辛くて自分を感じないようにスイッチを切っていたと思うけれど、今からは困った時は切らないで、支援者に自分に起きている気持ちや体の感じを教えてほしい」「自分の感情を感じてありのままの自分を出しても大丈夫。自分で自分を守れるように一緒にやっていこう」と促す。支援者は、子どもの過去および今ここでの体験を振り返り、記憶、思考、感情、身体感覚を繋げる作業を行なう。それは、過去の孤独や恐ろしいトラウマ体験を子どもと共有し、支援者が一緒に豊かな体験として塗り替えていくことである。

支援者の実践にあたり、二つの鍵概念の視点を挙げる。①予習復習、②トラウマ記憶の開閉のタイミングである。

A　予習復習

予習は、子どもに支援（心理療法）の見通しを与え、今後起きてくる情報を予告し、同時に子どもに起きてくる事態を支援者が想像して先手を打つことである。たとえば、生育史聴取において支援者が、「次回は赤ちゃん時代の記憶を振り返ろう。母子手帳をお母さんに用意してもらうね」と面接後に本人の目の前で母に伝達し、次回の面接時には母子手帳が用意されているというのがその例である。

復習では、前回の面接（支援）内容の記録を、子どもの目の前で確認しながら支援者が読み上げ、共に振り返り作業をする。支援者と遊んだ体験や話した体験の記憶を確認し、支援者と共有した新たな子どもの体験を創造するのである。

この予習復習を通して子どもは大事にされた感覚になるようで、「私のことなんか忘れちゃったかと思った」「色紙、次も取っておいてね」「嬉しい」などとつぶやく。また、子どもがメモを取るなどして記録を取ることは、自分の体験を繋げる手がかりになることも多い。支援者は、子どものモデルとなり、できるだけ感情カードなどの視覚的なものを介在して、子どもの感情や身体感覚の言語化を促すように努めたい。

B トラウマ記憶の開閉のタイミング

性的虐待のトラウマ記憶を扱うにあたっては、子どもに無理のかかりすぎないペースで一回一回実施されることが望まれる。支援者は、本人がもつ孤独や恐怖感を和らげ、どう収束して終了するかを意識して子どもに対応したい。支援者が子どもの過去のトラウマ記憶に触れると、脳内の解離していた（凍りついていた）体験が溶解し、再体験（フラッシュバック）が身体的にも感情的にも起きてくる。そのため、子どもは、倦怠感が起きる（だるくなる）、ぼーっとする、疲れる、いらいらする、かゆみが出る等を体験することになる。そのトラウマに向き合う量や程度を臨床的視点で測りながら、支援者はプランを練る。性的虐待の内容をどのように、どのくらい、いつ、どこで、どういう目的で聞いていくか、どこで、どう話を締めくくるか、内容についてどの程度の意味をどう伝えるのかを意識する。

支援の開始段階で、支援者は子どもに次のようなことを伝える。「私は、あなたをこれから安全に導く必要があると思っている。その前に、あなたのことを深く知りたいので心理検査をさせてほしい。その結果をもとに、あなたにとって無理がないペースで話ができるように、私が調節をしたい。あまりに多くを話しすぎると洪水のようにトラウマの記憶が体中をかけめぐって混乱することがある。心理検査の結果の紙は必ず、あなたに話しながら渡すので、自分に起きている気持ちや体の感じを少しずつ話してほしい。いろいろな刺激で頭が混乱するし、よく反動も起きるから、次回、後味を教えてほしい」などを伝える。

そして、安全な支援をするために、丁寧なアセスメントの実行として、①ロールシャッハ・テスト（注 インクのシミが何に見えるかを問うことで子どもの精神状態を把握する投影法の心理検査）で子どもの無意識の骨格を知り、②思春期解離評価表（A-DES）（注 解離症状（記憶、自己感覚、衝動コントロール）の障害の有無を本人に問う心理検査、多重人格的要素の把握ができる）を実施して、現在の子どもの解離症状を把握する。その後に、③生育史聴取をする。生育史聴取においては、子どもに描画を促しながら乳幼児期の良い思い出と不快な思い出を交互に語ってもらう。描画を通してその場における感情や身体感覚の表出を促し、さらに子どもが支援を意味あるものと捉えていけるように支持していく。また、性的虐待の記憶の捉え直しを通して、子どもは、面接中も性器がモゾモゾする、かゆい、ジンジンする等、興奮を感じていることが多い。そのため、適時、ボディーワーク（後述）を取り入れて、すっきりと解放できるようにしている。

3．歪んだ愛着（外傷性の絆）と性的虐待順応症候群への理解の視点

支援者が最も翻弄される鍵概念が、歪んだ愛着（外傷性の絆〈トラウマ・ボンド〉）と性的虐待順応症候群である。

（1）歪んだ愛着（外傷性の絆〈トラウマ・ボンド〉）

性的虐待を受けた子どもは、トラウマのきっかけとなった五感で体験したことと、強く歪んだ愛着（引き寄せられる心性）を結ぶ傾向がある。たとえば、〈父親が性的虐待をするときの誘い文句に「ああ疲れた」という鼻にかかった声で子どもをまっすぐ見つめた後に性的虐待が起こったとする。

子どもは、父親の「疲れた」という言葉（口調、言い回し）や鼻にかかった声（音声）、父親の表情や姿が、頭

に聴覚、視覚、臭覚として刻み込まれてしまう。その後に、子どもの生活体験の中に同様の視覚、聴覚、嗅《きゅう》覚があるもの（父親に似たしぐさや言葉遣いなど）に引き寄せられ、時に性被害などに遭遇する場合がある。これを外傷性の絆（以下、トラウマ・ボンド）という。トラウマ・ボンドの特徴として、性的虐待を受けた子どもは、暴力と性が絡むものに引き寄せられやすい。

トラウマ・ボンドに関する問題行動には、性的な書物・雑誌・ビデオを人前で繰り返し見る、加害者に似た人に引き付けられ性被害に遭う、加害者に似ている声や暴言を子ども自身がきょうだいや友人に発している、性的部位や性的表現に異常に反応する、怖かった加害者と分離され、児童養護施設に入っても加害者と会いたくなり施設を抜け出す、年少者に性的行動をしてしまう、自慰行為（マスターベーション）がやめられない、自慰行為を人前でも行なう、などがある。これらはどれも問題行動であり、子どもからのヘルプのサインである。

性的虐待により歪んだ性的意識が脳内に送り込まれてしまうと、性的虐待体験が再体験（フラッシュバック）することがある。その際、性的興奮が麻薬のように子どもを支配する。性的興奮とは快楽と交じりあっているため、子どもは嗜癖（依存）のように性的興奮に支配されてしまう。

このトラウマ・ボンドに翻弄されることを防ぐために、筆者は次の二つの視点を鍵概念として重視している。①環境整備、②境界線の確立である。

A．環境整備

トラウマにボンド（接着剤）のように接着してしまう子どもの心と体が安全であるには、枠組みづくりとして環境整備が前提である。加害者から引き離し、子どもを安全な場所に移す。できるだけ生活基盤（インフラ）が整っている場所に措置したい。たとえば、精神科への緊急保護入院、専門病院・一時保護所等の緊急避難場所や養護施設・里親等の社会的養護を活用することを検討していく。

B．境界線の確立

a　**環境整備**：場合によっては保護できず、加害者が同居する在宅支援のみ可能な場合もある。その場合もできる範囲の環境を整備し、境界線の確立をしたい。自分を守る個室をもつ、鍵をつける、囲いをする、カーテンをつける、浴室前脱衣場に指示看板をつける、再体験（フラッシュバック）を乗り越えるために寝袋に入り込む、性器のモゾモゾ、ポクポクなどの性的興奮を収めるように性的刺激になるものは捨てる、蟻が体を這うような感覚を鎮めるためにコルセットを巻く、手首にバンダナをするなどの工夫をする。支援者は子どもの立場を想像しながら、これらのことを子どもと保護者に提案する。これにより本人と加害者からの性的虐待の刺激との間に適切な境界線を確立することが可能となる。

b　**心理教育**：子ども自らに性的虐待の影響を心理教育することは、トラウマ・ボンドからの解放に繋がる。たとえば、性的虐待を受けた子どもに向けたガイドブック（グループ・ウィズネス編『小さな女の子・男の子のためのガイド』等）を支援者が一頁ずつ読み聞かせながら感想を話し合い、性的虐待を受けた子どもが、孤独感や罪悪感の軽減に繋がるようにしたり、自分に起きていることを正常化できるように促したりする教育である。

また、ボディーワークのうち、加害者に「嫌《いや》（ノー）」を言うトレーニング、断る対人距離のワークはトラウマ・ボンドからの解放に繋がるため、その方法を紹介する。

5メートル間隔で子どもと支援者が向かい合って立ち、今の感情と身体感覚を子どもに問う（出てこない場合は支援者が例を挙げる。どきどきする、くらくらする、怖い等）。支援者が子どもに少しずつ近づき、子どもがこれ以上近づいてほしくないところで、「ストップ」と言ってもらう。支援者は止まり、「よくできたね」と賞賛する。さらに身体感覚と感情を確認する。支援者と子どもは役割を取れるように、動物などのパペットを持って行なうとなじみやすい。このように、支援者に「嫌《いや》」と言って賞賛された経験が性的虐待を受けた子どもを徐々に有力化していく。

（2）性的虐待順応症候群への理解

性的虐待順応症候群とは、1975年にアメリカの心理学者サミット（Summit, 1983）が提唱した、性的虐待を受けた子どもに起こる五つの視点（①秘密、②無力、③順応、④曖昧な開示、⑤前言撤回）のことである。

A．秘密

性的虐待を受けた子どもは、性的虐待において、自らの意思に逆らって身体に裏切られ、性的興奮を覚えてしまったことに罪悪感をもちやすい。その結果、加害者に「秘密にしろ」と脅された場合だけでなくても、性的虐待を秘密にすることを自己に強いることが多い。それが罪悪感を生じさせ、秘密ということへの複雑な感情や混乱が起き、嘘をつくことが正しいと錯覚が起きることもある。

支援者は、子どもが理解できる言葉を使い、できるだけ詳しく支援方法や手順を明らかにし、それを誠実に示し、伝えることが重要になる。子どもだからと秘密にされ、自分のあずかり知らないところで自分に関することが進むことは、支援者に不信感を抱く要因となりやすいからである。

B．無力

性的虐待は子どもの体を無力化する。加害者への無力感をもつことは当然であるが、自分の感覚に裏切られ、性的興奮を覚えた体を憎むようになることがある。結果、自分を傷つける自傷行為を起こす、希死念慮がわくなどが起きる。また自分は生きている資格がない存在だと思いやすい。

支援者としては、できるかぎり子どもの存在を認め、賞賛を送り、本人の才能や秀でている技能については誇りに思えるように有力化したい。

C．順応

子どもは恐怖に翻弄され、加害者に順応して生きている。そのため、支援者にも同様に自己の意思や存在を現さず、支援者の心情に合わせやすい。

支援者は、子どもの本来の意思の中には、性的虐待への怒りや人間への不信感が潜んでいることを意識し、自己表現や自己主張を尊重する姿勢をもつ必要がある。子どもが過剰なわがままや万能感を現すことになれば、徐々にルールを適応し、ほどよい制限を加えていく。

D．曖昧な開示、E．前言撤回

子どもが支援者に性的虐待の事実を伝達することは大変困難なことである。自分でも忘れてしまいたい辛い体験内容であるため、それが事実か夢か判断がつかないこともある。時に「性的虐待があった」と話し、時に「あれは虐待ではない。お父さんは僕をかわいがっただけ」「お母さんは私の体を洗おうとしただけ」と話すこともある。また、解離症状であるぼんやりうつろな表情で性的虐待の事実が曖昧な、困惑する中で語られることも多い。イエスとノーの境界が不明瞭であり、支援者はこれに翻弄される。性的虐待でないことを支援者は無意識で願いやすいため、性的虐待ではなかったという場合の子どもの表明に動かされやすい。しかし、一度近親者の性的虐待の事実が語られたものが、その後に虚偽であったということは、筆者はかつて経験したことはない。

支援者の姿勢として、子どものゆらぎの表現を「よくあること」と認識して、「ゆらぎOK」の姿勢を取ることを勧めたい。「今日はそんな風に言いたい感じなんだね。でも私は、この間、あなたがお父さんについて言った話を信じているよ」と対応している。この発言は子どもには勇気を与えるようで、その後、ゆらぎが少なくなり支援者を信頼する、等の反応が現れる。支援者が何より子どもの中にある生き抜く力の核となるもの（レジリエンシー）があることを信じて、簡単に諦めたり、絶望したりすることは避けたい。

性的虐待の支援やケアは一筋縄ではいかないが、支援者が振り回されつつも一緒に歩く回復プロセスということができよう。

筆者が経験した回復プロセスは、次のようなものである。

第1段階――歪み、ねじまがった複雑感の表出：〈孤独〉

第2段階――まっすぐな爽やかな怒りの表出へ（行動化）：〈新しい自分への挑戦〉

第3段階――抑うつ・対人不安・対人型の再体験（被害感を中心としたフラッシュバック）の出現：〈反動〉

第4段階――新しい世界観の構築（やりたいこと、大いなるものとの繋がり）：〈統合〉

4．ボディーワークと心理教育のスキル実行の視点

（1）ボディーワーク

性的虐待を受けた子どもは、前述したようにトラウマの記憶が体に刻みつけられている。そのため、会話を中心とした支援のみでは十分ではなく、筆者は関連するボディーワークとして、次のようなことを実行している。

①地に足を付けるワーク
②境界線確立のワーク
③対人距離のワーク（前述）
④性的興奮を鎮めるワーク
⑤呼吸法

ここでは、「④性的興奮を鎮めるワーク」のみ説明したい。

支援者は子どもに向かって呼びかける。「性器（おまた、おちんちん）がモゾモゾしたりジンジンしたりすると思うけれど、それを自分のパワーにするために使う方法があるんだよ。モゾモゾ、ジンジンして性器を触ってしまう（マスターベーションをしてしまう）とエネルギーが流れてしまう。そして、憂うつな、どんより気分になってしまうことがある。もし、モゾモゾしたり、ジンジンしたりしたら、性器を触るのを我慢して、この方法をやってみよう」。

性器の位置に手を置いて、時計回りにグルグルグルグルとエネルギーを上にあげていって（手を時計回りに回していく）心臓を通って手を頭の上にあげて空に放ちます。同時に「フー」と息を大きく吐こう。「性のエネルギーを生きる力に変えていこう」と言いながら上にあげた手を下ろしてガッツポーズにして終わり。それでもモゾモゾ、ジンジンが収まらない時は、今度は反対回りに手を回そう。反対回りにグルグルグルと手を回して「フー」と空に手を放って、「性のエネルギーを生きる力に変えていこう」と。「それでもモゾモゾ、ジンジンしたら、一緒にトイレにいこう」と子どもと一緒にワークをする。支援者は、これを温かく真剣に言葉にしていく。支援者の姿勢をお手本に、子どもは自らの性的なエネルギーを大切に扱うことを学び、性的興奮への対処を身につけていくことができる。

（2）心理教育

A．ガイドブックを活用した教育

性的虐待の影響による罪悪感の軽減やさらなる二次的な性被害の予防と防衛力を高めるため、心理教育はとても重要である。前述したガイドブックは女児にもとても有効であるが、男児にはとくに有効である。男児は、社

会的に望まれる男らしさを意識して、自らの悲哀の感情を表出することが困難である。ガイドブックに書かれた「辛い気持ちになり、大声で泣いた」という内容を見て、自らの性的虐待の事実を悲しんでいいと認識できるようである。

同様に、女児は加害者への怒りを表出することが苦手であることが多い。支援者は、怒りの感情を表わすことは、自分の誇りを取り戻すために大切なことであるということを伝達したい。

B．自己防衛のための教育

性被害を未然に防ぐための心理教育である。性的虐待を受けた子どもは無意識に肌の露出が多いことがある。またその場にふさわしくない服装をしがちで、無意識に歪んだ愛着により性被害を近づけてしまう傾向がある。支援者は、無防備な服装は指摘をして、一枚羽織るものを用意する、不安になったら一枚着る、TPOに合わせた服装をする、等を教育する必要がある。

また、電車の中で痴漢に遭った時にどう逃げるべきかのロールプレイを取り入れ、座席の適切な座り方と位置等を教え、支援者が痴漢加害者になり、実演してうまくできたら賞賛する、などの心理教育をしている。

C．性的問題に対しての教育

性的虐待を受けた子どもは、歪んだ愛着により、異性との交際表現が歪んだ形になりやすい。デートレイプやデートDVなどを避けられるように、自分の身体感覚や感情に目を向け、適切に断る練習をするなど、支援者は自らの健康な性的意識の成長のための知識を子どもに提供したい。

5. 症例紹介

以下、症例を紹介する。なお倫理的配慮から、紹介する症例は事実を大幅に修正している。

【症例12】 **身体的・性的虐待を受けた女児**（4歳）

［**家族状況**］アキコ（4歳）、兄トシオ（10歳）、母（37歳）、父（42歳）の4人家族

［**初診時診断**］身体的虐待（のちに性的虐待）

初診時、愛くるしい顔をしたアキコは、父からの身体的虐待を受けたことをきっかけに、母が二人の子どもを連れて家を飛び出し、虐待対応専門病院にいた。アキコは、お父さんが追いかけてきたり、舌の長いオバケが体を舐めてきたりする怖い夢を見るという。

アセスメントで、身体的虐待のみではなく性的虐待があると予想して、医師の薬物療法が開始され、臨床心理士によるアキコとの隔週の心理継続面接を開始する。生育史聴取において、舌が長い女の子の絵を描き、鼻歌を歌いながら話をはじめる。赤ちゃん時代は、おとなしい赤ちゃんだったという。好きな遊びはおままごとであった。「はい、お父さん」とお茶を出す家族ごっこのアキコのしぐさが年齢不相応に艶めかしかったので、臨床心理士が「お父さんは赤ちゃん時代から、体を舐めることがあったのかな」と聞くと、「そうだよ。お父さんは私やお兄ちゃんを裸にして舐めた」と父からの性的虐待を開示する。さらに、兄のトシオがアキコに「チュー」をしてくるともいう。

早速、母に確認をすると、母自身はショックを受けながら、アキコと父親が映っている写真はどれも、父がア

キコの股間に手を置いていて、不思議に思っていたという。

兄トシオに対しても、支援を開始する。トシオは当初、アキコへのチューを否定していたが、徐々に受け入れると同時に、「お父さんが僕にひどいことをした。お父さんを殴り殺したい」という。臨床心理士は、「トシオがお父さんを殺したら、トシオの人生は真っ暗になる。私は一緒に遊んだり話したりして、トシオの心が解放されるのを応援したい」と伝えた。また、「その方法としてお父さんへの虐待行為への怒りを他のものに出すために、同じ体験をした男の子のためのガイドブックを読んで、心を孤独から解放していきたい」というと、トシオは意欲を出して、大きなぬいぐるみを相手にした怒りのワークを延々と続けた。

一方、「お兄ちゃんがチューしなくなった」というアキコに、臨床心理士は「また、トシオがチューをすることがあったら、教えてほしい。そしてアキコもチューは嫌《いや》だ、と言うトレーニングをしよう」と対人距離のワーク（前述）を促した。また、性的虐待を開示し出した頃より、アキコは性器の不快感を訴えており、そのたびに性的興奮を鎮めるワーク（前述）を行ないつつ、アキコの母には婦人科受診、肛門科受診を提案した。

同時に、医療ソーシャルワーカーを通じて、児童相談所に追加通告をする。母は、性的虐待のことを知らなかった罪悪感から混乱し、保健師によるカウンセリングが開始されていた。家裁においては調停がはじまり、医師、臨床心理士共に意見書を提出する。虐待ネットワーク会議、医師の判断、支援チームにおいて、子どもに無理がかかりすぎない範囲で裁判に協力することが建設的な治療になると判断されたため、心理療法の中でも、性的虐待の振り返りをテープ録音するなど、裁判の根拠になるものを作成していった。

アキコ、トシオの怒りは時に友人に向かった。また支援者らに、父から言われたことや、されたことなどが飛び出す行動的なフラッシュバックが続出していた。臨床心理士は生活で起きている問題行動や気になることを捉え直し、過去のトラウマ記憶とマッチングさせていくと共に、トラウマ処理技法であるEMDRを行なった。これは、子ども自身が自らの体に交互に両側性の刺激を手や足で加え、体（脳内）に貯蔵している父への虐待行為の怒りや悲しみを思い出しながら、父に言われた否定的認知「おまえ（自分）は、ばかだ。死ぬしかない」を肯定的な認知「自分は、得意なことをもっている。生きているべき人間だ」に変換させていく治療的作業プロセスである。子どもはタッピング、足踏み、バタフライ・ハグ等、EMDRの技法を活用して、徐々に自分の中の感情の混乱を整理していった。

母親は、子どもたちが事実を語りはじめると、自らも混乱することが増し、自己の生育における虐待体験を医師や保健師らに話しはじめた。治療スタッフは、母親のトラウマ処理ができる治療スタッフとして新たな臨床心理士を加え、母親に対しても、生育歴におけるトラウマ処理技法であるEMDR治療を開始した。新たに担当となった臨床心理士は、はじめに心理検査により別人格があることや、妄想が否応なしに頭の中で走りだすことなどを母親と確認した。妄想は過去の両親からのフラッシュバックであることなどを解釈として伝達し、人を信じることがとても困難なことであるが、それに挑戦している母親がいることを賞賛し、ねぎらいつつ、EMDR治療を継続した。当初母親は、ためらいや不安から治療に遅刻したり、日程間違いで無断欠席したりして抵抗を顕わにしていたが、何度か治療者が電話で促すことを継続すると、治療に来談できるようになった。治療を続けた結果、母親は過去の虐待被害を想起し、自らも子どもに同様のきつい言葉かけなどの対応をしてしまうことに気づいていった。母親自身の体に幼少期のトラウマが入り込み、身体感覚が混乱するなども理解できるようになった。自分のフラッシュバックに対応するために、セルフケアとして、呼吸法やマッサージやヨガを取り入れる、信仰をもつなど、拠り所を結ぶ精神的な支えを自己のコミュニティに取り入れていった。母親は、次第に自分が大いなるものに支えられ他者に受け入れられているという感謝の感覚や自尊心を取り戻していった。

その後、民事裁判で勝訴し、アキコは学校で主治医に似た担任教師との関係が良好である話を母親から聞く。トシオは、トラウマ処理が進み、プレイにおいて大部屋でバドミントンをはじめた。最初は10回が限界であったが100回の継続が可能になり、トシオの満足げな顔がみられるようになっていくと同時に、友人が増え、面接を休みがちになり（子どもにとって必要でなくなり）、面接が中断された。母親の面談は、子どもの来談が途絶えた日以降も継続している。

6. 性的虐待を受けた子どもの保護者への対応

(1) 枠組みと構えづくり

われわれは、子どもが性的虐待を受けたと知った保護者をどのように理解し、対応する構えをつくる必要があるだろうか。

保護者が性的虐待を受けた子どもと類似の心性に陥りやすいことを、筆者はこれまでの臨床から経験している。それまでの安全な世界観が崩壊し、加害者に対する裏切られ感、人間への不信感、孤立無援感が生起しやすい。また、保護者自身が過去に経験した痴漢などを含んだ性被害が再体験（フラッシュバック）する、不眠になる、悪夢を見る等が出現しやすい。

留意したいのは、保護者は、守るべき性的虐待を受けた子ども自身にも複雑な感情がわくことである。子どもの沈黙に対する裏切られ感、気づかなかった自分への罪悪感、混乱、怒り、悲哀等が混在する。白川（2004）によれば、保護者が平穏な生活を喪失したことによる、複雑性心的外傷ストレス障害（DESNOS）の症状群が出現しやすいという。

反対に、性的虐待の事実を伝達した際、動揺せず、ぼんやりと、ああそうですか等の反応を示す場合がある。これは、保護者が、性的虐待の事実を薄々知り得ていた場合もあろうし、家族や地域の負の文化として性的虐待が受け継がれている場合もあろう。また、保護者の支援を開始して気づくことに、保護者自身が性的虐待を受けた過去を切り離している場合（解離封印）もあろう。その際、再体験（フラッシュバック）が起きているのか、保護者がぼんやりうつろなまなざしをする反応が起きることを筆者は経験している。

支援者は、対象の子どもの性的虐待を保護者へ伝達する際、前述の反応が予測されること、保護者への支援計画を子どもへの支援と同時につくり、開始するように構えをつくる必要がある。また、資源や情報を集めておく必要もあるだろう。うつ状態などへの対応ができる精神科の医師、家庭裁判所支援員、女性センターなどの相談員、また警察の被害者対策室の臨床心理士、弁護士、ファミリー・サポート支援員などの情報を整理しておく。子どものケアと同様に保護者のケアについても、単独での開始は困難であり、連携して複数の領域の施設や専門家などで対応する視点が必要である。

（2）　信頼の伝達

支援者が、保護者と継続的に安定した面接が成立するまでには時間がかかることがある。設定した面接に遅刻や時間変更、ドタンバでのキャンセル、無断キャンセルは、よくあることと捉える方がいいだろう。性的虐待により、人間に対して不信感をもった保護者は、自分が支配（コントロール）される脅威を加害者同様、支援者に対してももつこともある。しばしば支援者を信頼することに抵抗するため、ねばり強く、支援者が自分の信頼を伝達することで脅威が薄れ、少しずつ安定した面接ができるようになる。支援の枠組みに入ることは、保護者にとっては、被支配感、閉じ込められ感などの脅威が強まることであると支援者は心したい。

支援者は、時間設定に振り回されるため、保護者に時間を守ることを強行に伝達した場合、面接が途絶えることがある。保護者の支援は子どもの支援と結びつき、自転車の両輪となっている。片方の輪が外れると、片方も影響を受ける。支援者は巻き込まれ振り回されつつも、一緒に歩く姿勢が必要とされる。

第2節　児童養護施設の性的虐待への対応

臨床心理士　海野千畝子、医師　杉山登志郎

1．はじめに

近年、児童養護施設（以下、養護施設）において様々な問題が報告されるようになった。われわれは、入所児の中の年長児童から年少児童に対して、性的虐待が繰り返し生じていた実態が明るみに出て事件となったA寮に、児童間の性的虐待の負の連鎖（negative chain）を食い止める目的で、コンサルテーションと心理教育による介入を試みた。現状把握のための聞き取り調査の結果、35名の入所児童のうち、被害も加害も無いものは2名のみであった。この結果をもとに、職員への性的虐待に関する講義や心理教育、コンサルテーション、および児童へのケアキット・プログラムを実施した。その結果、施設内風土は改善され、性的虐待はほぼ消失した。

2. 目 的

近年、わが国では子ども虐待の件数は増加の一途を辿っている。しかし、保護された児童の社会的養護が人手不足の養護施設によって担われており、養護施設職員-児童間、児童-児童間の暴力、虐待という問題を生じることはまれではない。養護施設でのケアは子どもの発達のうえで、多くの問題が生じることについては既に報告されている（Yang et al., 2007；Vorria et al., 1998；Hodges et al., 1989 a b）。さらに性的虐待は、子どもの人生において長年の重篤な影響を及ぼし、かつ非常にデリケートな課題を含む（奥山 2005；グループ・ウィズネス 2004）。このように近年、わが国の養護施設において、施設内虐待は看過できない大問題となりつつある（平湯 2004）。

養護施設A寮において性的虐待の連鎖が生じた。われわれは既に、入所している多くの児童の治療を行なってきたため、この事件に対してコンサルテーションを求められた。このA寮では、性的虐待が年長の児童から年少の児童に繰り返されていた。事件後に振り返ると、養護施設職員は薄々気づいていたものの、児童らの混乱を恐れて介入が滞っていた事情があった。

われわれは、児童間の性的虐待の負の連鎖を食い止めることを目的に、A寮への継続的なコンサルテーションと児童への心理教育を行なった。そして、今日の養護施設の児童間における性的虐待への対応の留意点や課題、そして対処方法の一つとしての性的な安全予防教育「ケアキット・プログラム」について考察した。

3. 対象と方法

（1） 養護施設の特徴

A寮は比較的小規模の養護施設である。当時の在籍児童数は35名である。2歳児から18歳の者までが共同生活をしている。職員数は12名であり、昼勤は10名、夜勤は2名と、非常に人手不足の状態の中で児童は生活している。夜は、17名の児童に対して1名の職員という状況となる。この境遇は児童にとっても、職員にとっても過酷な状況である。これまで、学生のボランティアを導入するなどして何とか補ってきた。建物の構成は2階建てで、2棟に分かれているが、幼児部屋は男女同居、小学生以上は男女別となり、各部屋に小学生から高校生が入り交じる構成で、3～4人に一部屋が割り当てられている。

（2） 介入の手順

概要をあらかじめ述べると、実態調査として、施設職員に依頼をして性的被害の実態についての聞き取り調査を2回実施した。その後、その結果をもとに職員へのコンサルテーションと心理教育を実施し、次いで児童へのケアキット・プログラムを3回に分けて実施した。そしてその後の状況についての情報共有、および現状へのコンサルテーションを2回実施した。

A. 性的虐待についての講義

性的虐待の定義、発生率、症状、転帰、長期にわたる影響など、性的虐待に関する総論の講義を最初に行ない、同時に職員へのコンサルテーションを実施した。最初のコンサルテーションにおいて、プライベート・パー

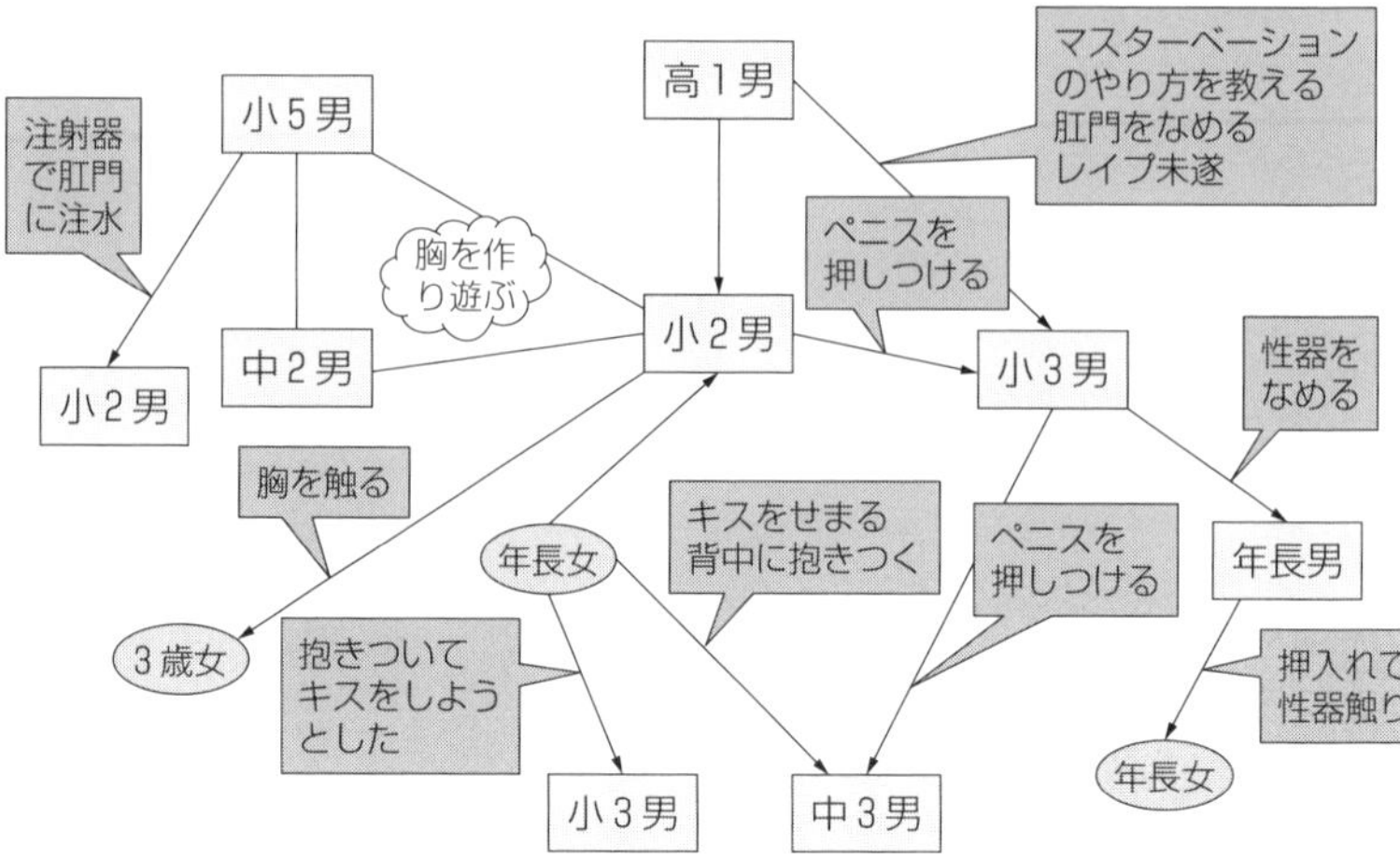

図4-2-1　第2回ヒアリング結果

ツ（個人的性的な身体の部位）についての講義を行なった。プライベート・パーツとは、他者が勝手に見たり触れたりしてはいけない部位（口、耳、胸、性器、臀部、肛門）である。その部位への接触は性的な意味をもつため、外傷体験になりうることを話し合った。

B．児童からの聞き取り調査

児童を担当する職員が、性的被害の状況について個々の児童に個別に聞き取り調査を行なった。これは一ヶ月間をあけて2度実施した。この聞き取り調査の結果、過去から現在にかけて、A寮での性的被害を開示した児童は35名中26名（74・3％）であった。また、性的加害をした児童は16名（45・7％）であった。加害をした児童のうち、過去に被害を受けたと開示した児童は13名（81・3％）であり、開示のない児童は3名（18・7％）であった。加害も被害もない児童は、35名中わずかに2名、という惨状であった。特徴としては、一人の子どもが何人もの子どもに性的加害をしていた。その内容としては、「性器や胸を触る」「キスをする」「肛門に物を入れる」「性器をなめさせる」が中心であった。男児から女児、女児から男児、男児から男児、女児から女児へと、すべての加害、被害が存在した。一ヶ月おいた2回目の調査でも数は減ったとはいえ、様々な性的虐待が続いていた（図4-2-1）。

C．対人距離のボディーワーク

養護施設職員と、児童への聞き取り調査の結果を話し合った後、職員に対人距離のボディーワークを実践してもらった。これは、次のような自己防衛力を養うためのトレーニングである。5メートル間隔で向かい合って立ち、お互いの身体感覚と感情を確認する。合図で一人の職員がもう一人に徐々に近づき、立っている人間が不快感や脅威感をもったところで「嫌《いや》」「ストップ」と制止をする。このコンサルテーション・ミーティングの後で、職員から個々の担当児童に対して、寮の中でこのボディーワークを実践してもらった。児童が「嫌《いや》」「ストップ」と伝えることができた時には、職員から児童を褒めるようにお願いした。また、時間を空けて、繰り返し実施してもらった。児童の身体感覚や感情が「ドキドキする」「怖い」など、フラッシュバックに起因するものから「すっきりした」「いい感じ」といった健康な身体感覚や感情になったことが確認できた。

一連のコンサルテーションを通して、われわれは、A寮全体が安全な環境へと、風土や文化を新たに構築し、児童および職員における性的虐待の予防に対する意識を高めることを支援した。A寮は環境整備として、男子棟と女子棟を分離する、幼児部屋への小学生出入り禁止とする、幼児部屋前の廊下に柵を設置する、男児との接触を控えるのに必要な女子用下駄箱を設置する、幼稚園児のハミガキ場の移動をする、といった対策を実施した。

D．ケアキット・プログラムの実践

次いで、われわれは、小学生を対象としてケアキット・プログラム（The Challenge Abuse through Respect Education Kit Program：The C.A.R.E. Kit）による心理教育セッションを実施した。対象児童は小学生年齢16名（男児10名、女児6名）であった。ケアキット・プログラムは、カナダにおいて実施されている性的虐待予防プログラムである。特徴は、紙芝居やパペット（操り人形）を使いながら、三つの課題に沿って講義と討論を行なう

タッチのことを「秘密（ひみつ）にして」と言うことがある。
図 4-2-2　ケアキット・プログラムの紙芝居

ことである。われわれは、図のようにカナダ版に日本語訳をつけたが、紙芝居の外国人の絵をそのまま使用した（図4-2-2）。その理由としては、児童らがすでに性的虐待を受けていることから、絵が外国人の方が、自分の受けた性的虐待体験と紙芝居の絵との距離を取ることができて、客観的にプログラムに参加するゆとりを持てるのではないか、と考えたためである。また、キャラクター・パペットは、パペットが児童の友人として、プログラムへの導き手として、さらに、中立的な観察自我として働き、児童が自己を振り返るうえで役立つと考え、そのまま取り入れることにした。

このプログラムは2ヶ月おきに3回に分けて実施した。寮内の講堂を用い、講義形式に椅子と机を配置し、児童は前を向いて着席し、その後ろで養護施設職員が取り囲み、プログラム実施の間の担当児童の状況を観察することができるようにした。また、職員には、このプログラムによって児童の気持ちが不安になりやすいことや、性的虐待の新たな開示があるかもしれないことをあらかじめ告げ、プログラム実施後の児童へのアフター・ケアをお願いした。

児童の机上には、クレヨンや紙ハサミ、糊などの用具を用意した。児童らは、講義を受けながら、絵や塗り絵、ペープサート（人間の感情を表わした顔の絵カードをつけた割り箸の棒）やサイコロを作る作業を並行して行なってもらった。この意味は、性的虐待に関する講義を受け、かなりの確率でフラッシュバックが誘発されると予想されるため、これらの作業を通して、その衝撃が軽減するのではないかと考えたからである。

［1回目のテーマ］　皆が体と心をもち、それらに対して責任があるという内容で、次の四つのメッセージカードに沿って学ぶ。①誰もが気持ちをもっている、②誰もが体をもっている、③あなたの体のある部分はプライベートなものだ、④あなたの体と気持ちはあなたのものだ、というものである。

［2回目のテーマ］　タッチについての学習である。適切なタッチと不適切なタッチがあることを学び、性的虐待の起きやすい状況やその加害者を察知する能力を養い、危険な状況への対処スキルを学ぶ。メッセージカードは、⑤違う種類のタッチは違う気持ちがする、⑥あるタッチで混乱することがある、⑦誰かが間違ったタッチをしようとすることがある、⑧タッチのことを「秘密にして」と言うことがある、というものである。

［3回目のテーマ］　性的虐待に対して自己防衛の仕方を習得し、もし性的虐待が生じたらそれを通報することの重要性を学ぶ。メッセージカードは、⑨あなたの気持ちを信頼しよう、⑩あなたは「嫌《いや》」と言うことができる。⑪誰かに間違ったタッチについて話すことができる、⑫あなたを助けることができる人がいる、というものである。

［各回で並行した作業内容］　1回目は感情の教育に合わせて、自分がどんな時に嬉しいのか、悲しいのか、怖いのか、たとえば嬉しい気持ちはスマイルの形など、各々単純な線で描かれた顔の下絵に色を塗り、自由な絵を描いていく活動をした。2回目は様々な感情の人の顔の絵を紙で作り、不快な感情になったら、周囲で見ている職員に伝えるためのペープサートを作成するという活動をした。3回目は感情が表現された動物に塗り絵をしながら、6面が絵になるサイコロを作る活動をした。

プログラム実施中の児童らの様子として、あくびや居眠りをする子ども、作業に熱中しているようでも耳は聞こうとしている子ども、攻撃性をぶつけて作品を切り刻んでしまう子どもなどが存在し、様々なフラッシュバックが生じているものと推察された。

4. 結果

このプログラムを実施した半年後の聞き取り調査では、ケアキット・プログラムを受けた16名の児童のうち、性的問題行動が出現した児童は1名（男児）のみであった。また、性被害状況になるかどうかについて職員に相談を求める児童、新たな過去の性被害の開示をする児童なども現れた。児童間の性的虐待の負の連鎖を食い止めることについてはある程度の成果を挙げることができたと思われる。

われわれは、絵本形式のケアキット・プログラムを職員に渡した。これは、新たな入所児に対して施設内で実践してもらうためである。職員による指導は継続的に行なわれた。このように対象施設内に性的に安全な文化をつくることが可能になり、性被害状況は激減した。しかしながら、暴力的行動は、性的被害開示後に増加したので、暴力的問題への対応は不十分な状況である。

5. 考察

(1) 2種類の施設内虐待

現在まで「施設内虐待」という言葉は、養護施設の職員がその養護する児童に行なう虐待を意味していた（平湯 2004)。しかし市川(2003)によれば、施設内虐待には2種類あり、既存の施設内虐待と、もう一つは同居している児童のうち、強い児童から弱い児童への力の支配や侵害というものである。児童間であっても身体的、心理的、そして性的虐待が存在する。そして施設に育った市川自身にとって、長年のトラウマとなってその後の人生に大きな影響を残したのは、この児童間の施設内虐待であるという。施設内虐待は現在まで、家族における兄弟喧嘩と同様に、不可避なものとして無視されていた文化があった。また、周囲(大人)は、強い児童による力の支配を施設に秩序をもたらすものとして、むしろ歓迎していた面があるのも否めない。しかし、その内容は、家庭の中で行なわれる虐待と何ら変わりはなく、外傷体験として児童の心身に深刻な影響を及ぼす。弱者は、加害者からの脅しによって秘密を守り、養護施設から加害者が退寮するまで長い間虐待に耐え、自己を蝕んでいく。そして、自己の無力感から何とか抜け出そうと、今度は年少児童に虐待の再現行為としての加害を行なうという連鎖が生じる。田嶌(2005)は、施設内児童間暴力の連鎖の問題として、身体的暴力と性的暴力を取り上げている。そして、これらの暴力が生じないという安全感の中にこそ、被虐待児童への心理療法や心理的援助が初めて有効に機能すると指摘する。さらに田嶌は施設内に安全委員会を立ち上げる、という提案をしている。

パットナム(Putnam, 1989)によれば、虐待の再現行為には、児童が過去に受けた心的外傷を自分自身でコントロールし、外傷を受けた時に感じた無力感を克服しようとする正の行為としての意味があるという。この再現行為には他児への加害行為が含まれる。また加害行為は、児童が過去に性的虐待を受け、誰にも開示できずに発した救助信号として捉えることができる。このように、単にマイナスのみの行動と言い切れない部分があるものの、新たな被虐待児童を生む行為が許されるものではない。被虐待児童が多数在籍している現在の養護施設の中で、われわれはどのようにして、児童にとって安全な施設内風土や文化を構築することができるのであろうか。

（2） ケアキット・プログラムによる介入の意味

ケアキット・プログラムの他にも、性的虐待の予防プログラムには、1987年にアメリカで開始された子どもへの暴力防止プログラムであるCAP（Child Assault Prevention）プログラム、学校教育の中で行なわれる性教育、TIFFA（Trade Your Fear For Anger）プログラムなどがある。しかしわれわれは、ケアキット・プログラムの持つ特徴が、とりわけ施設内での性的虐待への介入に優れていると考える。

A．性的虐待についての適切な情報に触れること

今回実施したケアキット・プログラムは、児童が性的虐待に特有の感情を知り、正義感を養い、児童に対して無力感から抜け出すことを目標にしている。性的虐待に焦点を当てながら、その背景には、自己の生命や性を真剣に取り扱い、自分の体や感情を大事にすること、そして同時に他者の体や感情に対しても同じように思いやりをもつというモラルを根付かせるという目的がある。なかでも導入段階において、児童の感情に焦点を当てていることに留意したい。性的虐待に限らず、虐待を受けた児童のなかには、感情や身体感覚の自覚が困難であることも稀でない。児童が感情や身体感覚の自覚という課題を学習することそれ自体が、性的虐待を予防するための指標となるという、このケアキット・プログラムの提言は斬新である。続いて、個人の体にプライベート・パーツという性的な部分が存在すること、その部位へのタッチや侵害が性的虐待になるという知識を提示する。児童へのプレゼントが積まれた車に児童を誘おうとする大人の絵など、性的虐待が発生しやすい状況を描いた紙芝居によって、児童に具体的な例を示し、何が起きるのかというイメージを作りやすくしていることも、このプログラムの特徴の一つといえる。そして、性的虐待にどう対処することが適切であるのか、加害をしようとする大人に「嫌《いや》」と言うことの大切さを伝えている。このように自己防衛の方法を、指導者と児童との質疑応答の中で、繰り返し学ぶことができる内容になっている。そしてプログラムの最後には、児童の話を信頼し、児童を支援す

る大人がいるということを取り上げる。つまり虐待者がいる一方で、児童にとって安全な文化を確約する大人も存在することが示される。

ケアキット・プログラムを実施する中で、児童は、自分が大人に守られた存在であることを再び確認し、自分への適切な自尊心が養われる。この働きは、性的虐待に特有の、長期に秘密を持ち続けることから生じる孤立感や置き去り感に根をもつ病理の発生を予防し、一度裏切られた、大人への信頼を取り戻す契機となる。

性的虐待を開示する意味を考えたい。性的虐待を受けた児童にとって、その開示は、自分や周囲の人々を危険に曝すという恐怖が存在する。しかし心理教育を実施することによって、児童が自分を支援するシステムを知れば、安心して開示し、支援を求める構えを作ることができる。これも大きな意義であると考えられる。

B．安全感の中でフラッシュバックを起こすこと

今回の介入における参加児童の大半は、性的虐待を既に受けた状態で、このケアキット・プログラムを受講した。ケアキット・プログラムの実施は、教育であると同時に治療的側面をもっている。過去に性的虐待を受けた児童は、講義の内容を通して、過去の外傷体験が呼び起こされ、体や情動の混乱やフラッシュバックを起こすことが予想される。われわれは、フラッシュバックが安全感の中で生じ、緩衝となる様々な方略を工夫した。講義の当日は、周囲を児童の担当施設職員が取り囲み、見守られた中で実施された。フラッシュバックを経験するにしても、一人ではなく、児童らの仲間や信頼する職員との共有された中での体験は、原体験を塗り替える作業になる。また、実施当日は、並行して作品作りをすることで、フラッシュバックの衝撃を軽減させることができたと考えられる。

C．施設の担当指導者が適切な支援をすること

性的虐待の連鎖という事件を契機に、施設職員は多くの時間を児童一人一人に費やすようになった。また施設

内の環境を見直し、安全感をもてる環境整備が行なわれた。性被害や性加害に関し、児童に向き合って行なわれた聞き取り調査をはじめ、プライベート・パーツの教育、対人距離のボディーワーク、実施後のアフター・ケアなど、施設職員は、ねばり強く丁寧な関わりを維持した。われわれは性に関して真剣に児童に取り組む構えを、コンサルテーションを通して施設職員に理解してもらった。ケアキット・プログラムはこのような施設職員による土壌作りのうえに初めて有効に機能したことを、ここで強調しておきたい。さらに職員は、2ヶ月おきに実施したプログラムの合間に、児童への個別の復習やケアを実践した。このような施設職員の関わりが行なわれたからこそ、児童の性的加害行動の改善が初めて可能となったものと考えられる。

謝辞　一連の介入は、A寮の施設職員の子どもへの熱意と努力と協力、そして、あいち小児保健医療総合センターにおける個別の児童への医師や臨床心理士による治療の支援を得て成果を収めることができた。関与した方々の実践と支えに感謝したい。
注　本研究は、厚生科学研究児童虐待等の子どもの被害及び子どもの問題行動の予防・介入・ケアに関する研究（H17「子ども——003」主任研究者 奥山眞紀子）の分担研究として行なわれた。

〔文献〕

第1節

・グループ・ウィズネス編（2004）『性虐待を生きる力に変えて1　親と教師のためのガイド』明石書店
・グループ・ウィズネス編（2004）『性虐待を生きる力に変えて2　小さな女の子・男の子のためのガイド』明石書店、44-52, 82-95
・石山一舟（1994）「性的虐待カウンセリング」北山秋雄編『子どもの性的虐待——その理解と対応をもとめて』大修館書店、69-102
・宮地尚子（2005）「男性の性暴力から見えてくるもの、訳者解説にかえて」R・B・ガートナー編『少年への性的虐待——男性被害者の心的外傷と精神分析治療』作品社、428-457
・Putnam, F. W. (1989) *Diagnosis and Treatment Of Multiple Personality Disorder*. The Guilford Press.［安克昌・中井久夫訳（2000）『多重人格障害、その診断と障害』岩崎学術出版社、229-269］

・白川美也子（2004）「研究5総合病院一般病床における被虐待児と加虐する親への入院治療の取り組み、その可能性と限界」『平成16年度厚生労働科学研究報告書』143-161
・杉山登志郎、海野千畝子、浅井朋子（2003）「高機能広汎性発達障害にみられる解離性障害の臨床的検討」『小児の精神と神経』43, 113-120
・Summit, R. C.（1983）. The child sexual abuse accommodation syndrome. *Child Abuse and Negdect*, 7, 177-193
・海野千畝子（2004）子どもと家族への包括的治療と支援『そだちの科学』2, 23-30
・海野千畝子（2007）「虐待・発達障害と里親養育、虐待の影響、解離」『里親と子ども』2, 48-53
・海野千畝子（2008）「EMDR トラウマ治療の新常識 子ども虐待へのEMDRによる治療子どもへの治療」『こころのりんしょうA・la・carte』27(2), 285-287
・海野千畝子、杉山登志郎、加藤明美（2005）「被虐待児童における自傷・怪我・かゆみについての臨床的検討」『小児の精神と神経』45(3), 261-271
・海野千畝子、杉山登志郎（2007a）「性的虐待の治療に関する研究　その1：男児の性的虐待の臨床的特徴に関する研究」『小児の精神と神経』47(4), 263-272
・海野千畝子、杉山登志郎（2007b）「性的虐待の治療に関する研究　その2：児童養護施設の施設内性的虐待への対応」『小児の精神と神経』47(4), 273-279

第2節

・グループ・ウィズネス編（2004）：『性虐待を生きる力に変えて1　親と教師のためのガイド』明石書店
・平湯真人（2004）「施設内虐待をめぐって」『子どもの虐待とネグレクト』6(3), 297-301
・Hodges, J. and Tizard, B.（1989a）IQ and behavioural adjustment of ex-institutional adolescents. *J Child Psycol Psychiatry*, 30(1), 53-75
・Hodges, J. and Tizard, B.（1989b）Social and family relationships of ex-institutional adolescents. *J Child Psycol Psychiatry*, 30(1), 77-97
・市川太郎（2003）「虐待の回復当事者からのスピークアウト――当事者参加の可能性を探る」『子どもの虐待とネグレクト』5(1) pp 69-80
・北山秋雄（1999）子どもと家族の心と健康調査委員会編『子どもと家族の心と健康調査報告書』日本性科学情報センター
・奥山眞紀子（2005）性的虐待とその所見．坂井聖二、奥山眞紀子、井上登生編著『子ども虐待の臨床――医学的診断と対応』南山堂

東京
・Putnam, F. W.（1989）*Diagnosis and Treatment of Multiple Personality Disorder*. The Gaiford Press〔安克昌・中井久夫訳（2000）『多重人格障害、その診断と障害』岩崎学術出版社、229-269〕
・Resource and lesson guide : Personal Safety for Grades k-3 primary program1982 c.a.r.e Production Assoc. ケアキット購入先：カナダ赤十字社　http://www.redcross.ca/article.asp?id=001383&tid=001　購入代行株式会社トロル：E-mail：troll@coral.ocn.ne.jp
・田嶌誠一（2005）「児童養護施設における児童間暴力問題の解決に向けて：その1　児童間の暴力の実態とその連鎖」心理臨床研究会
・Vorria, P., Rutter, M., Wlokind, S., et al.（1998）A comparative study of Greek children in long-term residential group care and in two-parent families: I. Social, emotional, and behavioural differences. *J Child Psycol Psychiatry*, 39(2), 225-236
・Yang, M., Ullrich, S., Roberts, A., et al.（2007）Childhood institutional care and personality disorder traits in adulthood : findings form the British national survey's of psychiatric morbidity. *Am Journal Orthopsychiatry*, 77(1), 67-75

第5章

環境調整——性的虐待対応チームづくりと文化の創造

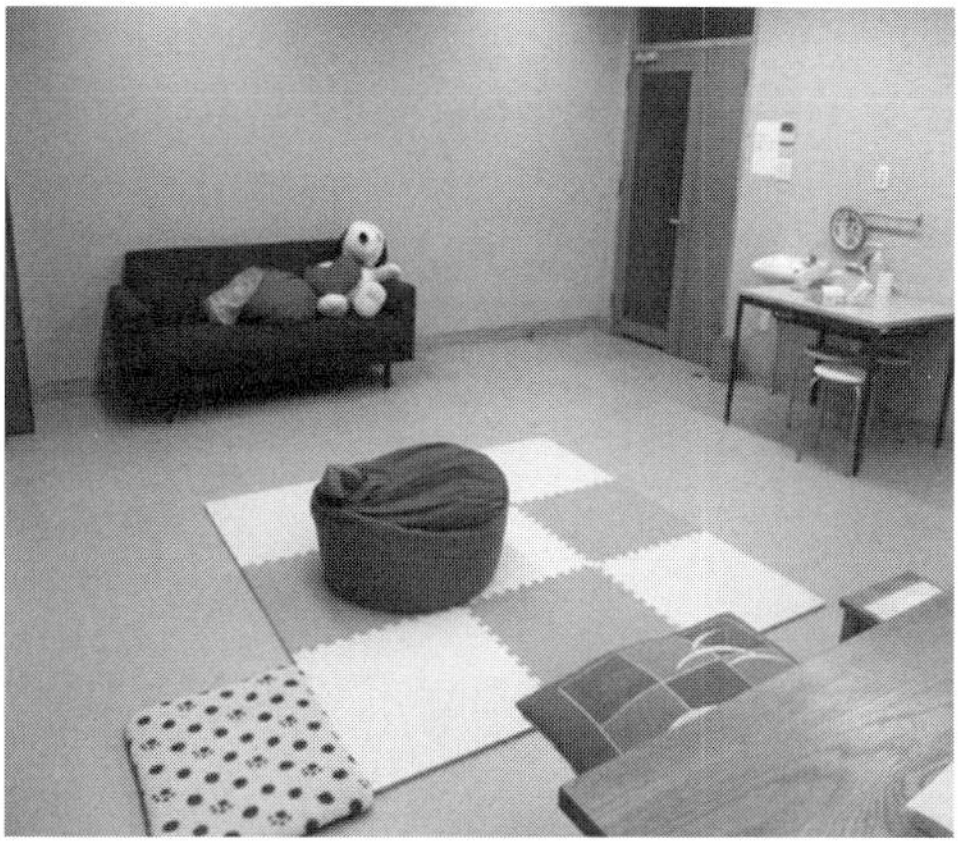

(➡ p.241)

第1節　心療科病棟における性的安全の文化創造
――コントロール・ルーム（ムーン）の設立

臨床心理士　海野千畝子、看護師　藤田三樹、医師　杉山登志郎

1．はじめに

あいち小児保健医療総合センター（以下、あいち小児センター）心療科病棟にコントロール・ルームを創設した。被虐待児童の中でも性的虐待を受けた子どもたちは、治療の過程でフラッシュバックにより、怒りの噴出や暴力的パニック、身体の違和感、不快感を生じることが多い。感情を安全に表出する場所として設けたのが、コントロール・ルームである。児童へのアンケートでは、感情のコントロールに役立ったと70・2％の児童が回答した。また看護師の側からは、92・5％が有用と評価がなされ、一年間の比較をすると、対人暴力において20・5％、対物暴力および威嚇において63・7％の暴力件数の減少が認められた。このように、コントロール・ルームの設立は、病棟での治療における新たな文化の創造に寄与する働きとなった。本章では、性的虐待の治療という視点から、このような安全な感情表出の場を設ける意義について述べたい。

2．コントロール・ルーム設置の経緯

あいち小児センター心療科病棟（32病棟）は、２００３年（平成15）５月に開棟して以来２００８年執筆時点で５年が経過した。子どもの7割以上に何らかの虐待の既往があることが大きな特徴の病棟である。さらに子どもの中に、性的虐待の既往も極めて多く、全体の約4割に達する。それ以外には、暴力的パニックを頻発させ集中的な治療が必要となった自閉症スペクトラム障害の児童、重症の心身症、摂食障害の患者も常に入院している。これらの子どもたちの共通項は、家族との間に複雑かつ絡み合った困難を抱えていることである。

あいち小児センターにおいてわれわれは、性的虐待対応チームをつくり、心療科病棟における被虐待児への入院治療を実践してきた。その過程は、これまでにもいくつかの報告としてまとめたが、試行錯誤の連続であった（海野ら 2005）。成功例だけではない。十分な支援がままならず強制退院せざるを得なかった子どもや、子どもや家族との関係が崩れたまま治療が中断した例も散見された。また、虐待を受けた子どもの特徴である支配-被支配の関係を背景とする問題行動も数多く発生し、子ども間の暴力、スタッフへの暴力、さらに子ども間の性化行動も過去に幾度も生じた。

被虐待児童が集合するあいち小児センターの病棟は、児童養護施設同様、性化行動が極めて生じやすい基盤が存在する。この一部は、入院中に明らかになり、強力な介入を行なったという事例も数件を数える。さらに、当事者が退院後に一連の性化行動が明るみに出たという場合もあった。たとえば次のような例である。6歳の被虐待女児が半年間入院した。その間に、1歳年上の同じく被虐待児童の男児がトイレに女児を誘い、女児の性器への接触があった。その事実は、女児が退院して後、外来通院の中で初めて明らかになった。女児にはその後、治

療の中で支援を行なうことができた。しかし男児の方はすでに他の社会的養護の場に移籍していた。その後その男児が、施設において他の多数の子どもたちへの性化行動を生じるきっかけとなったという事実が明らかになった。

一方、病棟におけるケアの主役である看護師の疲弊も考慮するべき時機にきていた。あいち小児センター心療科病棟の看護師らは、虐待を受けた子どもへの生活臨床を整え、治療を守る病棟文化を開設以来創造してきた。子どもたちは、過去に受けた暴力への怒りの噴出が、攻撃的な言動として生じざるを得ず、看護師はその子どもからの暴言や暴力を直接に浴びる。その結果、勤務の継続に支障をきたすほど傷つくという事例もまた何度か経験することになった。

二年前にわれわれは、ある児童養護施設における子ども間の性的虐待の蔓延に対して介入を試行し、施設における性的な安全教育の取り組みを実践した（海野ら 2008）。その中で課題になったのは、性的虐待の開示が行なわれた後に出現する怒りの爆発への対応方法であった。性的虐待を受けた子どもたちは、スタッフへの信頼を築き、性的虐待や被害の開示を行なうと同時に、過去に受けた性的暴力のフラッシュバックを伴った暴力的噴出が頻発するようになるのである。子どもが大人や、虐待者や、ひいては生まれてきたこの世界そのものに、激しい怒りなど、感情の噴出が生じたときに、その表出を安全に促すことができる部屋を作り、そこでのワークの中で自己コントロール力を学ぶという取り組みを考えた。

子どもの性化行動を軽減させるためには、文化の変容が必要である。われわれは、そのための対応を常に考え続けることになった。その中で一つのアイデアが浮上した。暴力的噴出に結びつくフラッシュバックを、単に押さえ込むのではなく、治療的な文脈の中で、非破壊的に処遇することはできないか。その答えがコントロール・ルームである。

3．コントロール・ルームの設置と運営

（1）コントロール・ルームの概要

スタッフによる話し合いによって、これまで閉鎖ユニットの中の2室あったタイムアウト部屋（注　子どもが不穏になった際に、落ち着くことや混乱をおさめる目的で、一定時間その部屋にいることを強いられる部屋である。大人の精神科の保護室に相当する部屋。）のうちの一室をコントロール・ルームとして転用することにした。スタッフからは、たとえば喧嘩の時などに、2人同時にタイムアウトを掛けなければいけないので、一部屋が別の用途になることに対して若干の異論もあったが、運用の工夫によってタイムアウト部屋の減少に対する対応をはかることが確認された。

コントロール・ルーム（図5-1-1）は、左右にソファとベッドを置き、それぞれ、ボディーソックス（体ごとすっぽり入って気持ちを落ち着けるワークをするもの）、大きなぬいぐるみが置いてある。ベッドは座り心地のとても良いものを選択した。手前にボールプールの枠、その中に様々な怪獣やぬいぐるみが入れてある。左右の壁には、ここで行なうワークのインストラクションが提示されている。壁はウレタンの

図5-1-1　コントロール・ルーム

表 5-1-1　子どもたちへのインストラクション 1

怒り（いかり）のワーク　エクササイズ
クッションたたき
　イライラするよ。いやなことをおもいだした。
　クッションに怒りをぶつけよう。みぎひだりこうごに
　クッションをたたこう。
　　　自分のほこりをとりもどすためにおころう。
　　　ミギヒダリ……ミギヒダリ……ミギヒダリ
むかーし　１さい おこっている　２さい おこっている
　　　　　３さい おこっている。

表 5-1-2　子どもたちへのインストラクション 2

泣き（なき）のワーク　エクササイズ
パペットをだきしめて
　すきなパペットだきしめてなこう。げんきをとりもど
　すためになこう。ワーンワーンとこえをあげてなこう。
　なきながらほこりをとりもどしつよくなるよ。
むかーし　１さい くやしかった　２さい かなしかった。
　　　　　３さい つらかった……
　　　　　いっぱいなみだをだそう
　　　でもいきぬいてきたよ。すごいんだよ。
　　　ボクわたし。

表 5-1-3　子どもたちへのインストラクション 3

癒し（いやし）のワーク　エクササイズ１
1. ソファーにねてみよう。ねむってごらん。
2. じぶんのからだやこころをあたためよう。
3. からだはじぶんのみかただよ。
4. だいじにしようじぶんのからだ。
5. しんこきゅうしてみよう。
6. すきなえに塗り絵（ぬりえ）をしてみよう。

表 5-1-4　子どもたちへのインストラクション 4

癒し（いやし）のワーク　エクササイズ２
・ボディーソックスのなかにはいってみよう。からだがポクポクしたり、じんじんしたりしたら「ぎゅっと」、からだをまるめたり、のばしたりしてみよう。
・くさきをさわってみよう。くさきはぼくわたしにエネルギーをくれるよ。

表5-1-5　コントロール・ルーム使用のルール

1)　コントロール・ルームは、じぶんできめてはいります。
2)　ひとをきずつけません。
3)　じぶんをきずつけません。
4)　おもちゃはエクササイズをみてつかいます。
5)　コントロール・ルームからでていくときは、もとあったところにかたづけます。
6)　じかんをまもります。(さいだい50ぷんまで)
7)　でていくときにかんごしさんとふりかえりをしましょう。

マットで覆い、また入り口に観葉植物を置き、全体として柔らかい雰囲気が醸し出せるようにした。

子どもたちに提示したワークの具体例を、実際のコントロール・ルームに提示されている通りに表に示す（表5-1-1～表5-1-4）。

(2)　コントロール・ルームの運営

治療チームの話し合いの中で、次の諸点を決めた。物品については消耗品扱いとし、損壊があった場合でも弁償は発生しないことにすること。担当看護師を決め、物品を管理すること。使用に際しては、高度な解離や、自殺企図などがみられないことを使用の条件とし、主治医による判断に基づいて許可制にすることなどである。心療科病棟のユニットや、特別な部屋には名前が付けられている。たとえば閉鎖ユニットはレインボーであり、タイムアウト部屋はシリウスである。コントロール・ルームは、ムーンと命名された。

設備がすべてそろった後、子どもたちへの説明会が看護師長を中心に行なわれ、部屋の見学と使用方法についての解説が同時になされた。子どもたちに提示したルールは表5-1-5の通りである。

(3)　コントロール・ルームの初期効果判定

使用を開始し、2ヶ月の時点で振り返り表に基づく、子どもたちの使用の感想をまとめた。使用動機として最も多かったのは、イライラした（24・0％）で、次いで、独りになりたかった（18・7％）、泣きたかった（16・0％）、怒りたかった（10・7％）であった。使用が子どもたちに役に立ったかという点に関して、役に立った（91・5％）、役に立たなかった（8・5％）という結果であった。役に立った理由として最も多かったのは、落ち着いたからというものであった。一方、看護師の側から見た有用性の調査では、コントロール・ルームは必要（72・2％）、同じく不必要（0％）であった。看護師が必要と回答した理由を抽出すると、子ども自ら感情のコントロールができ、暴力への発展が減少したように思う、子どもにとって切り替えができる場所だから、気持ちの安定化の体験や練習の場として、安心感や達成感がもてる、強制されるのではなく、子どもが自ら選択できる手段があるから、などの項目が挙げられていた。

4．結　果

（1）　試行期間の調査結果

約2ヶ月間のコントロール・ルーム試行を行なった。

使用後の、子どもの振り返り表の集計を記す。子どもがコントロール・ルームに入ろうとした動機は、①イライラした（24・0％）、②独りになりたかった（18・7％）、③泣きたかった（16・0％）、④怒りたかった（10・7％）、⑤からだが変な感じだった（6・7％）の順であった。その他の内容を抽出すると、寂しかったから（5・3％）。家に帰りたくなったから（4・0％）、友達と喧嘩したから（4・0％）、などであった。続いて、コントロール・ルームの使用が子ども自身にとって役に立ったか、という問いには、役に立った（91・55％）、役に立たなかった（8・5％）、であった。役に立った点としては、何らかの理由で落ち着いたから（51・4％）、という回答が最も多く、イライラが治まった、寂しい気持ちが嬉しくなった、等が続いた。反対に、役に立たなかった理由としては、一人でいると寂しいから、一人でいても気分が変わらなかった、等が挙げられていた。さらに、コントロール・ルーム内のどんな物品が役に立ったかを見ると、①ジャンボクマのぬいぐるみや犬のぬいぐるみを用いて攻撃的な発散（45・5％）、②ソファに潜り込む（15・9％）、③塗り絵をする（11・4％）、であった。サンドバッグ、ボディーソックスも用いられており、われわれの意図通り、攻撃的な感情をはじめ、感情表出に際して様々な用いられ方がされていることがうかがえた。

（2） 長期的な調査結果

32病棟では、児童の暴力的噴出に関して継続的なデータを取ってきている。コントロール・ルームの運営開始が2008年2月であったため、2007年1月から12月と、2008年4月から2009年3月までの子どもの暴力件数の比較を行なった。2007年の一年間に、延べ110名（男児59名、女児51名）の児童が入院しており、対人的暴力は計215回、対物的暴力および威嚇は91回であった。それに対し、2008年度の一年間において、延べ125名（男児67名、女児58名）が入院治療を受け、そのうち対人的暴力は171回（2007年に比べ、マイナス20・5％）、対物的暴力および威嚇は33回（マイナス63・7％）であった。しかも2008年度は、極めつきに暴力的噴出が多かった児童が3名おり、その3名だけで対人暴力が69回（全体の40・4％）、対物暴力が26回（全体の78・8％）を占めていた。ちなみにそのうちの暴力の回数が最も多かった児童は、虐待の既往のある自閉症スペクトラム障害および双極I型の児童で、対人暴力25回（全体の14・6％）、対物暴力10回（30・3％）であった。この児童は薬物によるコントロールが困難な極めて激しい周期的躁状態が継続していた。残り2名のうち1名は、注意欠陥多動性障害を伴った性的虐待、1名は自閉症スペクトラム障害を伴った身体的虐待であった。共に衝動コントロールが極めて不良で、コントロール・ルームの使用は困難であった。

コントロール・ルームの2008年度における年間使用は計127回であった。全体の70・2％の子どもにおいて、コントロール・ルームが役に立ったと述べた。入室時の不調気分を5として、彼らに使用後の気分を尋ねたところ、使用後の平均値は1・7に下がっていた。年間を通して最も多く使われた道具はやはり「大きなクマのぬいぐるみ」で、使用の動機は「イライラしたから」がその6割を占めた。また1年間運用しての看護師へのアンケートでは、「子どもにとりコントロール・ルームは必要」という回答が92・5％であった。

5. 考察

(1) コントロール・ルーム導入の流れとその存在意味

子どもにとり、コントロール・ルーム設立はどのような意味をもつのだろうか。病棟内にコントロール・ルームをつくった理由は、看護師を中心とした生活環境臨床の中で、子どもにとって、プラスの感情もマイナスの感情も表現することが尊ばれる病棟の文化となるようにするためである。虐待を受けた子どもは、解離によって、自己の身体感覚や感情を十分に感じることができず、いきなりキレて、パニックや暴力の噴出に陥る。従来のタイムアウト部屋による抑制は、大人からの抑制という他力によって、パニックの噴出をコントロールするというものである。その結果、子どもと看護師とは対立する構造となり、その過程で、看護師が暴力を受けることも頻繁にあった。しかしコントロール・ルーム創設後は、治療が進展していく中で、自己の感情や身体感覚が蘇生され、自分を感じはじめて出現するイライラやどんより気分に対して、自らの希望でコントロール・ルームを用い、他人や自分を傷つけることなく、自力による感情のコントロールが可能になった。この点が、最も大きな変化である。

（2）　性的虐待を受けた子どもにおけるコントロール・ルームの治療的意味

性的虐待を受けた子どもは、あいち小児センター心療科病棟には絶えず複数が生活を共にしており、子ども同士が相互に性化行動による刺激を出し合いながら生活している。また、治療において生育史を振り返るなかで、フラッシュバックが頻発する。それはしばしば性的興奮を伴った混乱であり、また無力感、さらには汚辱感、そして孤立無援で置き去りにされたという感覚を伴う。これらの感情は、回復が進むと同時に自分で自分を律したい自然な欲求に転じ、その中で自己の有力性の感覚を取り戻すため、攻撃性を伴った苛立ちに転じ、無意識に加害行動の噴出になる（Putnam, 1989）。また、治療の進展とともに、身体感覚の蘇生に伴って、性的興奮による性器のモゾモゾした感覚、体中がかきまわされる洪水のような感覚、皮膚を虫が這う感覚、さらに皮膚の不快感、掻痒感など、身体的な違和感も出現するのをわれわれは臨床的に経験している（海野ら 2005）。コントロール・ルームは、暴力が多発した児童が生じたことによって示されるように、前述の混乱のすべてではないにしても、安全が保障された中で感情を放出することが可能である。同時に、コントロール・ルームで一人になって、刺激を遮断する体験は、自己を確認し、その中で自己感覚を育成し、自他境界の確立に繋がる自己治癒的なワークとなる。とりわけ重要であるのは、性的虐待を受けた男児は、悲しみや寂しさに繋がる感情や泣くことを自己に容認しない傾向（宮地 2005）や、女児は、怒ることを自己に容認しない傾向があることである（Family Service Prevention division, Health Canada, 1994）。心療科看護師によって、「泣いていいんだよ」「怒っていいんだよ」と促され、安全な感情の表出を学ぶことが、性的虐待を受けた置き去り感を乗り越える手助けになるものと考えられる。コントロール・ルームは、それが独立してあるだけでは無意味である。子どもを守り育む文化を支える大人の介在によって、初めて治療的な意味がもたらされるものと考えられる。

謝辞　32病棟コントロール・ルーム担当の大舘庸子看護師をはじめ、現32病棟林義久看護師長、中嶋真由美看護副師長、性的虐待対応看護師チームの方々、前32病棟看護師長、田中時子看護師、浦野洋子医師、リエゾン心理士である服部麻子心理士に深く感謝いたします。
注　この研究は、厚生労働科学研究、こどもの心の診療に関する診療体制確保専門的人材育成に関する研究（H19「子ども」主任研究者奥山眞紀子）の分担研究として行なわれた。

第2節　性的虐待対応看護師チーム（SAR）による性的安全プログラム

臨床心理士　海野千畝子、看護師　小山内文、医師　杉山登志郎

1．要　旨

あいち小児保健医療総合センター（以下、あいち小児センター）心療科病棟において、心療科病棟内に性的に安全な文化を創造する目的で、性的虐待対応チーム（Sexual Abuse Response nursing team：SARチーム）をつくり、一連の性的安全のためのプログラムを実施した。その内容としては、聞き取り調査といくつかのワークである。また病棟内で生じた性的な問題に対して、SARチームは事後対応システムをつくった。

２００８年７月から２００９年２月までの入院児38名に聞き取りを実施し、生育史における被害加害経験があるもの19名（50％）、被害加害経験の可能性があるものが12名（31・６％）、被害加害経験がないもの７名（18・４％）であった。また性的トラブルの総数は30件であった。恋愛・告白11件、ボディータッチ９件、手紙のやり取り２件、キス２件、性的人形遊び２件、自慰行為の発覚２件、看護師へのボディータッチ３件（複数回答）であった。ＳＡＲ看護師を中心に謝罪を相互に行ない、トラブル後の対人距離のワーク、性的興奮を鎮めるワーク等を実施した。

ＳＡＲチームの活動によって、性的行動化は早期に見出され、治療的な対応が可能になった。ＳＡＲチームの活動は、心療科病棟における性的安全の文化の創造に寄与していると考えられる。

２．はじめに

あいち小児センター心療科病棟は２００３（平成15）年５月に開棟した小児科病棟である。全35床であり、被虐待の既往を持つ児童が常時７割以上を占めている。この心療科病棟において、子ども間の性化行動が生じたという事件が何度かあった。特に２００７年度において、看護スタッフ側の疲労度が無視できないまでに高くなり、われわれは対応を見直さざるを得ない状況になった。特に性的虐待において、子どもたちはその開示後に、解離という防衛機制によって切り離されていた様々な感情や身体感覚がフラッシュバックとして蘇り、それによって混乱し大荒れの状況になる。このような、感情的行動噴出への対応として、自らの感情コントロールを目的にしたコントロール・ルーム（ムーン）を創設した。

もう一つの取り組みが、性的安全のための文化づくりである。今日のわが国において、子ども向けのマスメディアには性情報が溢れており、インターネットを介しての剝き出しの性情報も容易に入手できる。そうでなくとも、子ども達の中に、性的な要素を含む男女間の交際を容認する傾向が普遍的に存在する。しかし、筆者らの病棟は、性的虐待の被害児の治療が常時実践されており、男女間の交際、男女を問わずキスや身体的接触などの行動は、容易に性化行動へと転じ、性被害、性加害、さらにフラッシュバック等、子ども達にとって治療の基本である安全を守れない状況がもたらされてしまう。つまり心療科病棟は子ども虐待の治療の場として、子ども達の性化行動を防ぎ、性的な安全を守り続けることが重要な基盤になっている。このための実践としてわれわれが取り組んだものが、看護師による性的虐待対応チーム（Sexual Abuse Response nursing team：ＳＡＲチーム）の創設と活動である。このＳＡＲチームを中心に、病棟の性的安全の文化づくりが進められた。

3．ＳＡＲチームの設置と運営

（1）ＳＡＲチームについて

ＳＡＲチームは虐待対応心理士（海野）と、心療科病棟看護師、さらに虐待対応医師（杉山）による話し合いから生まれた。心療科病棟内において、性的虐待への対応のリーダーシップをとる看護師チームである。創設が正式に認められた後、性的問題への対応は様々な繊細な問題を含むためＳＡＲチームへの参加は強制ではないことを徹底し、立候補をした４名の看護師によって最初のＳＡＲチームが結成された。

この４名に、虐待対応心理士が加わり、月一回の会議を設けた。準備期間において特に留意されたのはセルフケアの問題である。ＳＡＲチームの活動を休憩することやギブアップすることも可能であることを保障し、相互に対等な立場で、意見交換できるように配慮を行なった。次いで、子ども達へのチームとしての活動を決め、そのための実習を、海野が講師となって行なった。

ここで準備期間に十分な時間をかけたのは、性的虐待への対応においては、認識のズレが起こりやすく、しばしばスタッフ間の分裂が生じやすいからである。またSARチームの活動の後には、海野によるコンサルテーションを必ず行ない、スタッフのケアを図るようにした。

（2）学習会の開催

まず、看護師を対象とした暴力や性的虐待に関しての学習会を開催した。医師の杉山による「子どもと暴力」について公開での講義を行ない、次いで看護師のみを対象として海野による「子どもの症状としての暴力のメカニズムとセルフケア」に関する講義とボディーワークの実習を行なった。後者においては、仕事の中での傷つきに関する分かち合いも行なった。看護師らは病棟の開設以来、治療的な病棟文化を築き上げてきた。しかし被虐待児童が7割以上という病棟において、子どもからの暴力や暴言をあびることは日常的に生じ、その結果、何らかの傷つきがない看護師は存在しない状況になっていた。この分かち合いにおいて、看護の中で経験し、そのまま置き去りになっていた様々な感情を表出し、怒りや悲哀、罪悪感などをスタッフ間で話し合った。

この学習会を通してわれわれは、子ども、スタッフ共に安全な病棟文化を創造すること、さらに自己への信頼、他者への信頼、そして病棟業務への誇りを取り戻すことの重要性を確認した。

性的安全のための予防プログラムをSARチームで作成し、マニュアルを作成した。プログラムの実施に関しては、子どもの入院が決まった段階で、その保護者に文書で実施の許諾を得るようにした。

(3) 性的安全予防プログラムの実際

A．性的部位の教育と、性被害-性加害の聞き取り

新たな入院児童に対し、SARチームの看護師（以下、SAR看護師）は入院後できれば2週間以内に、性的部位の教育と、性被害-性加害の聞き取りを実施する。SAR看護師は、児童と一対一で、コントロール・ルームなど、子どもにとって安心が確保された病棟内の場所を用いて、まず絵本を見ながら性的部位（プライベート・パーツとも呼ばれる）とは何かを子どもに教える。性的部位とは、口、（耳）、胸、性器、尻の各部位で、そこへの接触によって性的興奮を生じ、性的な接触になる可能性が高い部位である。その後、過去においてこれらの性的部位への侵襲をはじめとする、性被害-性加害の有無についてを聴取する。SAR看護師は家庭の外と中で、安全ではなかったことがあったかどうか、他者からの暴力やまた性被害、性加害があったかどうかを聞き取っていく。この中で、子どもの性的易刺激性の有無が理解できる。聞き取りに対する子ども達の態度は様々で、事実を克明に語るもの、すでに周囲は性的虐待の情報は入手しているが、子どもの側の準備ができず否認するもの、また初めて性的虐待の事実を開示するものも存在した。判定としては3段階で評価を行なった。①性的虐待が濃厚なもの、②性的虐待の可能性があるもの、③性的虐待の可能性がないもの、である。

B．対人距離のワーク

この聞き取りから約2週間をおいて、SAR看護師は子ども達に対して、対人距離のワークを実施する。この対人距離のワークは、自己防衛力を養うことが目的で行なわれる。

加害者に扮した動物パペットを持ったSAR看護師が、自己イメージの動物パペットを持った子どもと約5メートルの間隔で向かい合って立ち、最初に子どもの身体感覚や感情を確認する。その後子どもの「いいよ」の合図を待って子どもに向かって少しずつ近づいていく。子どもが不快感を覚えたところで、「嫌《いや》」あるいは「ス

トップ」と表現してもらう。子どもが「嫌《いや》」と言えたら、SAR看護師は拍手して「よくできたね」と大いにほめる。ここで再度、身体感覚と感情を確認する。

このワークであるが、特に性的虐待を受けた子ども達は自他の境界線を意識することが苦手で、他者の接近に適切な距離を取れないことが少なくない。その結果、少しずつ近づいてゆくと、体がぶつかるまで「ストップ」と言えなかったり、またぱっと解離状態に陥って朦朧《もうろう》としてしまったりという反応を生じることがある。このような場合でも看護師は叱ったりすることなく、必ず子どもをほめ、子どもの身体感覚を確認し、徐々にきちんと距離が取れるように導くことが重要である。

ワークを実施する前の「ドキドキした」「モゾモゾした」「変な感じ」「あたまごちゃごちゃ」「心臓バクバク」「わからん」といった身体感覚や感情の表出から、「嫌《いや》」あるいは「ストップ」がきちんと表出できた後に、「すっきりした」という感じに変化するのが理想である。しかし子ども達は、「嫌《いや》」と表出した反動でフラッシュバックが起き、まなざしが朦朧とし、心臓が高鳴る、落ち着かなくなるといった反応を呈することも頻繁にある。しかし適切に「嫌」と表現し、それをSAR看護師から賞賛されるという体験を通して、しだいに子ども達は外傷体験を塗り替え、自分を正しく感じ取るという力を成長させることができる。

またSAR看護師はこれらの性的安全教育やワークを実施するなかで、頻々と生じるフラッシュバックに対応するため、コントロール・ルームの使用による様々なワークや、混乱を収めるためのボディーワークを子ども達に指導している。この混乱を収めるためのボディーワークとは、一緒に行なう深呼吸、落ち着くためのSAR看護師による背中のマッサージ、そして性的興奮を鎮めるワークである。

性的興奮を鎮めるワークとは、性的な刺激によって生じる性的興奮を生命エネルギーとして捉え直し、より建設的に児童の生きる力となるように変換するボディーワークである。性的興奮に翻弄されてきた子ども達に対し優れた効果が認められ、子ども達にも好評であった。これは次のようなワークである。

SAR看護師は児童に向かって呼びかける。「性器（おまた、おちんちん）がモゾモゾしたりじんじんしたりすると思うけれど、それを自分のパワーにするために使う方法があるんだよ」「モゾモゾじんじんして性器を触ってしまう（マスターベーションをしてしまう）とエネルギーが流れてしまう。そして憂うつなどんより気分になってしまうことがある。もし、モゾモゾしたり、じんじんしたら、性器を触るのを我慢して、この方法をやってみよう」「性器の位置に手を置いて、時計回りにグルグルグルとエネルギーを上に挙げていって（手を時計回りに回していく）心臓を通って手を頭の上に挙げて空に放つ。同時に〈ふー〉と息を大きく吐こう」「〈性のエネルギーを生きる力に変えていこう〉、と言いながら上に挙げた手を降ろしてガッツポーズにして終わり」「それでもモゾモゾ、じんじんが収まらない時は、今度は反対回りに手を回そう」「反対回りにグルグルグルと手を回してフーと空に放って、〈性のエネルギーを生きるエネルギーに変えていこう〉」「それでもモゾモゾじんじんしたら、一緒にトイレに行こう」と一緒にワークをするのである。SAR看護師は、温かく真剣に言葉にしてゆく。SAR看護師の姿勢をお手本に、子どもは自らの性的なエネルギーを大切に扱うことを学び、性的興奮への対処を身につけてゆくことができる。

(3)　事後対応システム

事後対応システムとは、心療科病棟内で性的被害-加害事件が発生した時の対応システムである。

SAR看護師は、事後対応システムへの準備として、過去にあいち小児センター心療科病棟内で発生した様々なパターンや、その時々の要因を視覚的に図示し、看護師用の「事後対応マニュアル」を作成した。このマニュアルの大きな特徴は、看護師が性的被害-加害事件に直面した時に起きる内的な動揺にまでに配慮し、記述していることである。性的虐待に直面するなかで看護師自身が二次的なトラウマ（大澤　2000）に陥り、孤独感や孤立無援感に苛まれることは稀ではないからである。SAR看護師は、病棟において性的被害-加害事件が起きた時には、そのマニュアルに沿って対応のリーダーシップをとる。それは次のような過程である。

最初に、事件に関わった子ども達への聞き取りを行なう。事実関係を突き合わせその整合性を整え、主治医、虐待対応臨床心理士へ連絡をとり、主治医らと子どもとの面接を行なう。

次に、性的安全に関する取り決めに沿った対応を開始する。部屋の調整、事件に関わった子ども達相互の分離を行なう。入院の時に、病棟のルールとして性的な接触は禁止と通知されているので、そのルール違反があった子どもは、たとえばスカイ（開放エリア）からレインボー（閉鎖エリア）への病室の移動を行なうなどである。その後、ルールからの逸脱に関して加害者から被害者への謝罪を行なう。相互が巻き込み合うので加害-被害が判然としないこともあり、謝罪はしばしば表面的になされ、心からのものではないことも多い。しかし謝罪のタイミングが失われないように時間をおかずに実施するようにしている。

さらにこの謝罪は、加害側の子どもを支援する看護師、被害側の子どもを支援する看護師の役割を分け、それぞれに謝罪の練習、謝罪を受ける練習を行なった後で、実際の謝罪の場に臨むようにしている。この練習の意味は、事件の後で性的な感受性が高まった状態で顔を付き合わせると、治療の対象となっている過去の事件のフラッシュバックが生じ、大混乱に陥る可能性があるからである。このように、SAR看護師の指導の下、加害-被害両者の子ども達への自律的機能、包容的機能の両方の支援が含まれたワークとして謝罪が実施される。

その後、加害-被害後の対人距離のワーク、性的興奮を鎮めるワークを再度実施する。これは、性的安全教育時と手順は同じであるが、より治療的意味を持つ。ここでの対人距離のワークにおいて、防衛が弱いことが示されたという子どもの行動観察が得られた場合には、その後に引き続き、主治医の再診、さらに臨床心理士による解離の心理査定が行なわれることもある。子どもの中の外傷体験による性的衝動コントロールの不全を示唆するからである。ここから子どもへのトラウマの処理治療に繋がってゆくこともある。

ＳＡＲ看護師による事後対応システムの実施は、予防への様々な対応システムを強化し、正の循環をつくる。事前予防システムと事後対応システムとが両輪となって、病棟内の性的安全のための風土や文化が創られてゆくことこそ、筆者らが目的としていることである。

4．ＳＡＲチームの成果

（1）　性的安全予防プログラムの実施結果

２００８年7月から２００９年2月まで実施した性的安全教育のうちで、聞き取り調査の実施結果としては、実施人数38名（男児21名、女児17名）で、このうち①被害-加害経験があるもの19名（50％）、②被害-加害経験が曖昧で可能性が疑われるもの12名（31・6％）、③被害-加害経験がないもの7名（18・4％）であった。内容としては、家庭外では、痴漢に遭った、知らない大人に性器を触られた、等であり、家庭内の性的虐待については、すでに開示されていたものの他に、この聞き取り調査の中で、筆者らが把握していなかった、姉に性器を触られたことがあった、弟と浣腸遊びをした、（正確に表現できないが）お母さんに何かされたようだ、などの回答が得られ、新たな治療的な対応に繋がった子どもも存在した。

対人距離のワークの実施においては、2回のワーク実施の中で、ほとんどの子どもが嫌《いや》、ストップと断る表現が可能になり、自己防衛への足がかりとなった。性的感受性がAと判定された子どもにおいては、身体感覚の表出を促した際、気持ちいい、という気分高揚を訴えた子どもや、反対にＳＡＲ看護師との距離を過剰に取り、一歩近づいたのみでストップを表出するなど、性的被虐待児の特徴的な反応が現れていた。

（2） 事後対応システムの成果

２００８年７月から２００９年２月まで、事後対応システムを発動した性的トラブルは30件、関係した子どもの延べ人数は35名であった。内訳は、恋愛・告白11件、ボディータッチ９件、手紙のやり取り２件、キス２件、人形遊び（マスタリー）２件、自慰行為２件、看護師へのボディータッチ３件であった。子ども間のボディータッチの内訳は、浣腸遊び、くすぐり遊び、服めくり、お尻タッチ、胸タッチ、息を吹きかけるなどであった。すべての子ども達にＳＡＲ看護師を中心に謝罪を実施し、トラブル後の対人距離のワーク、性的興奮を鎮めるワークを行なった。

（3） ＳＡＲチームへの評価

ＳＡＲチームの４名と師長１名を除くあいち小児センター心療科病棟の看護師19名に、２００９年２月時点で、アンケート調査を行なった。その結果、ＳＡＲチームの活動に対し、続けてゆきたい15名（78・９％）よくわからない２名（10・５％）どちらでもよい２名（10・５％）という結果であった。存続に賛成する立場からは、子ども達からの開示が増え、早期の介入が増加している、事件が起きた時に専門性のある指導ができる、治療環境を安全なものにするために必要、という意見が寄せられていた。継続に迷う立場からは、心理士や医師との連携が取れて初めて成り立つものであるため、看護師にできる限界がある、取り扱う内容が重いので精神的負担が大きい、という意見が寄せられた。ＳＡＲチームの活動は、このように看護スタッフによって認められてきている。このことは、心療科病棟の性的安全の文化の創造が進んでいることに他ならない。

5．考　察

(1)　性的安全プログラムが子どもに与える意味

今日に至ってもわが国では、子どもの性的虐待や性的興奮を日常的に取り扱うことはタブーとされてきた。しかし、子どもの性的虐待や性的興奮に直面しない限り、性的虐待を受けた子ども達の治療が困難であるだけではなく、多くの加害-被害の連鎖を生み、次世代にまで及ぶ影響がもたらされることになる（杉山、海野　2007）。今回、あいち小児センター心療科病棟において、生活を司る看護師による性的安全プログラムを実施した意味として、次の諸点が挙げられる。

心療科の看護師は、入院した子どもにとって親代わりの存在である。日常の世話をはじめ看護を通してきめ細やかな支援が常になされている。看護師によって、性的安全プログラムが行なわれる中で、心と体の安全を保障する姿勢が看護師から子どもに伝えられる。また、あいち小児センターにおいて入院治療を受ける子ども達は、虐待によって心や体が置き去りにされたままである者が少なくない。子ども達が自分の感情や身体感覚を大事に扱い、自己表現を主体的に行なうことの大切さが、同じく看護師から子ども達に伝えられる。

この活動を通して子ども達は、従来は秘密の領域とされてきた性的な様々な問題を看護師に相談しやすくなる。性的な被害-加害は、一般の虐待以上に、先に述べたタブーによる抑圧が存在する。ＳＡＲチームによる取り組みは、これまで見逃されていた虐待の発見にも貢献するものである。しかし何よりも重要なことは、子ども達が生活する場に、安全の保障という、子ども虐待の治療において基盤でありながら最も実現困難な問題が、一歩前進し、子ども達の治療に寄与しているという事実である。

（2） 性的興奮への対応

今回、われわれが行なった性的安全プログラムの特徴の一つは、子どもが持つ性的興奮を正面から取り扱っていることである。性的虐待や性被害を受けた子どもは、自らの性的興奮に対して混乱せざるを得ない。性的侵襲は性的興奮と快感をもたらし、このことが性的虐待において、快楽と嫌悪感、罪悪感が入り混じるという大きな混乱を生じる原因になる。この混乱は、汚辱感や、時としては希死念慮に発展することがある。これまでの対応は、支援者側が性的意識に対しての学習習得がなく、子どもの性的興奮に対して戸惑いを覚えつつも放置に終始していたと言っても過言ではない。

SARチームによって実践された性的興奮を鎮めるワークは、この性的虐待によって生じやすい性的興奮への対応法の一つである。子ども達はこのワークを通して、性的虐待の際に受けた外傷の身体感覚や情緒的混乱を、建設的に塗り替えることが可能になる。しかしながら、このボディーワーク対象の子どもの状況によって、有効な場合も無効な場合もまた存在する。特に思春期の男子の性的興奮に対して、十全に収めることは困難であることも多く、また、子どもが重度の解離性健忘を抱えている時には、やはり有効性に乏しい。このような場合は個別対応が考慮される。

（3） 性的安全な文化の創造への長い道のり

あいち小児センター心療科病棟内において、子どもの性的な逸脱行動が皆無になることはあり得ない。子ども達の性化行動は、心的外傷行為の再演としてのマステリー（注 虐待等、心的外傷を被った子どもが、遊びのなかでその心的外傷の様相を表わすことである。家庭内で首絞めをうけた子どもが遊戯療法のなかで、猿のぬいぐるみに、「お前なんか死んでしまえ～」と叫びながら首を絞めている様など。）の一種とみなされる。子ども達は性的逸脱行動を通して、自らのフラッシュバックを捉え直し、健忘していた外傷記憶を取り戻し、回復に繋がる場合もある（白川 2004）。また表面上トラブルが無いということが、実は密かに性化行動が蔓延しているのに気づかないだけということはあまりにも多い。

トラブルを未然に防ぐことよりも、何かあればすぐに子ども達が大人に相談できる文化を創ること、そして加害による被害を最小限にとどめ、双方にとって治療の進展に繋がる新規蒔き直しの契機とすることが、性的安全な文化の創造として優先される。実際に、SARチームの活動が始まってから、性的事項に関して看護師に相談する児童が増え、あいち小児センター心療科病棟における性的安全の確立のために文化が創られていっているという筆者らの実感がある。

6．おわりに

SARチームは、他の看護師に伝えてゆき、看護師全体の対応が少しずつ拡がるように努めている。SARチームに参加した看護師に感想を尋ねると、実践してよかったというものであった。子どもに支援し伝えながら、自身の子ども時代の、性に対する教育や対応不足の問題から解放されたという。性を扱うのには様々な困難が伴う。またそのことは当然である。性的虐待を治療する中で、時にスタッフ個人の内面が露呈され、個々のスタッフが自分の性的意識に向き合う必要が迫られてくることも稀ではない（杉山、海野 2007）。スタッフの個々の性を巡る傷つきから、相互不信という負のエネルギーに繋がり、それが集団の混乱に至る可能性があることも常に意識する必要がある。性は繊細な扱われ方が求められる問題である。SARチームのような活動は、ゆっくり焦らずに、バランスを見ながら拡げてゆくことが必要と思われる。

謝辞　立ち上げから共に奮闘してくれたＳＡＲ看護師チームである垣内真治看護師、虫賀智子看護師、伊藤環看護師、そして32病棟師長である林義久看護師、コントロール・ルーム担当看護師、背後から支援してくれた病棟臨床心理士である河邊眞千子臨床心理士に深く感謝いたします。

注　本研究は、厚生労働科学研究、こどもの心の診療に関する診療体制確保専門的人材育成に関する研究（Ｈ19―子ども―：主任研究者奥山眞紀子）の分担研究として行なわれた。

［文献］

第1節

・Family Service Prevention division, Health Canada (1994) *A Guide For Young Girls, A Guide For Young Boys*〔グループ・ウィズネス（2004）『性虐待を生きる力に変えて2　小さな女の子・男の子のためのガイド』明石書店、44-52, 82-95〕

・宮地尚子（2005）「男性の性暴力から見えてくるもの　訳者解説にかえて」Ｒ・Ｂ・ガートナー『少年への性的虐待――男性被害者の心的外傷と精神分析治療』作品社、428-457

・Putnam, F. W. (1989) *Diagnosis and treatment of multiple personality disorder*〔安克昌、中井久夫訳（2000）『多重人格障害――その診断と障害』岩崎学術出版社、229-269〕

・杉山登志郎編（2008）「厚生労働科学研究：児童虐待等の子どもの被害、及び子どもの問題行動の予防・介入・ケアに関する研究」『児童養護施設における性虐待対応マニュアル、スタッフの精神衛生』417-418

・杉山登志郎、海野千畝子（2008）「性的虐待のケアと介入に関する研究、その1、性的虐待のトラウマの特徴」厚生労働科学研究『児童虐待等の子どもの被害、及び子どもの問題行動の予防・介入・ケアに関する研究』371-380

・海野千畝子、杉山登志郎（2007）「性的虐待の治療に関する研究　その2：児童養護施設の施設内性的虐待への対応」『小児の精神と神経』47(4)：273-279

・海野千畝子、杉山登志郎、加藤明美(2005)「被虐待児童における自傷・怪我・かゆみについての臨床的検討」『小児の精神と神経』5(3)：261-271

第2節

・Family Service Prevention division, Health Canada (1994) *A Guide For Young Girls, A Guide For Young Boys*〔グループ・

ウィズネス訳（2004）『性虐待を生きる力に変えて2　小さな女の子・男の子のためのガイド』明石書店、44-52, 82-95〕
・宮地尚子（2005）「男性の性暴力から見えてくるもの　訳者解説にかえて」R・B・ガートナー『少年への性的虐待——男性被害者の心的外傷と精神分析治療』作品社、428-457
・大澤智子（2001）「二次受傷から身を守るために——支援者の傷つきを考える」藤森和美編『被害者のトラウマとその支援』誠信書房
・Putnam. F. W.（1989）*Diagnosis and treatment of multiple personality disorder*〔安克昌、中井久夫訳（2000）『多重人格障害、その診断と障害』岩崎学術出版社、229-269〕
・白川美也子（2004）「研究5　総合病院一般病床における被虐待児と加虐する親への入院治療の取り組み、その可能性と限界」平成16年度厚生労働科学研究報告書、143-161
・杉山登志郎編（2008）「厚生労働科学研究：児童虐待等の子どもの被害、及び子どもの問題行動の予防・介入・ケアに関する研究」（H17-19総合研究報告書：総括・分担：主任研究者奥山眞紀子）：性的虐待のケアと介入に関する研究「児童養護施設における性虐待対応マニュアル」の作成、スタッフの精神衛生、417-418
・杉山登志郎、海野千畝子（2007）「性的虐待の治療に関する研究　その1：男児の性的虐待の臨床的特徴に関する研究」『小児の精神と神経』47(4), 263-272
・海野千畝子、大舘庸子、藤田美樹他（2008）「性的虐待のケアと介入に関する研究その3」心療科病棟における性的安全の確立への対応と支援——コントロール・ルーム（ムーン）設立、厚生労働科学研究、児童虐待等の子どもの被害、及び子どもの問題行動の予防・介入・ケアに関する研究、性的虐待のケアと介入に関する研究（平成19年度総括・分担報告書1／2　主任研究者：奥山眞紀子）、387-394
・海野千畝子、杉山登志郎（2007）「性的虐待の治療に関する研究　その2：児童養護施設の施設内性的虐待への対応」『小児の精神と神経』47(4), 273-279
・海野千畝子、杉山登志郎、加藤明美（2005）「被虐待児童における自傷・怪我・かゆみについての臨床的検討」『小児の精神と神経』45(3), 261-271

第6章 トラウマの処理——子どもへのEMDR

（➡ p.243）

第1節　子ども虐待へのＥＭＤＲによる治療

臨床心理士　海野千畝子

１．はじめに

あいち小児保健医療総合センター（以下、あいち小児センター）心療科は、２００３（平成15）年に開設され２００８年現在7年目を迎える。地域の第三次医療機関として位置づけられ、虐待を受けた、また受けつつある子どもやその家族が児童相談所や地域の保健センター、二次的医療機関から紹介を受けて、その精神医学的診断や査定、またその治療を求めて来院する。

一般的にＥＭＤＲ（Eye Movement Desensitization and Reprocessing：眼球運動の脱感作と再処理）は、過去に受けた外傷体験を手動的に処理していく技法である。しかし、筆者が関わりを持つ患者さんは、むしろ、今日または今週、家族から暴力を受けた、殴られた、ひどい言葉を浴びせられたという子どもとの関わりが大半であり、日常的となっている。筆者は、そのような子どもに対してもＥＭＤＲを効果的に利用することはできないか、ということも試行錯誤しながら模索してきた。

本章においては、虐待を受けたことにより、愛着や解離の問題のある子どもにＥＭＤＲを行なう困難性とともに、その子どもに効果的にＥＭＤＲを用いる視点や工夫について筆者が考えた事柄について記述する。

2．虐待を受けた子どもの愛着と解離の問題

周知のように虐待を受けることにより、子どもは歪んだ愛着を形成し、解離的な防衛機制を活用しながら生きている。子どものＥＭＤＲの研修で来日されたティンカー（Tinker, R.）氏によると、ＥＭＤＲ以前に健康な愛着の形成が必須である、という。健康な愛着が形成された子どもは、過去の外傷体験に向き合う時、現在の愛着対象者との生活の中で養われ愛された自分への信頼から安全な場所をイメージできる。しかし、筆者の目の前に現れる子どもは、虐待を受けたことから愛着対象者との信頼関係が不確かであり、安全な場所を同定できない。いったん同定できたとしても、すぐに安全性が妨げられる。筆者の経験によれば、虐待を受けた子どもの安全な場所の例としては、トイレの中、ＣＤプレーヤーの中、塗り絵の絵本の中、野外の公園の遊具の中、閉鎖空間の自室のベッド、セラピストといる面接室、等である。また、身体の部位に安全な場所を同定しようとする場合、たとえば性的虐待を受けた子どもは、足は養父に触られた、肩も抱きつかれた、目の中しかない、という。外的な場所についてもお風呂は性的虐待があった、ベッドはもっと嫌《いや》、トイレしかない。でもトイレは何かお化けが出てきそうで怖い、という。解離的ファンタジーに没頭し、その中を安全な場所とする場合もある。

セラピストは、子どもの安全な場所を一緒に探しながら、子どもが置かれた苦難の状況や立場を理解していく。そして、移ろい変化する安全な場所が、少しでも子どもにとり確かなものになるのを見届け、共に歩くことを求められている。

一方、子ども自身は、ここも嫌《いや》、あそこも嫌《いや》と言いながら、自己表現を発展させる。実際、ＥＭＤＲを開始すると、ある子どもは、当初の数回は勢いに乗って実施させてくれるが、そのうちに、嫌《いや》だ、やりたくない、と抵

抗が出る。または、映像が変化せずに終了する。これは、様々な要因が絡んでいると思われる。一つには、支配され操作される感じ（虐待の再現）をもちやすいEMDRのスタイルがある。また、愛着構築の過程で必要となる拒絶（嫌《いや》）や外傷体験に向き合い暴露することによる、EMDR実施後の反動によるフラッシュバック等の倦怠感が考えられる。しかし、この抵抗（自己表現）は、虐待を受けた子どもにとり有効である。セラピストが困惑してへこんだりする姿を見ながら、虐待者との関係で養った歪んだ愛着の色や姿を浮き出し、このように表出しても、セラピストから承認され、大事に扱われる自分を発見し、新たな健康な愛着を形成する機会になるからである。

3．プレEMDR

筆者は子どものEMDR以前に、または同時に行なう内容として、聞き取りながらのA-DES（思春期解離チェック）と生育史聴取をすることが多い。A-DESについては解離の程度と様相の査定が目的である。また、子どもからの生育史聴取については、その年齢時代ごとの自分の自画像と印象深かったものの絵を描いてもらいながら、子どもみずからに良い思い出と不快な思い出を語ってもらう。この暴露を伴う共有作業は、外傷体験から子どもが感じた置き去り感をセラピストと共有することで、外傷体験を塗り替えていく新規まき直しの機会につながる。また、虐待を受けた子どもであっても、良い思い出の中に子どもみずからが発見する自己の資源があることを捉え直す体験にもなる。またセラピストにとっては、トラウマ記憶の焦点付けが可能になる。

虐待を受けた子どもは解離状態の影響で、自分の気持ちや身体感覚を十分表現することが困難な場合が多い。そのような子どもには感情や身体感覚の学習から始めている。感情カードを横において、〈この感情は人間がすべて感じてよいオッケーの感情だよ、良い感情もここち良くない感情もあるよね。いまあなたはどの絵が気になるかな〉と子どもに問い、少しずつ感情や身体感覚の表出の幅をひろげるように促している。

4．抵抗に関する工夫

筆者の経験では、子どもとのＥＭＤＲの最中、どこかの時点で抵抗は必ず起きてくる。セラピスト側の構えとして、時には先手を打っておくことを工夫している。たとえば、抵抗が出てくる時期を予想して、ＲＤＩ（Resorse Development Implant［資源の開発と植えつけ］）を取り入れてＥＭＤＲに対しての不快刺激ではなく快刺激からはじまる体験を取り扱い、ＥＭＤＲへの嫌悪感を軽減するように務めている。また、筆者は、抵抗が出てきた時の対応としては、子どものやりたくない思いや申し出を取り敢えず受け入れるようにしている。セラピストは、〈今日はやめよう、あなたのしたいことをしよう、でも次回は挑戦しようね、このこと（外傷）はあなたにとってすごく大事なことだと思うよ〉と励ましている。〈またやりたくないという気持ちが出てきた時は教えてね、休むこともできるし、あなたのペースを大事にしたいから〉と子どもの性格や年齢、病理水準を査定しながらあらかじめ伝えることもある。子どもが力関係のあるものに「嫌《いや》」（ノー）と言うことは、境界線の問題克服や自我の成長、健康な愛着形成のうえで重要なことである。また、ＥＭＤＲ実施中に抵抗や解離（麻痺）が起きてきた時は、適度な大きさのサイコロでするキャッチボールを促している。これは、子どもにとっては楽しくなるようで、映像の変化が出てくることが多い。このキャッチボールについては、信頼関係が希薄であり緊張している子はよく落としてしまうので、その後のＥＭＤＲを継続する指標にしている。

ＥＭＤＲより他に優先すべきことがある場合もある。ＥＭＤＲ実施日の後は、日常生活の中においても、ＥＭ

ＤＲ後の脳の処理や外傷刺激の暴露の反動で子どもはフラッシュバックを経験することや、倦怠感などの身体感覚に圧倒されることが多い。そのため子どもに、〈今日から2日くらいはどんより気分が出てきたり、頭が何となくいつもと違ったり、身体がだるくなることがあるけれど、これはよくあることで脳があなたを必死に助けようとしているサインだよ、必ず元に戻るから何が出てきたのか、次に会った時に後味を教えてくれる？〉と伝達することにしている。そして、保護者や付き添い人などの支援者がいれば、子どもと話し合い、その事実と対処行動を伝えている。対処行動はその子どもの病理や資源などによって異なり、混乱がひどければ診療科への受診や連絡を依頼している。

5．チャンスEMDR

虐待を受けつつある子どもや日常の暴力を受けた子どもは怒りを抱えて生活している。そのような子どもに対しては、その事実を聞く機会ごとにその怒りの発散を目的にしたタッピングＤＲ（タッピングによる脱感作と再処理）をすることが多い。また、自分の身体をいとおしむ目的で、「わたし（ぼく）を大事にとんとんとんとん」とセラピストと一緒につぶやきながらバタフライ・ハグをしている。怒りの表出に対しては、セラピストの手を思い切りたたく、グーでたたくなどもあるが、その後になるべく罪悪感を抱かせないように、「わたしは仕事でお金をもらっている、それにマッサージに行くから大丈夫だよ」と伝えている。セラピストを信頼してきっちり怒りを出せた子どもが早く回復するのは言うまでもない。事実を話せない子どもや心身症の子どもは自己を否認し、まだ事実に向き合う準備が不十分なため、「チャンスＥＭＤＲ」［注：1回～3回程度、その日の患者さんのニーズ（虐待を受けたことによる怒りの表出）に合ったテーマに対して、通常のプロトコルを省略した形でＥＭＤＲを実施すること」にも同意しないことが多い。その場合は、無理に促さず、他の遊びをしながら機会をみている。

6. おわりに

ＥＭＤＲは手動的に行なう認知療法的な一つの有効な技法である。しかし、筆者にはＥＭＤＲを無理に行なったことにより来院継続が中断した苦い思い出がある。それは、子どもが本来求めていたものに対しての見立てが誤っていたのだと思う。子どもが今ここで何を求め、何が起きているのかということに対しての視点が、ＥＭＤＲ実施よりも優先されることが望ましい。

しかし、その一方で筆者は、ＥＭＤＲ治療をやり続けていきたい意図は確実にある。数回の実施で、あるトラウマから解放され、子どもの顔に笑顔が戻る体験、感情や身体感覚の表出を伴い、外傷体験を乗り越えていく姿を見ているからである。

第2節　トラウマへの関わり

臨床心理士　海野千畝子

1．トラウマと子ども

トラウマは、子どもの心や体に深い傷を与える。地震のような自然災害や、長い年月をかけて行なわれた虐待のような人的な災害も、トラウマに結び付く。

思ってもみなかった突然のショックを受けた子どもは、その事態に心や体が凍りつき、傷（怪我）を負う。その心の怪我は、早く手当てできなければ、体の中に膿をため、脳につながり、子どもの人生に影響を与えていくこともある。

そのとき心理士は心の手当てをすることができる。ここでは、心理士が虐待を受けた子どもにどのような対応をするのか紹介したい。

2．虐待を受けた子どもへの関わり

心理士の前に虐待を受けた子どもがやってくると、最初に、「インテーク面接」といって、困っていることを子どもや家族に聞くことから始める。家族が虐待者である場合は、家族以外の子どもの支援者に話を聞くことにする。虐待を受けた影響から、子どもの心や体は様々な影響を受け、その結果、たくさんの行動上の問題を抱えていることがあるものである。

解離といって、心や体が凍りついたために、子どもが賢く自分を守り、「わたしは何も感じない」とその辛い体験を切り離してしまうことがある。この解離は、一時的には子どもを助けてくれる脳内のスキルだが、長期にわたると、心と体のまとまりが崩れて、生活上に様々な困難をもたらす。その一つ目は、いきなり盗む、いきなりキレる、いきなり性的なことをする、いきなり泣き出す、いきなり落ち込む、という衝動的行動の問題、二つ目は、ご飯を食べたか、お風呂に入ったか、○○先生に何を話したかといった行動上の記憶がない、忘れ物や落とし物などがとても多い、という記憶の問題である。三つ目は、幽霊が見える、誰かに見られている、自分の中に他の人がいる、怖い声が聞こえる、鏡に変な人が映っている、皮膚の感覚がない、自分の体が自分のものではないような気がする、などの自己感覚の問題である。

心理士はこのような問題に対して、子どもと話したり遊んだりしながら、ゆっくりとその問題が、過去のどのトラウマと結び付いているのかを見極める。子どもがトラウマを受けた時点では、解離して体験を切り離して感じることができなかった気持ち、置き去りになった気持ちを見つけ、子どもと一緒に整理して再編成をしていく中で、トラウマ（傷）の治療をしていくことになる。

次にその手順を述べたい。

（1）第1段階——生育史聴取

赤ちゃん時代から幼稚園時代、小学校低学年、小学校中学年、小学校高学年、中学校時代という順に、良い、楽しかった思い出と楽しくなかった思い出を子どもに聞いていく。

子どもは絵や折り紙で表わす、遊びながら語る、など表現は様々である。辛い思い出ばかりではなく、確かに良い思い出があったことを意識することは重要である。良い思い出があれば、そこを強化できるように心理士は共に喜び合う。しかし、楽しくない思い出は、詳細に深くは聞かずに、ある程度をさらっと聞き、「このことは大事なことだから名前をつけよう。トラウマ1だね」と、後で必ずもう一度扱うことを伝える。

また、「今たくさん話すと、せき止められた水のタガが外れて、濁流して体が混乱すると困るから、少しずつ話そう」と理由を伝える。「トラウマ1　首絞め」とか「トラウマ2　玩具を壊されたこと」「トラウマ3　外におんだされ」などと、子どもと一緒にトラウマに名前を付けて心理士は記憶しておく。

一回のセッションの後は、必ず「コンテインメント」といって、当日の話の混乱が生活に表出しないように、箱に入れる技法と、生き抜く力の核となるもの（レジリエンシー）に働きかけるイメージ療法と呼吸法、リラクセーション・テクニックを行なう。

子どもは、目をつぶり、手をお腹に当てて3回深呼吸した後、「○○さんの中の生き抜く力の核となるもの、○○さんの魂の喜ぶ方向に導いてください……」と心理士がメッセージを伝える。その後3回深呼吸をする。心理士も一緒にモデルを示し、誘導する。心理士との絆、心理士と会っていない時も自分が守られている感覚を持てることを促す。

（2）　予習復習（次回の予告と振り返り）
毎回、前回のセッションを次回に振り返る時間を持つ。これは、記憶の障害から回復を促し、心と体を結び付け、自分の体験した時間を自分のものにする作業である。子どもには、作業内容を書いた紙をコピーして前回のまとめを渡しながら話すこともある。心理士が子どもを大事にしていることを態度をもって示すことが重要である。新しいこと、次に行なうことは、必ず事前に子どもに分かる言葉や視覚的材料を介して伝える。「次から、性的虐待を受けた子どもへのガイドの本を読もうね」「次は断るワーク、といって嫌《いや》なことを嫌《いや》、と言う練習をするよ」などと予告する。虐待等のトラウマが起こったことで、混乱に晒された体験をした子どもたちは、変化に弱く、突然の対応に不安や混乱が増加する。心理士は常に子どもの立場に立ち、虐待者と同様のことをしないように努める。

（3） 第2段階――トラウマ処理とボディーワーク

第1段階の生育史聴取で行なったトラウマ1からトラウマxまでの処理をする段階である。前出のEMDRを活用する。これは、子どもの体にタッピング等の両側性の刺激を交互に与えることで、不快な記憶にまつわる子ども自らに対しての否定的な信念を、できる限りの肯定的信念に変容を促す目的で行なうものである。子どもは、嫌だった悔しかった辛かったと、怒る泣くを経験した後、社会や人からの恥や不信感に満ちた世界観から解放され、自分に誇りを取り戻していく。

この段階の留意点は、過去の不快な混乱（フラッシュバック）が出やすいために、トラウマの処理以上に、安全を感じるワークを取り入れることである。有効なワークとして、光のワークを紹介する。

＊光のワーク

「自分の好きな色がオーロラのように全身に降ってきて、傷ついた体や心を包み自分を守るワークです」

「眼を閉じてください。あなたの好きな紫色のオーロラがゆっくりゆっくりあなたの頭の上から降ってきて、あなたの体や心の痛みや辛さの部分に働きかけて、傷や固まりを溶かして治していくイメージを思い浮かべてください。ゆっくりゆっくり紫色の光が降ってきます。自分のペースでいいですよ。光のオーロラが足のかかとを包んだら、わたし（心理士）に教えてください」と促します。「〝ナウシカ〟の王蟲《オーム》がナウシカの傷を治したように」とアニメのメタファーを伝えることもあります。

不快な性的刺激を受けた子どもに対しては、性的興奮を鎮めるワークを行なうことがある。性的興奮を鎮めるワークとは、性的な刺激によって生じる性的興奮を生命エネルギーとして捉え直し、より建設的に児童の生きる力となるように変換するボディーワークである。次にこれを紹介したい。

＊性的興奮を鎮めるワーク

心理士は子どもに向かって呼びかけます。「性器（おまた、おちんちん）がモゾモゾしたりじんじんしたりすると思うけれど、それを自分のパワーにするために使う方法があるんだよ」「モゾモゾじんじんして性器を触ってしまう（マスターベーションをしてしまう）とエネルギーが流れてしまう。そして憂うつなどんより気分になってしまうことがある。もし、モゾモゾしたり、じんじんしたら、性器を触るのを我慢して、この方法をやってみよう」「性器の位置に手を置いて、時計回りにグルグルグルとエネルギーを上に上げていって（手を時計回りに回していく）心臓を通って手を頭の上に挙げて空に放ちます。同時に「ふー」と息を大きく吐こう」「〈性のエネルギーを生きる力に変えていこう〉と言いながら上に挙げた手を下ろしてガッツポーズにして終わり」「それでもモゾモゾ、じんじんが収まらない時は、今度は反対回りに手を回そう」「反対回りにグルグルグルグルと手を回してフーと空に放って、性のエネルギーを生きるエネルギーに変えていこう」「それでもモゾモゾじんじんしたら、一緒にトイレに行こう」と子どもと一緒にワークをします。心理士は、温かく真剣に言葉にしてゆく。心理士の姿勢をお手本に、子どもは自らの性的なエネルギーを大切に扱うことを学び、性的興奮への対処を身につけてゆくことができます。

また心理士は心理教育も行なう。「（グリム童話の）小人の靴屋みたいに、小人が頭の中でトラウマの傷をトンテンカンと修理している、小人が頭でがんばっているからエネルギーが頭にとられて、体はどんよりだるくなる。明日は、小人は傷の修理が完成していなくなり、どんより気分も晴れるはずだよ」などのメタファーを使い、フラッシュバックからくるうつ状態をやり過ごす対応を教える。先手を打ち、子どもの不安が出てきた時の対処行動を先に話し合うことが重要になる。

（4） 第3段階――自分の道を拓く未来の鋳型を作る

第2段階のトラウマ処理をある程度行なった子どもは、問題行動は半分以下に減り、そろそろ心理士がうっとうしくなってくる。その子どもは、自分の足で未来を拓いていく準備ができた証拠である。心理士はトラウマを受けたことがすべてマイナスなのではなく、トラウマを受けた経験を自分の人生の中でプラスに変えていく生活を送っていけるように今後のことを話し合う。

ある子どもは、動物を扱う仕事につきたいと、体力づくりを始めた。虐待的環境の中で飼い犬が自分を助けてくれた、その恩返しをしたい、飼育係やえさを運ぶためには体力がいるから、ということであった。未来に自分が動物を運んでいる絵を描いて、心理士との関係を卒業した。子どもの中には、しだいに面接に来る回数が減り、友人と過ごす時間が増えるなど、セラピストとの関係以外の人間関係が豊かになってゆくものもある。

トラウマへの支援は、時に人間が行なう限界がある。カナダでは、重症のトラウマを受けた子どもへの動物介在療法の効果があったとの報告がある。筆者は、近年、犬と行なう心理療法を試みている。子どもにとっての明日への希望が持てる未来の鋳型をつくることは、自らの人生の大事な部分を語ってくれた子どもへの感謝の証に、心理士として心がけたいと思っている。

第3節　動物自然ミニチュアグッズ、描画等を活用したＥＭＤＲ準備段階

臨床心理士　海野千畝子

１．はじめに

筆者は、過去に虐待を受けた子どもや後遺症がある成人に対する早期のＥＭＤＲ治療介入が再体験による混乱を招き、頓挫した苦い経験がある。一方、養護施設等では虐待を受けた子どもに、遊戯療法等が心理療法として愛着構築のために中心的に用いられるが、治療者側は被虐待児童のトラウマ治療には、前述した混乱による生活の支障を恐れ手つかずの状況もある。そこで、筆者はより慎重に愛着構築とトラウマ対応の両輪を取り扱い、治療の後半でＥＭＤＲ治療をする（中井　2004）ことが得策と考えた。

手続きとしては、ＥＭＤＲプロトコルの第1、第2段階である生育史聴取と準備を丁寧に行う。誕生から小学

校高学年年齢までの、「よい思い出」として資源となるものを見つけ、適応的情報処理が機能する基盤を作る。一方外傷体験等は、「悪い思い出」として、取り扱い方を慎重にする理由を説明し、外傷状況が理解できる程度に聞き、外傷の特徴のある「名前付け」と「一部手当て」を行い、治療の後半のトラウマ処理で扱う外傷キーワードを洗い出す。

上記手つづき中の工夫として、トラウマに特徴的な解離に対応するために、人間以外の動物自然ミニチュアグッズ、絵等の外部からの資源（外部介在資源）を入れ込み、五感を発展させ、また今ここへの安全な現実への引き戻しを可能にする。五感とは、視覚、聴覚、触覚、臭覚、身体感覚等である。

2事例を紹介する。倫理的配慮として、2事例は、共に施設長および本人の同意を得て、兵庫教育大学の倫理委員会の承認を得ている。

2．標準プロトコル第2段階までの意味するもの

ＥＭＤＲ治療標準プロトコルの第1段階は生育史聴取である。これは、クライエント本人および周囲からの主訴の確認を含む初回面談から始まっている。治療者独自のインテーク内容の聞き取り後、心理検査を含むアセスメントを行い、治療者は、何らかのタイミングでトラウマ治療をする見通しを持つ。

一方、虐待を受けた子どもやその後遺症を持つ成人のクライエントの立場では、この段階でトラウマ記憶の片鱗を表出しているため、すでに意識無意識的かは問わず解離症状を中心とした混乱が存在し、周囲の家族や養護施設職員（以下周辺者と略記）は「ＥＭＤＲ」という聞き慣れない4文字の用語を治療者から聞き、戸惑いが起きていると推察される。そのため治療者は、標準化プロトコルの第3段階以降の治療の後半にトラウマ処理を実施

するまで、治療者-クライエント-周辺者との関係の破綻を起こさず、どうEMDR治療を維持完遂できるか、クライエントを取り巻く面接を含めた環境整備を考える視点が必要である。また、治療者は、クライエントの症状の意味を本人および周辺者に心理教育し、EMDR治療全体の手順と効果を伝達し、その中途で混乱が生活に広がることを防ぐ工夫や、治療過程において起きてくる事象や限界の意味を伝え、EMDR治療に乗る構えをクライエントや周辺者が作るための情報提供をする。

筆者はクライエントにとり、標準プロトコルの第1段階の成育史聴取と第2段階の準備の段階までの安定化と構えづくりのありようが、トラウマ処理が有効に作用するか否かを決める視点であると考えた。そのための工夫として介在するものを取り入れた内容について記す。

3．環境整備としての介在するもの1――動物介在療法

筆者は以前より、クライエントの愛着形成を維持促進する介在するものとして動物（小型セラピー犬）をEMDR治療に同席させている（海野　2015）。また、第1段階の生育史聴取と第2段階の準備を同時に行うやり方をとっている。

手順は、誕生より（赤ちゃん時代）から小学校高学年年齢までを1年ごとに、丁寧に聞き取る作業をする。これは養育の愛着の補充や新規まき直しの意味を含む。詳細な手順としては、クライエントの資源（良い思い出）を探りRDI等で膨らまし、トラウマ記憶は流れが理解できる程度に筋をきく。トラウマ記憶にはクライエントが命名した特徴的なコミカルワードをつける。セラピストはそれを記録し、後半の標準化プロトコル第3段階のトラウマ処理でタイミングよく取り扱う。

図 6-3-1　セラピー犬トムトムとソラ

具体例としては、すべてのクライエントの生育史聴取の初回は次のような内容で問う。赤ちゃん時代はいつどこで生まれたかを知っているか、体重は聞いたか、どんな赤ちゃんであったと聞いているか等、誕生におけるエピソードの事実を問う。不知な場合は、母子手帳や個人票の記録内容を担当養育者、愛着対象者に尋ねて話し合う等、次回面接までのクライエントの課題とする。当然、愛着提供者のアセスメントや施設の養育者等とのコンサルテーションは実施済の状態で実行する。

セラピストは「赤ちゃんはおおよそ3キロぐらいで生まれて1年で9キロになるよ」と介在させた小型犬を抱くことを促す。クライエントは、戸惑いながら抱き「暖かい。やわらかい。重い。臭い」等と感想を伝えて、重量感や温感、触覚、嗅覚等の身体感覚を発達させる。セラピストは「とてもかわいい赤ちゃんだったね」と、小型犬を抱くクライエントに受容的な表現をして自己存在の価値を伝達する。当然、虐待を受けたクライエントであれば、よく泣いたうるさい嫌な赤ちゃんと父母が言っていた等と、悪い思い出を伝えるが、赤ちゃんは泣くのが仕事、泣いていろんな言葉を話してくれたのではないか、元気な証拠、と認知を再編成して伝達し、治療者の臨床的直感やプラスの側面への注目で受容を促進し、机上で可能なボール遊び等で少々の手当てをする。

デルタ協会（2007）の動物の効用を参考とすれば、介在するセラピー犬の存在が、クライエントの五感（触覚、聴覚、皮膚感覚、嗅覚、視覚、身体感覚等）にアクセスして統合し、クライエントはセラピー犬と関わる体験から、今ここにグラウンデイングし、自らの不快記憶を塗り替える新規まき直しの機会となる。また、レジリエンス（柔軟性・勇気・回復力）が活性化する。さらに、犬の存在は、部分的自我状態（パーツ）の外在化となり、クライエントはセラピストとの1対1の関係より統合された行動（表現・態度）をする。すなわち面接場面の関係性が三者（二者と1匹）と豊かになり、セラピストの介入（自律的要素と受容的要素）内容も広がる。犬が怖い等の犬トラウマがなければ、セラピー犬を見て触る体験は、過去の外傷体験からの侵入症状を和らげ、今ここの安全を感じ、不快耐性枠を広げ治療可能領域にとどまる助けとなる。セラピー犬の存在は、第2段階までに限らず有用と思われる。

4．環境整備としての介在するもの2——ミニチュアグッズ等・応援団

筆者は、面接の場面設定の中で、3匹のキャラクターをクライエントに見えるように配置している。クライエントには応援団と呼称し、自らを励ますものと意味を伝える。3匹は、トトロやテトなどのジブリのキャラクターの他に犬を入れている。この犬の名前はクライエントに命名することを促す。次回の予告の紙には自分と犬の名前を記入し次回への繋ぎとする。

この応援団は、面接場面を和やかに有力化するだけでなく、虐待等の解離の構造を持つクライエントには、自我状態（複数パーツ）の外在化となり、セラピー犬の存在同様に、クライエントは面接の場を自己の部分パーツ

が統合されたものと認知し自己表現が統合される。これは、自我状態療法を行う前の分裂表現を回避できると考えた。

他に生育史聴取場面においてクライエントが生育に関連する箱庭療法のミニチュアグッズを活用すること、クライエントの生育過程における写真、母子手帳の振り返りをすること等がある。クライエントが自主的に愛着グッズの選択をすることで、クライエントの資源となるエピソードの想起を助ける。当然子どもの場合は、母子手帳の下調べ等、事前に周辺者との照らし合わせ等を念入りに行い、面接後にコンサルテーションでクライエント周辺者共にアフターケアをする。

図6-3-2　ミニチュアグッズの配置

5．環境整備としての介在するもの3――自然・観葉植物

筆者は面接場面に観葉植物（ポトス等）を置き、クライエントと治療者相互の距離を適切に保ち、セルフケアをするものとして活用している。植物からの自然のエネルギーに直接触れてチャージをする（ミニ森林浴）等や植物の命や効用について、クライエントと話題にする。また、終了時のコンテイメントの呼吸法を促す際に植物と呼応することを促しながら行う、等が活用の実際である。

6. 環境整備のための介在するもの4——感情カード（人間版・犬版）

虐待を受けたクライエントは感情や身体感覚を切り離した歴史があり、自己感をつかみにくい。感情カードは面接場面に常備している。感情身体感覚の心理教育のため、自己に何が起きているかを捉える作業を助ける意味がある。標準化プロトコル第3段階からのアセスメントの準備となる。人間への抵抗がある場合は犬版を選ぶクライエントもいる。

7. 環境整備としての介在するもの5——描画

生育史聴取の9歳女児の乳幼児期の実際の架空事例の逐語を通して記す。

（　）はセラピスト（TH）の発言「　」はクライエント（CL）の発言〈　〉は補足事項とする。

#2〈前回の振り返り〉（この続きだね。赤ちゃん時代の良い思い出あるかな?）「う〜ん。おじいちゃんと公園に手をつないでいった」（どんな公園?）「ぞうさん滑り台があって、ブランコがあった」（その絵を描ける?）「いいよ」〈描画〉（描きながら、できたらおじいちゃんと手をつないで公園まで歩いている感じでパタパタと足踏みできるかな?）〈模倣足踏みRDI、TH一緒にする、CLは絵を描きながら足踏み〉（深呼吸）おじいちゃんが公園で一緒にブランコ押してくれる。続いて3回足踏みRDI〈色を塗り安全を確認〉

（嫌な不快な思い出について?）「よく泣く赤ちゃんだって言っていた。うるさかったって」（赤ちゃんはよく泣くことが元気な赤ちゃんの証拠だよ）〈認知の修正〉「怖い顔で言っていた」（ゆとりないお母さんだったか

図 6-3-3　観葉植物ポトス

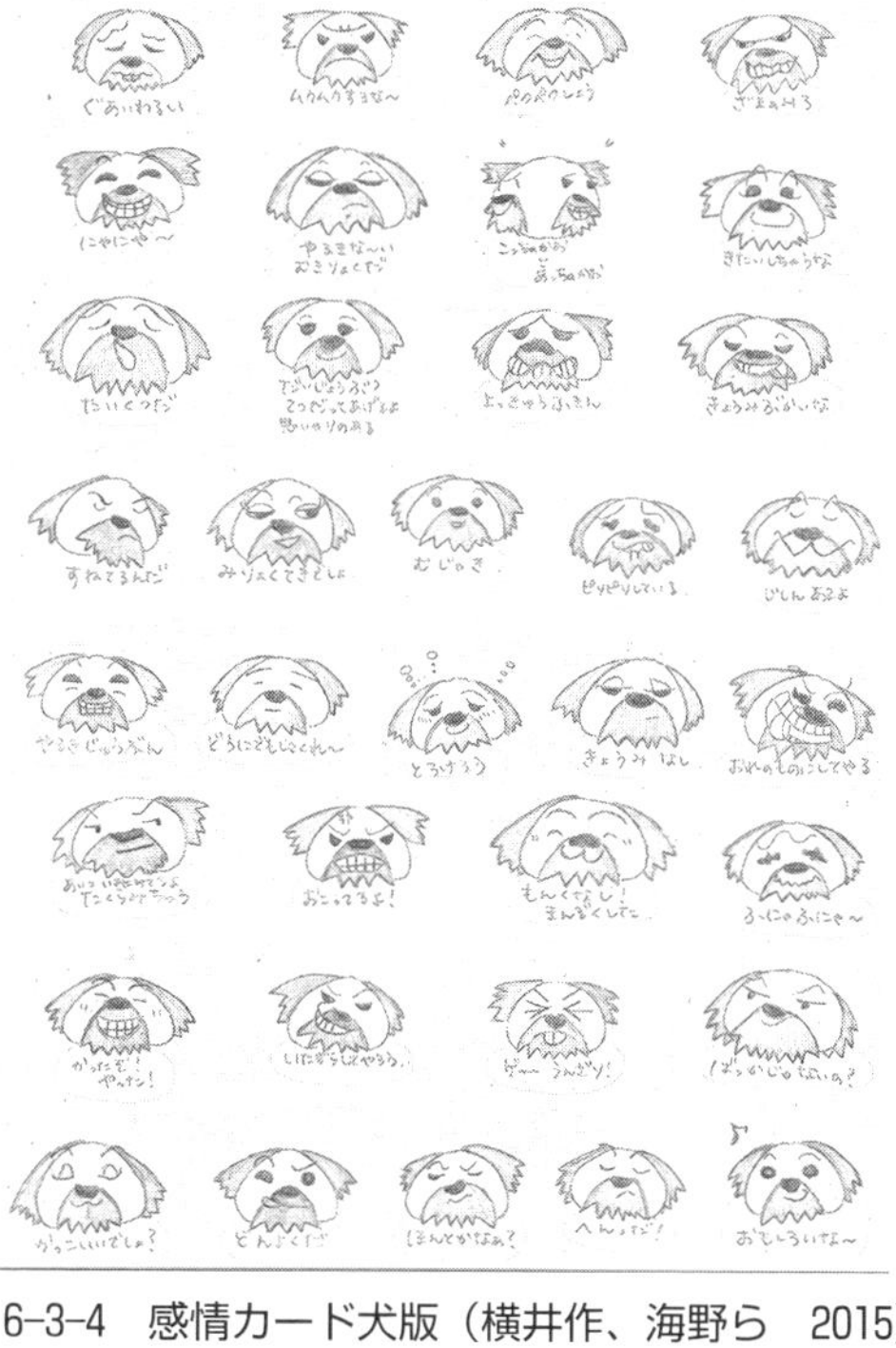

図 6-3-4　感情カード犬版（横井作、海野ら　2015）

な？）「いつも疲れた、疲れた、と言っていた」（ごはんは誰が？）「おばあちゃんが作ってくれた」（良かった）「おばあちゃんの味噌汁好きだった」（おばあちゃんと味噌汁食べているところ絵に描ける？）「うん」〈描画色塗後ＲＤＩ〉〈深呼吸〉（味噌汁どんなかんじ？）「おいしい。味噌の香り、おばあちゃんが笑っている」〈安全な場所にも取り入れられると実感〉〈呼吸法とグラウンデイング、興奮のワークをして終了。次回の深い記憶を扱うことのアナウンスと共に、次回の予約表を手渡す。犬やグッズ、の名前も記入〉続く

＃３〈振り返り：前回の記録を読み上げ共有する〉（今日は不快な赤ちゃん時代の記憶？）「お母さんは寝てばかり、私は一人で虫と遊んでいた。何にも話さないし、うるさいあっちいけ、と言われた」（お母さんは世話ができない病気だったのかな？）「たぶんそう。だから、ＴＶみたりして……」（この記憶はＣＬの中では傷つくことだからトラウマ１としよう？　面白い名前をつけるとしたら？　例えばママゴン。寝てばかりとか、あっちいけママゴン？）〈笑顔〉「どっちもいいね。ママゴン寝てばかりあっちいけ、〈笑顔〉にする」〈終了、次回のアナウンスをする〉〈不快な記憶が、他に存在するかを問うた後〉（次は幼稚園時代の小さい子組の頃をきくよ）〈コンテインメント呼吸法とボデイワークの実行〉

＃４〈振り返り〉（今日は幼稚園時代からだね？　送り迎えは？）「バスが家の前まで来た。帰りもバス。お母さん見送りはしてくれた」（良かった。好きな遊具は？）「ぞうさん滑り台」（園服きたＣＬさん描いてくれる？）〈となりに、ぞうさん滑り台かいて〉（楽しかった嬉しい思い出？）「みんなでハンカチ落としして遊んだ」（友達の名前？）「Ａちゃん、Ｂちゃん。Ｃくんと私」〈人物画描写：目的は記憶をたぐりよせ〉（足踏みして……）とＴＨが促す。〈ＴＨ、ＣＬと一緒に足踏みをする〉（遊んでいる？　どんな気分？）「楽しい、私が走っている。ハンカチ今度はＣくんに落とす。Ｃ君気づいた。なんか幼稚園の臭いがする」（どんな？）「甘いかんじ」〈コンテイン〉

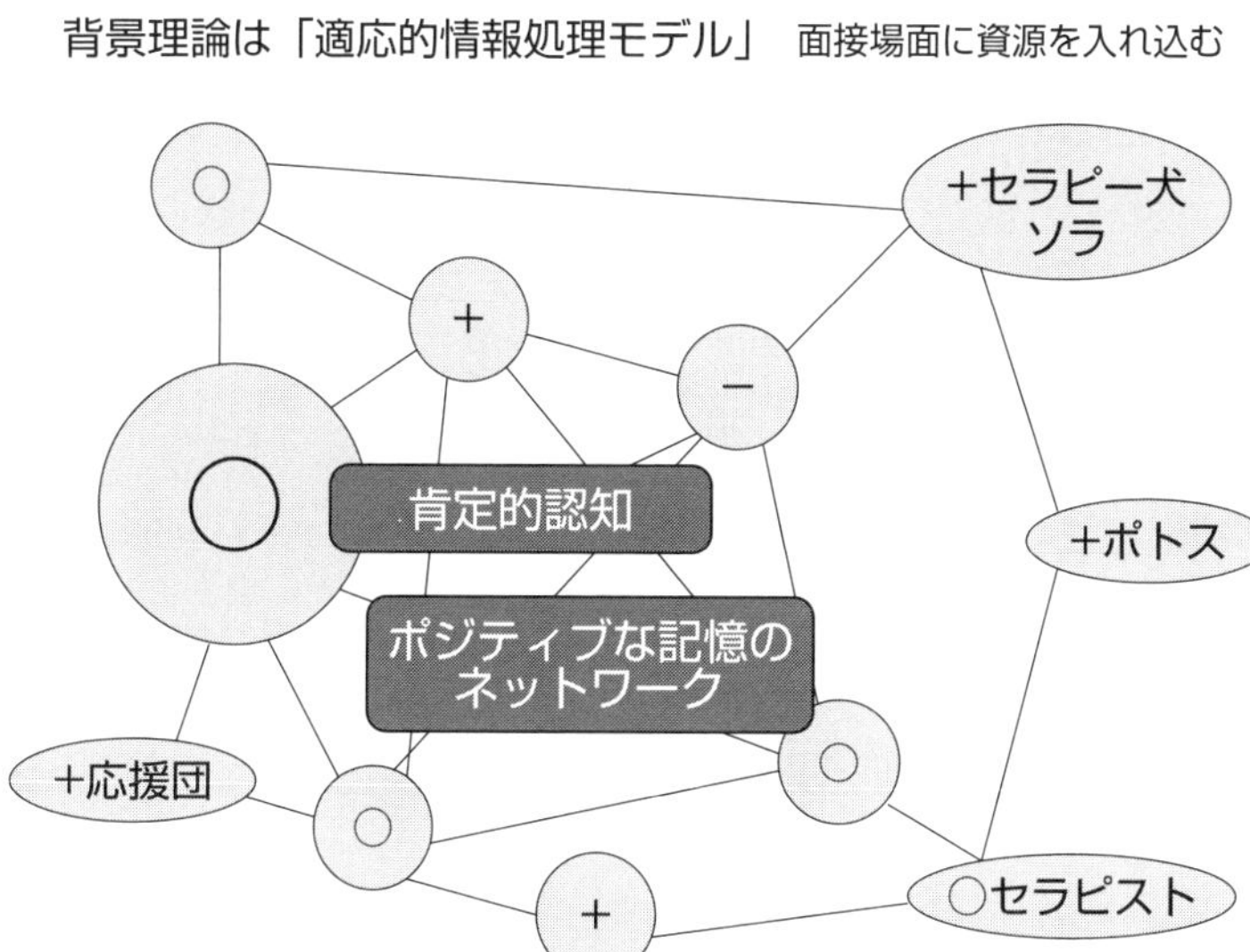

図 6-3-5　適応的情報処理が機能する基盤を作る
大塚（2016 作）をもとに著者作成

というような経緯で描画を取り扱う。描画は資源となり記憶を広げること、無意識意識の混乱に導くことの両側面があることを意識し、その場の臨床的判断で対応することに留意する。

筆者にとり生育史聴取の目的は以下の三つである。一つ目は、クライエントの記憶の探索作業をすることである。家族歴、生活歴を年齢に沿い対人関係の様相や本人の知りうる快、不快の記憶をセラピストと辿り共有する作業である。留意するべき視点は、速度は一年ごと、家庭外家庭内の快不快の順、五感を重視、ジグソーパズルのピースを見つける意識でしつこく等である。学童年齢以降はクライエントが書いたライフラインから随時行う。

二つめは、クライエントの記憶の忘却期間を認識することである。その期間が同時に後のターゲット記憶につながることを意識する。三つめは、児童であっても子どもなりの認知で生育史を語ることで、第３段階以降のトラウマ処理をする構えを作る必要な資源を共有できることである。記憶の手がかりとなる言葉、動物、物、その他の象徴的な資源等である。

8. まとめ

こうした、介在するものは、生育史聴取においては、①豊かな記憶を想起させ、愛着関係の色を塗り替え、新規まき直しの機会となる。②EMDR治療に入る前の五感に働き、解離した身体感覚を蘇生し治療可能領域に引き戻す、今ここへ引き戻しグラウンディングする、介在するものの存在が不快耐性枠を広げる等、臨床的に働く。③EMDR治療中においては、随所にクライエント自身に投影し重要な他者や資源となりかかわり、EMDR治療を支える基盤となることが考えられた。介在するものを活用して、一人でも多くのクライエントがEMDR治療を受けられることを願っている。

追記：本稿は、「第13回日本EMDR学会学術大会」にてシンポジストの一人として「動物自然ミニチュアグッツ、描画等を活用したEMDR準備段階」と題して、虐待を受けた子どもおよび虐待後遺症がある成人に対するEMDR治療の標準化プロトコル第2段階に至るまで、どのように介在するものを活用したかの経緯と留意点を口答発表したものを基に原稿にしたものである。学会参加後、二ヶ月で天に召されたセラピー犬ソラに深謝致します。

〔文献〕

第3節

・F・シャピロ（2004）市井雅哉訳『EMDR――外傷記憶を処理する心理療法』二瓶社
・Delta Society (2007) Delta Society website. http://www.deltasociety.org
・中井久夫（2004）『徴候・記憶・外傷』みすず書房

・大塚美奈子（2016）「発達段階に応じたＥＭＤＲの工夫」『児童青年精神医学会とその近接領域』57(1)：7-24　発表スライド改変
・海野千畝子編（2015）『子ども虐待への心理臨床――病的解離・愛着・ＥＭＤＲ・動物介在療法まで』誠信書房
・横井直子（2015）「施設におけるアニマルセラピー」『子ども虐待への心理臨床』pp219-227

第7章

被虐待児童への愛着形成を目的とした動物介在療法（ドッグ・プログラム）

（左から、セラピー犬のトムトム、のんのん、ポム）

第1節　情緒障害児短期治療施設の実践

臨床心理士　海野千畝子、指導課長　石垣儀郎、主任児童指導員　横井直子、
施設臨床心理士　山本秋子、心理カウンセラー　山口修喜

1．要　約

本節では、情緒障害児短期治療施設（以下、A施設）の被虐待児童を対象とした動物介在療法（ドッグ・プログラム）を愛着形成という側面から臨床的に検討した。対象は6歳から12歳までの小学生女児6名である。ドッグ・プログラム実施前後において児童の情緒と行動の様相を比較した。

ドッグ・プログラム構成は、グループ・プログラムと個人プログラムに分かれており、個人プログラムにおいては、筆者（海野）が犬一匹（筆者の所属犬）、A施設職員1名がいる中で、被虐待児童への心理療法（インテーク面接）、思春期解離体験尺度（A-DES：Adolescence Dissociation Experience Scale）の変法、生育史聴取、EMDR（Eye Movement Desensitization and Processing）を行なった。

その結果、本来の施設側の治療に加えて、プログラムを行なった介入群の児童らとA施設側の治療のみの介入無群の児童らとの群間比較で、児童らの愛着形成を阻害する解離症状の数値は、介入群がドッグ・プログラム前後で有意な差を認めた。

また、生活面において、施設指導員、施設心理士らの行動観察などから、介入群児童は介入無群児童に比べ

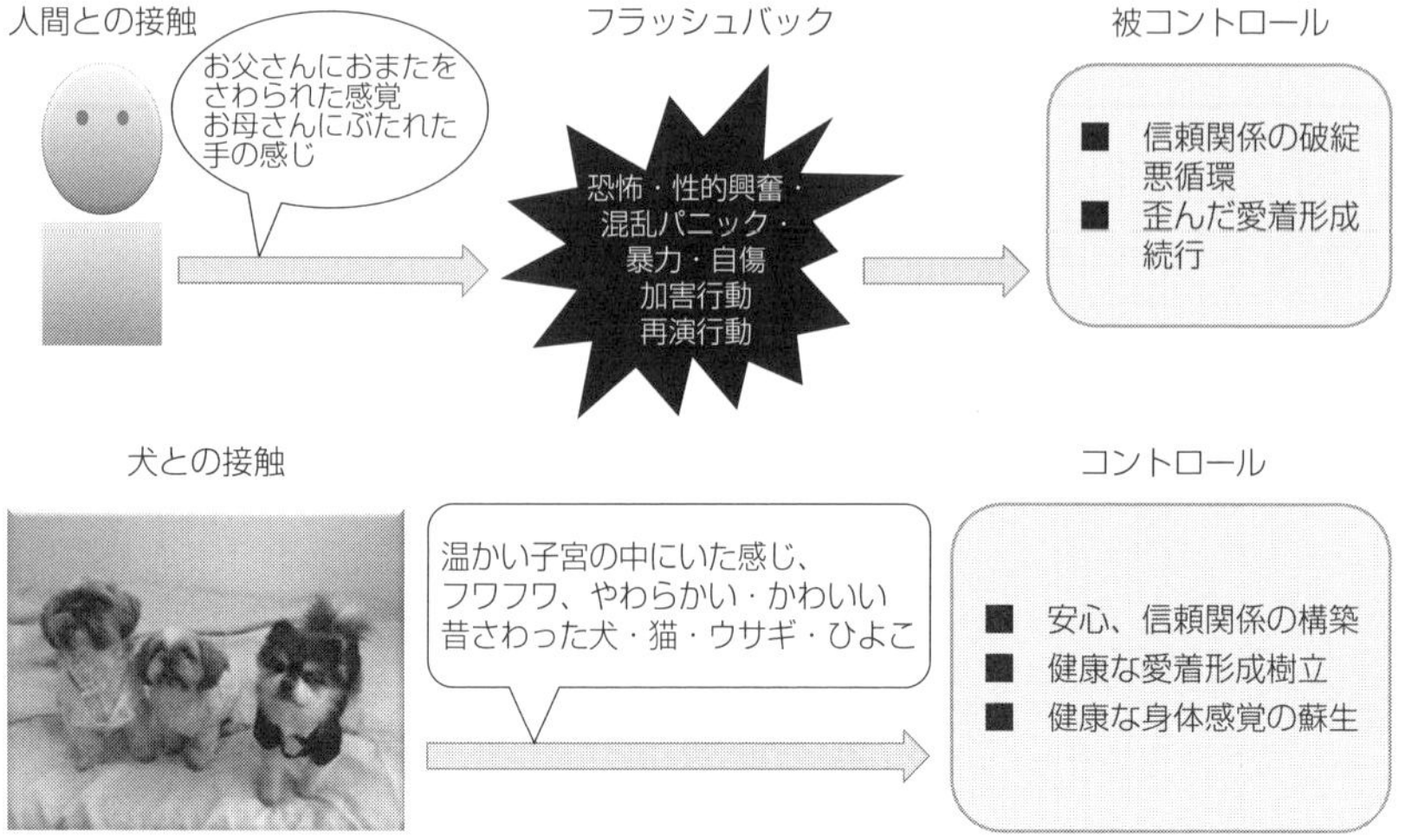

図 7-1-1　犬接触が愛着信頼に繋がるメカニズム

て、早急に愛着形成が構築されることが認められた。犬との安全な皮膚接触を通した触れ合いを含むドッグ・プログラムが、被虐待児童らの解離された感覚を統合し、必要な愛着形成を促進することが示唆された。

2．はじめに

今日、被虐待児童への心理療法は、被虐待児童の特質に翻弄され、有効で確固とした治療や支援方法は探索段階にある（村松 2013）。

被虐待児童は、虐待を受けた影響から解離症状を引き起こし、安全な環境に保護された後、様々なフラッシュバック等の行動を表わす。結果的に、この解離症状により、施設職員との十分な信頼関係を構築することが邪魔され、愛着形成が阻害される現実がある（海野 2007）。われわれは、重篤な虐待を受けた児童や知的障害が存在する児童らの治療が停滞する、ドロップアウトする、等をいくらか経験した。

本節においては、A施設の被虐待児童を対象に犬が存在する中で心理療法（動物介在療法）を行ない、解離症状の緩和と愛着形成を目的としたドッグ・プログラムを実践した（図7-1-1）。

3．目　的

被虐待児童は、人的接触に特に留意する必要がある（杉山　2007）。人的接触が引き金となり、過去に児童が受けた虐待などの被支配体験と類似の行動（再演行動）が現実に侵入（フラッシュバック）し、暴言や暴力、自傷行動、性的加害行動等、様々な解離症状を中心とした負の行動を表わす（海野ら　2011）。

しかし、健康な愛着形成には人的接触を欠くことができない（Jamus, 1994）。そこで本研究では、人間との関係以前に、人間と本来友好な関係を築く素質がある犬との接触を活用したドッグ・プログラムを行ない、ドッグ・プログラムが被虐待児童の解離症状を緩和し、犬や人間との愛着形成を促進する、という仮設を実証することを目的とした。

なお、犬を活用した被虐待児童への動物介在療法は、海外における有効性は認められている（Fine, 2010）が、日本においては皆無である。

4．対象と方法

A．A施設の特徴

研究対象施設のA施設は、情緒障害児短期治療施設である。児童福祉法によれば、情緒障害児短期治療施設とは、社会、心理的に不適応を抱える児童に対して療育、治療、教育機関が連携を取りながら、児童の成長・発達を促すことを目的とした施設であり、治療施設としての位置づけがある。A施設は、郊外の静かな住宅地に立地し、在籍児童数は35名（6歳～18歳）。被虐待児童は9割（91％）に及んでいる。特徴として、同じ系列の中舎制の養護施設が隣接している。施設心理士は5名在籍し、施設内児童への心理治療と並行して児童の生活にも携わっている。施設の外飼い（犬小屋）の柴犬とのミックス犬、呼称ジュニア（雌）12歳がいる。われわれは、対象施設の選定にあたり、訪問型のプログラムであるドッグ・プログラム実施後の児童らに予測される、犬に対する喪失の溝を埋める意図で、飼い犬がいる施設を選んだ。

B．対象児童

対象児童は、A施設の被虐待児童（小学生女児）6名（初回平均年齢9歳）である。犬アレルギー、犬恐怖症、等がないことを考慮して、3名をドッグ・プログラム介入群（介入群）、もう3名をドッグ・プログラム介入無群（介入無群）とした。

C．対象犬の属性

犬の属性については、飼育犬（海野心理士の）10歳のシーズー犬（雄）、呼称はトムトム、である。トムトムは、カナダ、アルバータ州エドモントンの被虐待児童への動物介在療法施設（Dream Catcher：http参照）の動物評価者ダニエル・クラーク（Danielle Clark）氏により適正を判定されている。犬の選定の基準としては、筆者との愛着関係が安定し、より性格的に穏やかで安全な飼い犬を選んだ。

D．倫理的配慮

研究実施に当たり、大学の倫理委員会に申請して許可を得た。犬については、健康面で心配ないことを含む、獣医による健康診断書を持参した。当該A施設所属長本人の所属児童相談センター長に研究の意図を説明して同意を得た。また介入群の児童には、ドッグ・プログラム参加にあたりプログラムの説明と同意を取り交わし、同

表7-1-1　ドッグ・プログラム参加の同意書

ドッグ・プログラム参加《さんか》の同意書《どういしょ》について

1. ドッグ・プログラムでは、トムトムと一緒（いっしょ）に、気持ちやからだのかんじを学びます。
2. ドッグ・プログラムでは、トムトムと一緒（いっしょ）に、今のこころの状態（じょうたい）を振（ふ）り返ります。
3. ドッグ・プログラムでは、トムトムと一緒（いっしょ）に小さい時の自分の生きてきた歴史（れきし）を振り返ります。
4. ドッグ・プログラムでは、犬を信じることを学びます。
5. ドッグ・プログラムでは、未来（みらい）に希望（きぼう）がもてることを学びます。

1—5にかいてあることを読んで、ドッグ・プログラムを私は、
やる、やらない、を決めてください。
〈○でかこんでください。〉

名前（なまえ）(　　　　　　　　　　　　　　)

意実施を確認のうえ、氏名などの記入を求めた（表7―1―1）。

なお、本文中の事例に関しては、個人が特定できないように変更を加えている。

5．研究方法

研究方法としては、次の二つの調査を実施して、ドッグ・プログラムが被虐待児童の愛着形成に寄与するかを明らかにする。

【量的調査】介入群、介入無群ともにプログラム開始および終了の時期に、子どもの解離評価表（Putnam, F., Child Dissociative Checklist : CDC version3.0）をA施設職員に実施し、評定した。CDCは、被虐待児童に特徴的に観察される解離症状を他者（施設職員）が評定する尺度である。CDCの数値を量的指標とした理由として、愛着形成の程度の数値化は困難なため、愛着形成を阻害する要因となる解離症状の程度（海野　2007）の減少が、愛着形成を促進する指標になると判断した。また介入群においては、ドッ

グ・プログラム開始後の2ヶ月時点でCDC評定を追加した。各群においてプログラム実施前後のCDCの値にt検定を実施し、群間比較をした。

【質的調査】プログラム終了後に施設職員らへのインタビューを実施し、介入群と介入無群の児童らの行動観察の比較により、プログラム実施前後の愛着形成の様相を聞き取り、内容分析した。また、プログラムにおける対象児童の臨床面接の事例の経過を臨床的に分析考察した。

6．ドッグ・プログラムの介入の実際

【目的】プログラムの目的は、犬との触れ合い（タッチング）を含んだ心理療法を実施することにより、児童が、自己の身体感覚や感情を確認し、愛着形成に必要な感覚統合を促進することである。

【構成】プログラムは、グループ・プログラムと個人プログラムに分かれている。グループ・プログラムは初回と最終回に行ない、その間の2回目〜13回目を個人プログラムで行なうという構成である。ドッグ・プログラムの間隔は、2週間〜4週間に一回で、A施設側の行事等を優先して日時を決定し、筆者（以下、訪問心理士）と対象犬（トムトム）が訪問して実施した。

グループ・プログラムの参加者は、介入群の児童3名とトムトム、A施設職員3名と訪問心理士である。トムトムを真ん中に囲み、丸くなって座る（図7-1-2）。環境的配慮として、ドッグ・プログラムはA施設の普段の心理治療場所と異なる特設セラピールームで行ない、ウレタンマット、ホワイトボード、色鉛筆、感情カード、等、施設職員の創意工夫で構造化した（図7-1-3）。

初回ドッグ・プログラムの目的は、児童が犬との適切な距離と関わりを学ぶ心理教育を行なうことで、今後、

図 7-1-2　ドッグ・プログラムの様子①

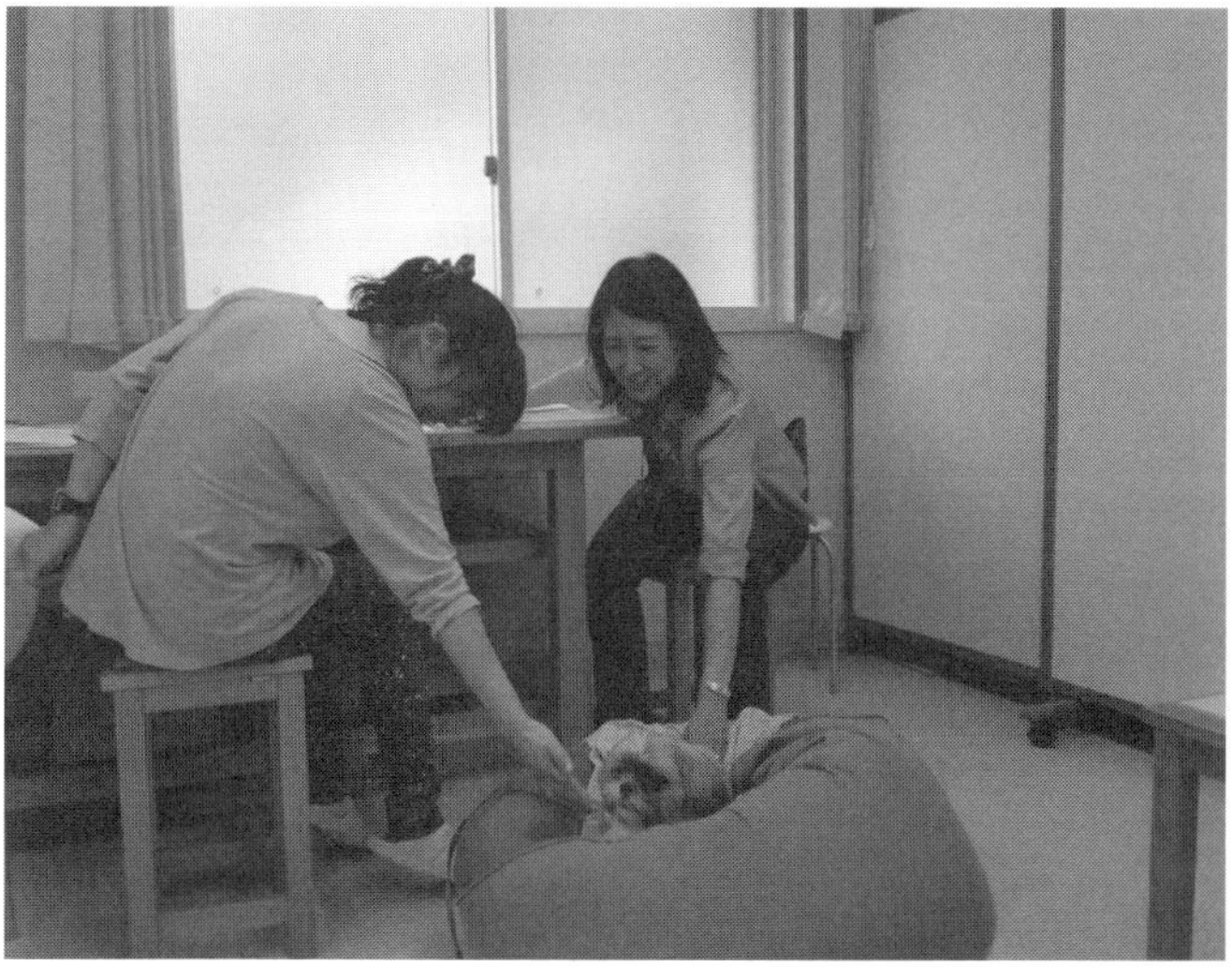

図 7-1-3　ドッグ・プログラムの様子②

ドッグ・プログラムの個人プログラムに入る構えをつくることである。児童の課題は、トムトムと仲良くなろう、トムトムのルールを知ろう、とし、児童らは、適切な触り方（タッチ）、抱っこの仕方、餌《えさ》のあげ方、リードをひいて歩くことを学んだ。最終回の目的は、児童がドッグ・プログラム全体を振り返り、犬への愛着を確認し、未来に自分が犬と生きている絵を描くことで未来の鋳型を作る、ことである。

個人プログラムの目的は、犬が介在する中で被虐待児童への心理療法（インテーク面接、思春期解離体験尺度（A-DES）の変法、生育史聴取、EMDR）の実施により、虐待により切り離されていた意識、記憶、感情、身体感覚を確認し、愛着形成に必要な感覚統合を促進することである。インテーク面接、思春期解離体験尺度（A-DES）の変法の心理検査等の実施は、児童の状態像の概観の把握と安全な治療計画づくりを目的に行なった。また、生育史聴取の中では、過去の記憶を想起しながらEMDRの技法であるRDI（資源の開発と植えつけ：Resource Development And Installation）とEMDRによるトラウマ処理を試みた。

個人プログラムの参加者は、トムトム、訪問心理士と対象児童1名、A施設職員（施設指導員または施設心理士）1名の四者である。A施設職員は、距離を取った後方に置いたソファに座り、児童からの促しには受容的に対応し、主体として危険が生じない限り静観の姿勢を取った。

トムトムは、訪問心理士の近くの用意した安全な二つのビーズクッションやセラピーマット、施設職員の隣に寝そべる等、リードは付けたままで自由に動き回れる状態にした。

児童へのルールは、①自分や犬、また人にけがをさせない、②ものを大切にする、③おもちゃは元あったところに戻す、④時間を守る（45分）、である。

訪問心理士から、個人プログラムの初回に、怖くなったり不安になったりしたら、トムトムを見たり触ったりしていいよ、と伝達した。またインテーク内容では、飼い犬がいたなどの経験や犬に咬まれたなどの被害経験、犬への加害経験などの有無について聞いた。

一連の個人プログラムの経緯では、対象児童は、トムトムと訪問心理士が待つ部屋にA施設職員1名と出向き、挨拶してトムトムと接触（タッチ）後に自分の指定された席に着く。絵（自由画）を描きながら、前回の個人プログラムの記録を振り返り、記憶を繋ぐ。続いて、本日の課題（例として、幼稚園年少組時代の快、あるいは不快な思い出を交互に想起して語る）に取り組む、必要に応じて出現したフラッシュバックをボディーワークやRDI（海野ら 2011）、また犬との触れ合いなどにより立て直す。終了時刻になり、後片付け実施後、犬に餌上げ、抱っこする等、犬と接触することを試みる。個人プログラムの混乱が生活に侵入するのを防ぐ、コンテインメント技法の呼吸法と性的興奮を鎮めるボディーワーク（海野 2012）等を実施し、当日A施設職員から飴を一つもらい、トムトムと握手した後にA施設職員と退室する、という流れである。

訪問心理士は、毎回、ドッグ・プログラム終了後にA施設職員とコンサルテーションを行ない、相互に情報交換すると同時に、対象児童の行動の意味を伝達した。また、対象児童らは、毎ドッグ・プログラム終了後の夜に振り返り作業をA施設職員と行ない、感情や身体感覚を確認した。

7. 結 果

（1） 量的調査結果

CDC得点に対応のあるt検定を行なったところ、介入群は介入前（M＝9・33、SD＝5・13）、介入後（M＝8・00、SD＝4・00）で5％水準においてt値0・313であり、介入無群は、介入前（M＝13・00、SD＝2・00）介入後（M＝12・33、SD＝5・50）でt値0・192であった。介入群と介入無群の群間比較において介入群に有意な差が生じた。

また、ドッグ・プログラム介入群の開始後2ヶ月時点でのCDCの数値は増大し、その後、解離症状が消失、復活と循環した。ドッグ・プログラム終了後の時点で数値は低レベルで落ち着く、という変動の経過をたどった。このことからドッグ・プログラムが児童の身体と情緒に変動を与え、感覚統合が促進することが示唆された（図7-1-4、図7-1-5）。

（2）質的調査結果

A施設職員へのインタビュー調査の結果、介入群の児童はドッグ・プログラム後に、対人関係や愛着形成に正の反応が出ていた。施設心理士へのインタビュー結果の例を挙げると、介入群児童は、担当職員やA施設心理士に家族についての不快なこと、怖かったことなどをためらいなく話すが、介入無群においては、A施設職員には家族についてのことは話さず、子ども同士で話し、互いに混乱して終わる状況があった。

甘え方については、介入群においては、自然な甘え方で「抱っこしてもいい？」と問いかけ、強引でも、また今でなくては我慢できないというものではなく、抱きつき方も、力が加わりすぎても、ベタベタしすぎてもいない程よい甘え方ができていた。一方、介入無群では、強引にA施設職員にしがみつき、今じゃなければ嫌、とA施設職員がいらいらしてしまう甘え方になっていた。

A施設の外飼いの犬ジュニアへの接近・接触の仕方にも群間差があった。介入群はA施設の犬といることが多く、犬の存在の仕方は、安心して傍にいて、そこに身をゆだねる感じの印象をもつ。一方、介入無群は、A施設の犬の傍にいない。介入群はドッグ・プログラムで犬に触るからか、ぬいぐるみを何か怖くなった時にぎゅっと抱きしめていた。今まで決して甘えなかった子がドッグ・プログラムの後、甘えるしぐさが増えた。表情も穏や

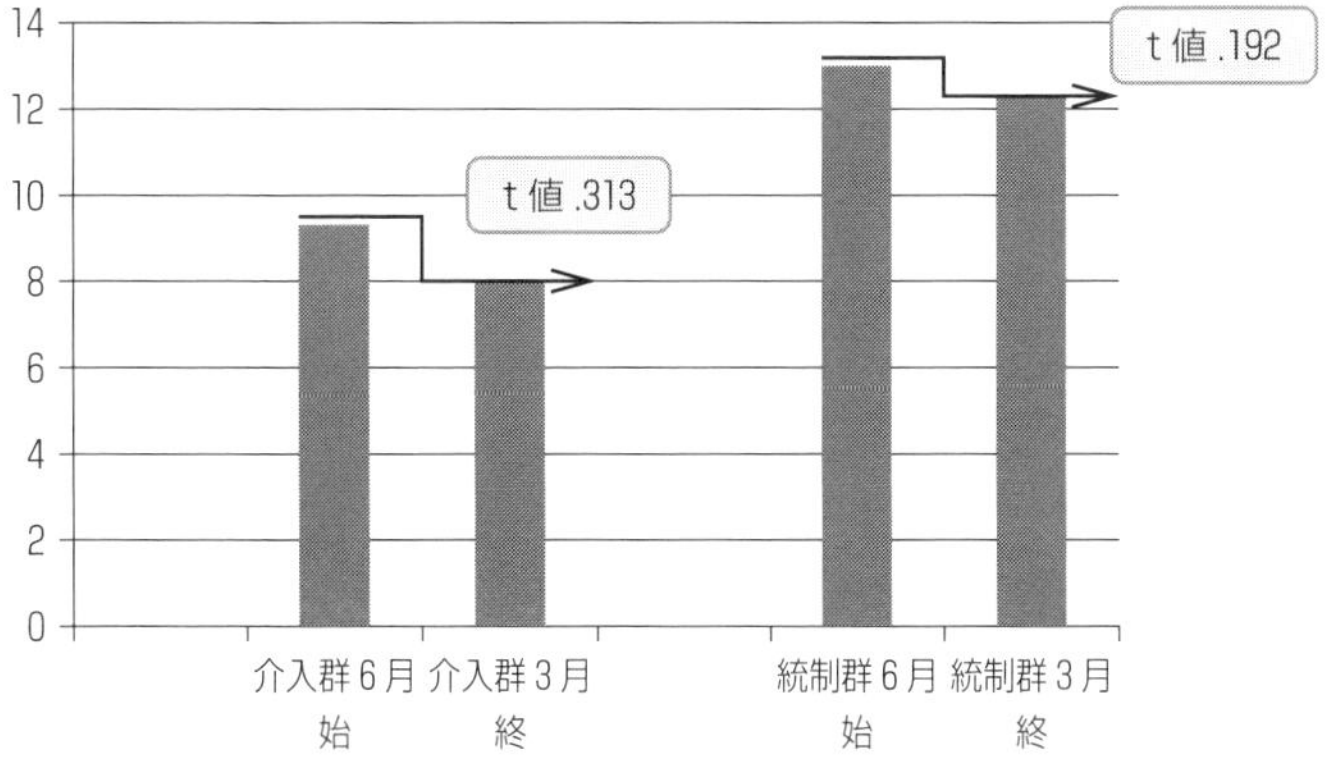

図 7-1-4　子どもの解離チェックリスト（CDC）前後群間比較

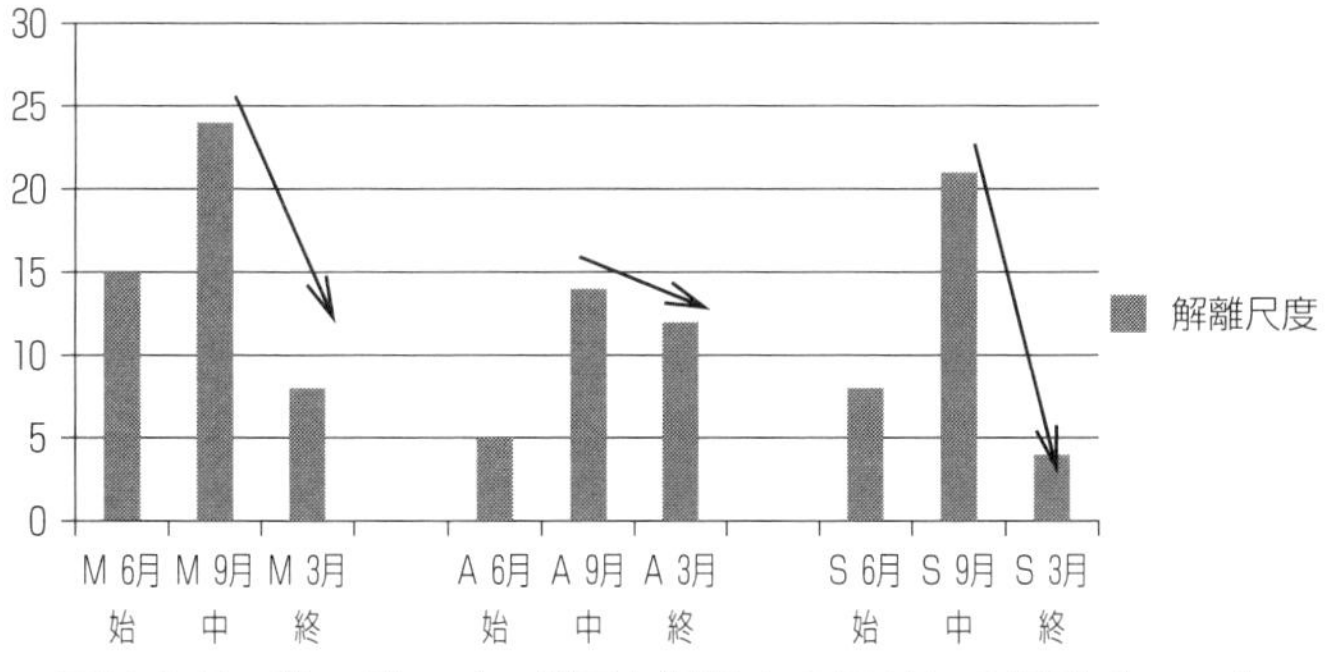

図 7-1-5　ドッグ・プログラム経過中の子どもの解離チェックリストの変化

かで和やかさがある。介入無群では、部屋やベッドにぬいぐるみを並べるが、並べているだけの存在である。自己の不安や恐怖に対して、A施設職員に気づいてもらえるように音をたてて物に当たる等、言語を通さず、歪んだ分かりにくい形で表現する。

介入群は、相手が嫌《いや》だと思うことを受け入れやすい。「嫌《いや》だよ」と職員が言うと、「うん、分かった」と引き下がれる。状況の読み取りや自己と他者の領域の差異を理解できている。介入無群では、職員が「嫌《いや》だった」と発言しても受け入れられない。また、介入群では、人の物を盗ることがなくなっている。物理的心理的にも自己と他者の所属物の区別ができているなどが観察された。実施前・実施後で個人別の変化を比較したのが、後述の**表7-2-1**（225頁）である。

個人の養育された期間や愛着提供者の有無等により変化に差異はあるが、ドッグ・プログラムの実施により、今まで表出がなかった感情や、周囲が理解しやすい適切な表現が増加したと推察された。

（3）　事例提示

介入群のドッグ・プログラムに参加した児童の事例を記す。なお、詳細は変更を加えている。

【症例13】 弟と施設入所した女児（7歳）

A施設へのカエデの入所経緯は、弟と共に6歳で入所。父母は覚醒剤所持で服役中、母は入院しているとカエデは認知している。グループ・プログラム初回においては、犬の存在に対してハイテンションで、ネームカードを股間に貼り付ける、性的部位の俗称を叫ぶなど、性的モードが続出していた。しかし、犬との距離のルールづくりのため、座ってトムトムを抱きしめた瞬間に10秒の沈黙があり、カエデの表情が穏やかに鎮静化したような印象を受けた。

個人プログラムにおいては、開始当初に訪問心理士から〈不安になったり、怖くなったりしたらトムトムを見たり、触ったりしていいんだよ〉と伝達する。「こらトムトム、お前このバカ」と悪態をついたり、「かわいい～チューしたい」と不自然にかわいがったりと、両極端のスイッチング（部分人格の交代現象）（Putnam, 1997）が出現する。時折アハン、ウフンとビーズ・クッションに寝転んで喘いでいる。ラブホテルに軟禁状態でいた時期があり、その時の父母の性的交流を目撃している。性的なフラッシュバックでハイテンションになるため、性的興奮を鎮めるワーク（海野　2012）を促し、深呼吸して立て直す。

解離のアセスメント（A-DES）では、白い服を着た女の人が見える、怖い、と解離性幻覚が出現している。悪夢があり、内容を問うと「知らない男の人、殺されてつぶされる、転んでのっかる、いやん、チュー死ね」とつぶやく。

生育史聴取に入り、乳児期の母子手帳を確認して、トムトムの乳児期の写真を見る。〈トムトムはお母さんと別れた時にどんな気持ちだったかな?〉と訪問心理士が問うと、「きっと寂しかったと思うよ～」とカエデ。〈カエデはどうだったかな?〉「寂しいよ～……ママ手紙をくれる」と寂しさをバタフライ・ハグ（注　胸に蝶のように腕を交差して、交互に鎖骨をタッピングして自己をなだめる、悲哀を乗り越えるＥＭＤＲテクニック）で処理をする。

幼児期時代では、父親がカエデに暴力（パンチとキック）を振るった話を聞き、訪問心理士がクッションに怒りを出すことを促すと、「怒っている、もう怒っている、パパむかつく。ザケンジャネー」とクッションを踏みつぶす。母親は優しい、怒りは出す必要がない、と促しを拒絶したが、父への怒りを表出した後、「ママへもクッションちょっとやる」と、ボカスカとクッションを蹴り、並行してＥＭＤＲによる怒りの表出をした。

深呼吸した後、一緒にいた男性指導員に「パパ、折り紙どっちがいい?」との良い思い出が現実に表出される。トムトムは少し離れて座り、カエデを見守っている。セッション中途で、カエデがトムトムに軽く蹴りを入れたため、ルールを確認するために訪問心理士が制して、手首をつかんでルールが記載されたボード周辺に連れて行く。カエデが手を振り払い、部屋から飛び出す。A施設職員が追いかけると、ドアから離れずに「わたし前にも手首をつかまれて痛かった。パパも弟にした」と伝達し、戻ってくる。通常通り、トムトムと握手をして飴をもらって帰る。

個人プログラムの最終回は、「トムトムみたいに守ってもらいたかった、小さい時、毎日キックパンチでパパママ抱き合って嫌だった」と言う。グループ・プログラムの最終回では、未来の犬と生きている絵を、「大きくなって、トムトムみたいにやさしい犬と散歩しているところ」を描画して、終了する。

8. 考　察

（1）ドッグ・プログラムの意味するもの

A. 安全感の確立

デルタ協会（Delta Society, 2007）によれば、犬の効用には、次のことがあるという。①受容・共感的素質を持ち、即時のラポール可能、②物理的な接触のぬくもり獲得、安全なスキンシップ、③生理的利点、心拍数・血圧の低下によるリラックス、過覚醒の解除、④エンターテインメント性、しぐさなどで笑い獲得、等である。被虐待児童にとって、犬（トムトム）の存在はどのように見えていたのだろうか。

ハーマン（Herman, 1992）によれば、被虐待児童への治療の第一段階に、安全感の確立を提唱している。人間への不信感を課題として持つ被虐待児童は、適性を保持した犬（トムトム）を、自らに危険を及ぼさないもの（吠えない、咬まない、多少のことでは驚かない、言語を持たない存在）として、時間的経過と共に認識し、安全感を持って、安心して心理療法に臨んだと推察される。

対象児童らは、ドッグ・プログラムの経過中に犬との接触回数が増え、接触範囲が増大した。また、中途で飛び出しや抵抗は観察されたが、枠組みからはみ出し過ぎず対象セッションすべてに出席可能であった。ドッグ・プログラムの犬の存在が、被虐待児童の過去を振り返る生育史聴取におけるフラッシュバックを緩和し、不快耐性枠を広げたと推察する。

B．犬が愛着形成と喪失感の補充を媒介

ドッグ・プログラムの存在は、対象児童らに「トムトム」という総称となり、「今日トムトムの日だよね、今度いつトムトムあるの？」とA施設職員らに問う姿が頻繁にあった。児童らは、犬の存在を認知し、イメージを胸中に納めていた。ドッグ・プログラム終了後、児童らは「トムトムに会えなくて寂しい」と悲哀感情を表現し、苦難に際しては「トムトムが心にいるから大丈夫」と施設職員に話した。健康な愛着とは、その者のイメージが心のなかに住んでいることであり、その心像に慰められ、日々の現実の苦難を乗り越える能力である（海野 2007）。児童らは犬の存在を信頼し、犬（トムトム）との愛着関係を基盤として人間（施設職員ら）と愛着を結ぶ課程を体験した。犬の存在性が対象児童らの愛着形成に寄与したと考えられた。

また、対象児童らの喪失感を補う具体例であるが、子犬は母犬と別れてA施設の犬となったことで、すべての犬が母犬との別れを経験している。一方、被虐待児童らにとって、生育史における乳幼児期から健康な実父母と出会えないことは、喪失体験以上の外傷体験になりうる。対象児童らは生育史を振り返るなかで、犬の母犬との別離体験に思いを馳せ、「トムトム寂しかったと思うよ」と悲哀感情を表現した。被虐待児童の傷つきの複雑性から、直接的に父母の喪失に向き合う際に表現が困難な児童が、犬の喪失感情を取り上げた後には、自らの悲哀

感情に向き合った。犬の存在を児童らが、自らの同士として認識し、その過程を媒介として喪失感を補充したと推察する。

C. 解離症状の緩和、現実への引き戻しという役割

ドッグ・プログラムにおいて、対象児童らのCDCに現れた解離症状は、生育史の聴取に入る2ヶ月頃より上昇して、個人の症状はピークとなった（図7-1-4）。その際、児童らの生活にも、退行現象、指示入りが困難などが観察されたが、担当のA施設職員を通して、現在生育史の聴き取り実施中のため、退行して症状を出している。これを新規まき直しの機会と捉え、対象児童らに手厚く接してほしい、と施設内に対応を周知した。また訪問心理士は、児童らに、悪夢や解離性幻覚の意味を捉え直す心理教育に並行して、医療的配慮を施設側に依頼する、バッチフラワーレメディの肝油（Thaler et al., 2009）にて睡眠を促す、等を実施した。

セッション内における解離症状に対する犬の役割は、現実への安全な引き戻しの担い手である。対象児童らが、過去の話を引き金に過去の虐待行動を再演するフラッシュバックが出現し、暴れモード、拒絶モード、いきりたちモード、すねモード等、不機嫌な症状が表出した際、ほどよいタイミングでトムトムが何らかの行動を引き起こし、それに児童らが気づくことで、セッションの方向が建設的に促された。

犬がビーズ・クッションに穴掘りをする姿を見て笑い、児童も共に穴を掘る、「トムトムくさいね～犬の臭い」とトムトムのフサフサした毛を触りながら鼻をつまむ、対象犬がクーンと鳴く寂しげな声に自らを投影して、「トムトム寂しいのかな。抱っこしてあげて」と慰め、その他、対象犬が足で頭を掻くしぐさや、適度な固さの肉球に触れ、「おもしろい～肉球気持ちいい～」と指の間をつつき微笑むなど、五感を通した犬との関わりが、過去の不快な体験から現実に呼び戻されて安全感を取り戻す作業をしていた、と推察する。

さらに、メカニズムとしては、犬を見て触る体験が虐待や喪失体験などのトラウマ記憶に向き合う不快さを適

度にもちこたえて、治療が可能になる（山口　2013）、という。

人間は苦痛な体験を、逃げるか戦うかの逃走・闘争反応、またはその不快さへの警戒反応から、過覚醒で身体感覚を解離（麻痺）させてシャットダウンするか、いずれかの防衛機制を用いて対応する。しかし、今回、安全で信頼をおけるトムトムを見て触る経験が、過去の不快な場面から、五感を通した身体感覚を媒体として、中間領域である今ここ、にとどまり、結果的に治療可能領域（逃げずに向き合える領域）に居続けることが可能になった、と推察された。

（2）施設職員の生活への繋ぎ手という存在性

A施設職員3名（施設指導員2名〈男女〉、施設心理士1名）が、ドッグ・プログラムには参加して同席していた。訪問心理士、児童、犬、施設指導員の四者が、個人プログラム場面を共有することはどのような意味をもつのだろう。

施設職員は、普段の生活における児童らのことを熟知し、親役割を果たす存在である。ドッグ・プログラムにおいて、A施設職員は、過去の生育史を語る児童らを見守り、励ましながら静観の姿勢を維持した。施設職員側からの人的身体接触行動は、被虐待児童には脅威を感じるものとなりやすい（海野ら　2011）。これは、過去の不快な暴力や性的侵害などの虐待行為が蘇り、フラッシュバックで固まる、いきりたつ、暴れるなどの行動のスイッチを押すことになる（杉山ら　2007）。そこで、児童らがセッションにおいて脅威を感じた時は、A施設職員が抱きとめる、背中をさする等の受容をする行動に対しては、児童個人と話し合い「背中さすって3回だけ」等、ルールを実行した。

一方、A施設職員にとっては、児童らの苦悩しながら表現する姿をじかに感じ、その経過を観察する体験だったと想像する。同席することで、児童の行動の意味を深く理解し、慈愛の気持ちで他の施設職員らに伝達する役割を果たしていた。

毎ドッグ・プログラム終了後の、訪問心理士と担当施設職員らとのコンサルテーションでは、セッション中の表現内容を共有すると共に、負担なども話し合うアフター・セッションの時間を設けた。トムトムの存在は、ドッグ・プログラムA施設職員にはどのように映っていたのであろうか。トムトムは児童にほどよく作用したが、A施設職員にも大変喜ばれた。「自分たちがトムトムに癒やしてもらったようだった」と言う。「トムトムの凄さ、セッションの内容で犬の動きが変わること、グッド・タイミングでシッポを振ってくれたこと、トムトム、ナイス」と感嘆の声を共有した。

一方で、ドッグ・プログラムの成立に忘れてはならないのはA施設職員らの献身性である。ドッグ・プログラム実施可能のために、主任管理者は各方面に周知徹底をし、あらゆる起こるべき反応を予測して、先手を打って対応した。犬の動線を意識した消毒や生活スケジュールとの調整等、大きな施設の枠組みの役割を担った。A施設指導員は、児童がプログラムに乗りやすい配慮をそこここにしていた。犬型の座席や座布団、犬型感情カードやネームカード、喪失を補う帰りがけの飴の用意、プログラム終了にあたっての犬形キーホルダー、児童らの手作りの卒業記念品等、受容的な愛情を児童らは受け取った。施設心理士は、通常の施設におけるセラピーやシステムとの繋がりを考慮して、部屋や使用用具の構造化の工夫、他の施設心理士らへのドッグ・プログラム内容の伝達、そのプログラムの内容を通常セラピーに活用、などの配慮をした。

施設職員の存在と協力なくして、ドッグ・プログラムの成立はない。A施設職員らは施設全体の理解を得るために、繋ぎ手として児童らの生活への橋渡しを担い、プログラム全体の安全な枠組みとなった。

た。

（3） 事例から学ぶこと

症例13のカエデについて考察する。カエデは眼の大きな物事をはっきりと主張する強さを持った児童であった。

父母の性的交流を目撃するという外傷体験があり、性的興奮がそこここに飛び出し、カエデの生活を阻害していた。犬（トムトム）はカエデには興味深い存在となり、セッション中も随時トムトムを観察し、関わっていた。グループ・プログラム初回では、トムトムを抱擁した際、目を見開き、力が適度に抜けて、沈黙となった。何が起きたのかを想像すると、ハイテンションで大笑いするなど、脳で性的に興奮して、身体がばらばらでいたカエデが、トムトムを抱きしめて適度な体温（38度）とさらさらした毛ざわりを感じ、統合した身体感覚を取り戻した瞬間であったと推察する。その後、呼吸が深くなり、活動が継続した。

個人プログラムにおいては、インテークや生育史の聴取で、父母の虐待内容をトムトムを横目で見ながら語り続けた。トムトムの存在がカエデをドッグ・プログラムに引き寄せ、一回のセッション中5、6回はトムトムの傍にいた。カエデのトムトムへの対応は、時に、「こら～トムトム目つぶすぞ～」とこぶしを振り上げ叩く真似をするなど実父の暴力の再演と考えられる暴言や「かわいい～トムトムちゅ～」とトムトムにキスをしようと口を差し出すなどの実母からの行為の表現など、様々な場面がフラッシュバックとして表出した。

トムトムはカエデにとって自分自身の投影であり、ときに母や父の投影であったと推察する。トムトムが介在しない心理療法においては、セラピストである訪問心理士に表わす表現をトムトムに表わしていた。トムトムがカエデに受容的な役割を担っていた場面で、訪問心理士は自律制限的な役割を担った。トムトムが存在することでカエデに多面的な役割が与えられる機会となった。回数が進むにつれて「めんどっち～」と言い、抑うつ感や倦怠感を表わすが、カエデはトムトムと会えると乗り越えた。ドッグ・プログラム内で描く絵は、当初は、顔や目がないもの、身体が切れているものなど断片的なものであったが、最終回では、犬と散歩している絵を完成させた。トムトムの存在が、カエデの過去から未来を繋げ、心細く体験した色を塗り替え、犬の存在を加えた過去の記憶として統合したと考えられた（海野 2013）。

補足であるが、カエデは終了後、訪問心理士に「あの時はめんどっち～と言っていたけど、本当はすごく楽しかったよ～。またトムトムを学園（A施設）に連れて来てね」と手紙を書いた。

一年後、フォローアップ・ドッグ・プログラムで訪問の際、カエデの表現は健康な言い回しになった。また、十年後の未来に好きなことを実行する絵を描く課題では、カエデ自身が教員となり、子どもに教授する絵を完成させた。「十年後に犬（トムトム）はいない、お星さまになってカエデを見守っている。ありがとうさよならトムトム」と歌い、全ドッグ・プログラムは終了した。

ドッグ・プログラムの経験は、カエデの生活の一側面でしかないが、集中的に構造化したプログラムが、カエデの内面の不信感や置き去り感を補完し、犬との愛着を作り、このプログラムを促した施設職員との愛着に繋がったと推察する。

最後に、今回のドッグ・プログラムは試行的に実施した。今後、犬の存在で被虐待児童の治療範囲や可能性がより広まることを期待したい。

謝辞　本研究にご協力いただいた情緒障害児短期治療施設の施設長、施設職員ならびに対象児童の皆様に感謝する。
注　本研究は、科学研究費補助金（JSPS KAKENHI Grant Number24653195「被虐待児童への愛着形成を目的とした動物介在療法に関する研究」）の助成で実施したものである。

第2節　動物介在療法における発展性と可能性

情緒障害児短期治療施設　指導課長　石垣儀郎

1．情緒障害児短期治療施設管理者の立場から

(1)　はじめに

被虐待児童への動物介在療法（以下、ドッグ・プログラム）を実施することは、人（大人）・他者に対して不信感を抱いている子どもに対して、動物（犬）との関わりという実践を通してコミュニケーションを体感することである。ドッグ・プログラムの具体的効果の検証は児童福祉分野において、これまで行なわれてこなかった。今回、情緒障害児短期治療施設において実施されたドッグ・プログラム実践の準備から実施の内容までを、施設管理者の視点から述べたい。

(2)　対象児童と倫理規定

ドッグ・プログラムの対象は、被虐待児童、発達障害の児童および重複児童である。施設入所児童35名のなかからとりわけ虐待体験と、そこから生じる症状の重篤な児童3名を選択した。倫理的問題は、施設内既存の倫理規定に準ずるとともに「ウイルス及び病原菌などを外部から持ち込まない」とする感染予防対策規定があった。

「犬」がこの「外部から持ち込まれることに当たる」として、対応の検討に追われた。その他、ドッグ・プログラムを実施するにあたっての課題は、次のとおりである。

①施設内スケジュール（児童の日課）の管理。
②内部職員との連携・調整。
③安全性、感染予防対策の見直しと倫理規定の順守。
④対象児童の選択と理由および本人・保護者または監護者・児童相談所の承諾。
⑤学校との連携。

（3）情緒障害児短期治療施設とは

情緒障害児短期治療施設とは、児童福祉法第43条の5に「軽度の情緒障害を有する児童を、短期間、入所させ、又は保護者の下から通わせて、その情緒障害を治し、あわせて退所した者について相談その他の援助を行うことを目的とする」と規定された施設である。児童福祉施設の中で、この施設は、治療施設として位置づけられている。

（4）施設内スケジュールの管理

子どもの日課や学習に影響が生じないように、ドッグ・プログラムの実施時間に配慮を加えた。学校からの下校後、宿題などの学習を終えたのち、子どもの余暇時間を利用することで、子どもの生活容態に変化をきたすことなくドッグ・プログラムを行なうことができた。生活時間、容態の変化は施設入所児童全体に影響を及ぼすため、実施時間はとりわけ慎重に検討した。発達障害児には特に職員間の連携を行ない、遊びやおやつ、夕食の時間など、突然変化が起こらないように注意した。

(5) 内部職員との連携

ドッグ・プログラム導入に当たり、施設職員には事前学習会を行ない、ドッグ・プログラムに対するイメージや不安、または期待などを話し合い、児童に対して良い関わりになるための取り組みであると、協力を要請した。また、プログラムは施設職員全体で行なうものであって、生活および心理・看護職員の協力のもとで実施可能であることを強調した。なかには、子どもを実験台にすることになるのではないか、犬が人間の言葉を話すのか、どのように犬がセラピーを行なうのかといった率直な疑問も挙げられた。ドッグ・プログラム実施の中心となる職員は一つひとつこれらの疑問に応え、実施後の様子も毎回記録として残し、情報の共有に努めることに言及し、前向きな協力の同意を得た。

(6) 安全性

感染予防対策委員会における倫理規定において、施設内に犬が入るということは衛生上の問題、ノミ・ダニ・抜け毛の対策、外から歩いてきた足の消毒が必要ではないのかなど、活発な意見が飛び交った。しかしこれらの課題は、「犬」がセラピー犬として適性資格を有する事実により、倫理規定の見直しも行なうことなく実施可能と判断された。

(7) 対象児童の選択と理由および関係者の承諾

既に述べたように、重篤な虐待体験と発達障害を呈する児童3名を選択した。児童本人には、ドッグ・プログラムの内容の説明と、プログラム専用の同意書を作成（海野心理士担当）保護者ならびに児童相談所などの関係機関には口頭説明を行ない、必要があれば文書による取り交わしを行なう旨を伝えた。幸いにも、文書による取り交わしにまで及ぶことはなく快諾を得ることができた。ただし、今後は、文書による同意書などを取り交わす必要性があるだろう。

（8）学校との連携

ドッグ・プログラムに関する学校、教育者の関心は、以下の四つである。

①授業の妨げにならない時間に実施する。
②学習に遅れを来さない配慮をする。
③宿題や課題は必ず行なう。
④学校行事は最優先で行なう。

いずれも時間的配慮と教員との連携を保持することで可能な課題であったため、実施後の子どもの様子を見ながら、学校行事のない日程を選んでドッグ・プログラムを実施した。

（9）考　察

ドッグ・プログラムの円滑な実施と職員間に温度差を生じさせないことは無論であるが、プログラムと生活領域（エリア）との連続性をいかに持たせるかが、施設管理者としてのもう一つの課題であった。限られた空間内で行なわれるドッグ・プログラムが、生活領域に子どもが移動した時に、限られた空間内だけで行なわれたという事実・出来事として済んでしまい、文脈性を持たず、相互の関係性へと発展しないのではないかという危惧である。

この課題はドッグ・プログラムが構造的に行なわれたため、回避することができた。プログラムの構造性を生活構造の中に変容して取り入れることにより、子どもの育ちに必要なスキルの獲得を促したのである。生活構造の中の変容性とは、プログラム内容を振り返り、子ども自身に必要な課題に生活・療育内で取り組むことである。このプログラムが、名前ばかりのプログラムであったならば、おそらく単一の「楽しみ・娯楽」としての要素、色合いが濃くなり、ここまでの検証結果は得られなかったのかもしれない。いずれにおいても動物、「犬」が人との関係の中に介在することにより、大人（セラピスト・同席者）と子どもとの相関関係が形成され、感情表出がしやすくなり、修復関係へと移行して、愛着関係の想起と構築を生み出したことは確かであろう。

(10) おわりに

動物介在療法として行なったドッグ・プログラムは、児童福祉領域において治療的位置づけを福祉現場の実践において行なった試みである。この試みは、子どもの育ちの中に、過去の個人史と現在の延長線上に、過去の出来事が愛着関係の想起として思い出せるような発展性を見せた。ドッグ・プログラムは、育ちや体験に困難を抱える子どもたち、そして悩める療育者・治療者たちの絡まった糸の結び目をほどく要《かなめ》になる可能性を秘めていると思われる。療育的視点、心理的視点、など様々な視点や立場から取り組みやすい方法を模索し、子どもにとってより良い動物との介在を通して、相互の関係を築き、社会関係へと発展することを願うばかりである。

2. 施設におけるアニマルセラピー——施設指導員の立場から

主任児童指導員　横井　直子

(1) はじめに

ドッグ・プログラムの実施を受け入れた施設指導員の立場から、生活担当者が担った役割と生活担当者が介入場面に同席する利点を報告する。ドッグ・プログラム実施にあたっては心理治療を行なうことが療育を混乱させないか心配された。しかし、それぞれの専門職の役割を意識して行なうことで、犬は施設での生活と心理を繋ぎ、間を埋める存在となり、児童の愛着形成の促進をもたらした。対象群の児童にどのような変化をもたらしたか、生活職員が介入する意義を伝えるとともに、実施する際に行なった準備や留意点などを、実施前・実施中・終了前後に分けて紹介し、プログラムの実施を検討している人達の参考になり、発展性を持った虐待児童への対応の広がりに繋がればと考える。

(2) 準備段階

被虐待児童は新しい場面に対しての不安や抵抗感が強いため、子どもが警戒しないような、温かみや親しみを感じられるような色や形の備品を選んだ。また、ドッグ・プログラム参加への動機づけとなるように、本人の名札と座席用の名札を、犬の形の手作りで用意した(図7-2-1)。実施時には毎回着脱し、生活とは別の場面であることを意識させる役割としても使用した。

直接的なぬくもり(犬、人)に対する不安が減少するまでの安心材料として、間接的にぬくもりを感じやすい

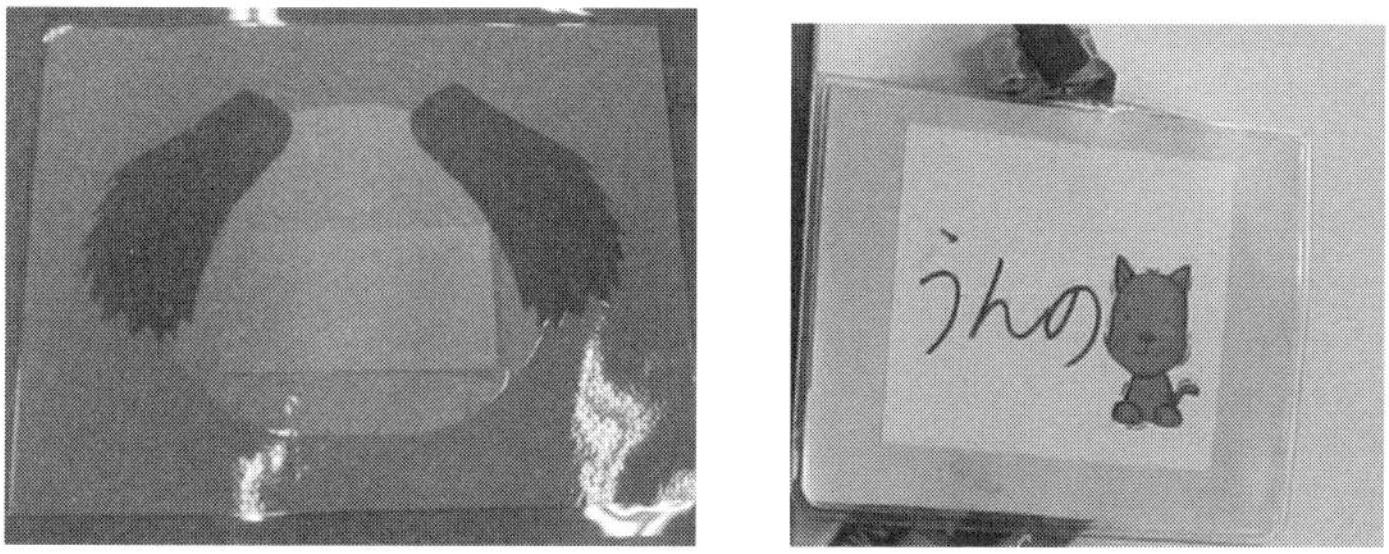

図 7-2-1　座席用（左）と本人用の名札（右）

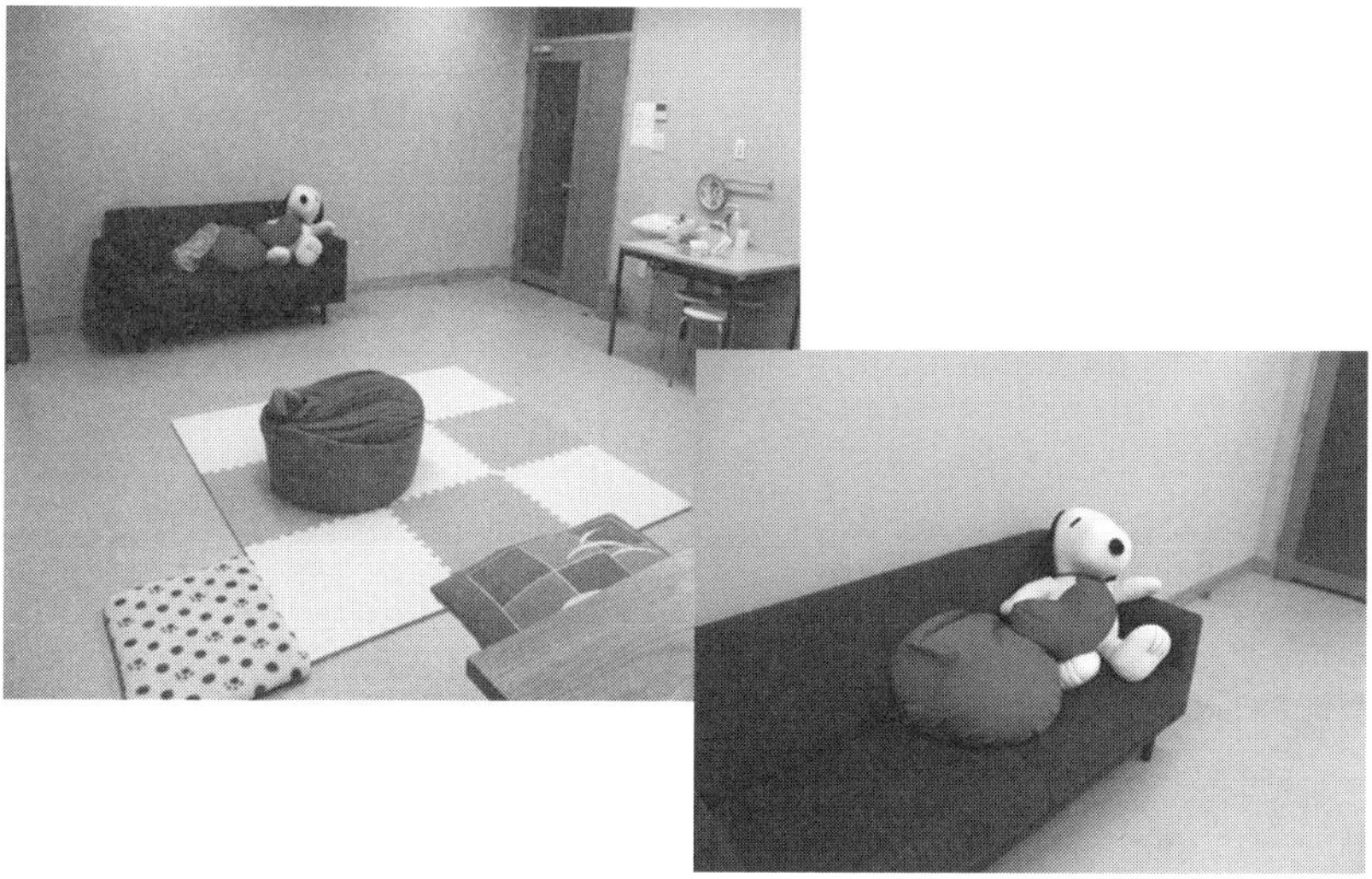

図 7-2-2　安心材料

図7-2-3　セラピールーム

ビーズ・クッションを置いた。あわせて、実施する大学教員が犬形のぬいぐるみを用意した（図7-2-2）。クッションの大きさも、児童の体が埋もれる程度の大型のもの、座ったり叩いたりするのに適した中型のもの、抱きかかえられる小型のもの、の三つを用意した。

通常の施設内でのセラピーと混同しないように、備品や場所を区別した。備品はドッグ・セラピー専用とし、生活場面には持ち込まないようにした。場所については、セラピー・ルームなどがある治療棟区域の一番奥にある、グループワーク用の部屋を使用した。この場所は、通常のセラピーでは使用しない場所であり、居室のある生活棟区域とも離れており、ここに決定した。

安全対策として、怪我の予防と体感温度としての温かみを保つためにウレタンマットを敷いた。色についても前述のとおり、温かみのあるオレンジ色とクリーム色を選択した（図7-2-3）。

児童・犬両方へのアレルギー感染などの予防のために、備品や床をアルコール消毒することをセッション前に毎回実施した。

【用意した備品】（図7-2-4）
・ウレタンマット
・クッション三つ（大・中・小）

・名札（子ども用3人、海野心理士、施設職員3人）、名札フォルダ七つ
・座席に貼る子どもの名札（犬形）
・飴と容器
・アルコール消毒液

[文具]

・漂白の少ないA4紙、わら半紙
・2B～4Bの鉛筆　・消しゴム
・ボールペン　・ホワイトボード
・鉛筆削り　・ペン置きトレイ
・はさみ　・セロハンテープ
・両面テープ　・クリップボード

[海野心理士が用意したもの]

・色鉛筆　・クレヨン　・折り紙
・大きい犬のぬいぐるみ（スヌーピー）
・表情カード

図7-2-4　備品など

補足：ドッグ・プログラムのセッション終了時に、飴を口に入れてから退室するように設定した。飴は大き目のざらっとした食感のある飴を選んだ。理由としては、愛着欲求が満たされなかった思いをセッション中に話すことになるので、舐《な》める行為で喪失感を緩和しようという狙いがある。舐《な》めた時の感覚が、切り離した体の感覚

を戻す助けとなるよう、感覚統合を促進する可能性と現実に戻す目的も兼ねている。

（3）ドッグ・プログラム期間

一番気をつけたことは、ドッグ・プログラム中に指導的な発言をせずに、あくまでも見守る姿勢でいることである。介入する職員が生活場面と同じ態度では、安全な枠として機能しなくなる。しかし、その場面を共有しているか否かで、その後の声掛けの効果は変わっていた。生活場面で児童に落ち着かない様子が見られた際、プログラム中に児童が実施した、混乱した際の対処方法（ボディーワーク）を、生活の場面でも促すようにした。介入職員が声をかけることで、プログラムが切り離された場面のものでなく、継続性を持っていることを意識させることができる。共有している感覚、プログラム後にも職員がいて、繋がっていくものだと認識してもらうための繋ぎ役としての役割を果たしていたのである。対象群の児童は、ボディーワークを生活の中で繰り返し行なうことで、児童自身がどのような状態の時に行なえばよいかを習得できるようになっていった。

次に、ドッグ・プログラム前後の様子、違い、変化などを記録し、大学教員と共有する。プログラムに取り組む以前の様子はもちろん共有する必要があるが、入室前後の様子やプログラム期間内の生活の様子の変化を観察し、記録に残した。介入職員以外に見せる児童の様子も大切な要素として、その視点の中に取り込んだ。ドッグ・プログラム中の様子は、プログラム直後にコンサルテーションを受け、起こり得る状態、対応について知り、他の職員への伝達をしていくことに繋げた。そうすることで、児童を受け止め、安全な生活の場を用意することが可能となる。

次に、他の職員と情報を共有することを意識した。ドッグ・プログラムの概要、予定を記載した掲示物を作成し、日程や流れが見られるようにしておく。申し送り（日報、入所児童全員の記録を記載する様式）にセッション中の主立った様子やコンサルテーション時に教えてもらった起こり得る状態について記載して、各職員へ伝達する。対象児童の担当には、個別に口頭でも様子を伝えた。介入職員だけでなく、児童の生活を見ている職員全員が、同じようにその児童に接することができるように温度差をなくすことは不可欠である。ドッグ・プログラムでは生育歴を振り返っているので、児童が一時的に荒れたような様子を呈する時期がくる。その際に、児童が職員から怒られ、児童の立場が悪くなることは不利益にしかならない。それらを防ぐためと、職員の身構えや準備をすることで、職員自身の安心にも繋がる。

実際にプログラムに立ち会って、筆者自身が目にしたことや感じたことを紹介したい。

まず一番驚いたのは、セラピー犬が子どもの様子によって居る位置を変えたことである。たとえば、児童が家族の話をしてそわそわするような場面では、児童の斜め後ろのすぐ近くにいる。絵を描いたり話に集中したりしている場面では、距離を取ってじっとしている。動物、特に犬は、人間と共に生きてきた生き物で、人の感情の変化などを感覚的に察するといわれている。偶然にしてもそういった動きを犬がしたことで、言語的でなくとも、感覚的に寄り添われていることが児童に伝わったのではないかと思われた。

児童自身が虐待者を再現したり、犬を自分と重ね合わせて、自身がされたことを再現したりする。ときに、暴言を吐かれ、蹴られ、人形のように勝手に扱われる。それでも犬がやり返さないことは、児童の大きな安心・安全に繋がった。

子どもの様子に見られた大きな変化は、フラッシュバックしてもボディーワークを実施することで対処できるようになったこと、である。また、過去の出来事を「過去」として切り離して話すようになったこと、ドッグ・プログラム以外でも、施設内で飼育している犬と触れ合ってクールダウンするようになったこと、プログラム介入職員に対してだけ、訴えかけるように泣き叫んで感情表出をするようになったこと、が挙げられる。どの児童

表 7-2-1　ドッグ・プログラム実施前と実施後の個人の変化

	実施前	実施後
児童 1	▷不眠 ▷落ち着きがない ▷忘れ物が多い ▷持ち物に自他の区別がつかない ▷天邪鬼　▷他罰的　▷反発しやすい	▷服薬開始　▷中途覚醒が減る　▷悪夢あり ▷注意力散漫になることはあるが、全体的に落ち着いている ▷トラブルにならない程度に貸し借りする ▷施設犬の世話をする ▷素直に甘える　▷気遣いをする　▷SOS を出す ▷距離が取れる　▷受け入れて謝罪する
児童 2	▷日課に沿って行動 ▷大きな声で騒々しい ▷周囲に対しての発信が少ない ▷怒ると顔を赤くして固まる	▷寝付きが悪い　▷ぬいぐるみで自分を囲って寝る ▷特定のぬいぐるみを大事にする ▷穏やかに甘えた話し方をする ▷全体の雰囲気が軽くなる ▷顔にかぶれ様の湿疹ができる ▷暴れたり感情表出が増えたりするが、言語はまだ少ない
児童 3	▷寝付きが悪い ▷夜尿あり ▷些細な刺激で行動が移り変わる（転動） ▷気持ちの切り替えが難しい ▷爪噛み ▷誰にでもべたべたと抱きつく ▷言い訳が多い ▷性的刺激に過剰に反応 ▷褒めてもらいたがる	▷服薬開始　▷中途覚醒が減る ▷夜尿はほとんどなくなる ▷自分の様子を客観的にとらえる ▷ボディーワークをするようになる ▷爪噛みがなくなる ▷特定の人にストレートに甘えることが多くなる ▷非を認めて謝罪　▷マイナス思考 ▷自分から距離を取る ▷人に何かしてあげようとする ▷将来の夢を話す ▷寂しいと言語化

も、共通して言語的なやりとりで素直に甘えられるようになったので、愛着形成ができつつあることを実感として感じられた。

さらに詳しく個人別の変化を、実施前・実施後で比較したのが表である（表7-2-1）。

それぞれの抱えている問題の大きさ（養育された期間や愛着提供者がいたか、いないか等）により変化の大小に差異はあるものの、今まで表出されていなかった感情や適切な（周囲が理解しやすい）表現に変わってきたと思われる。

(4)　ドッグ・プログラム終了前後

終了前に留意したことは、プログラム終了に対していかに児童の喪失感を軽減するかである。
準備は次の2点である。
①卒業証書（修了書）（※海野心理士が用意したもの）
②犬の形のキーホルダー
犬形のキーホルダーについては、喪失感を少しでも軽減するように、愛着関係ができたことを思い出せるように、終了までやり抜いた証拠としての意味合いを持たせ、形に残しておけるものをと考えて、作成した。また、適度な温かみを感じる素材としてフェルト地を選んだ（図7-2-5）。

図 7-2-5　犬形のキーホルダー

（5）考　察

このプログラムの有効性を感じたのは、犬を通して生の温もりを感じる体験、攻撃されない体験ができたことである。被虐待児童は期待と喪失を繰り返して生きてきた。痛みではなく柔らかくて温かい接触や餌をあげたら食べてくれる、首のリードを持ったら一緒に横を歩いてくれる、などプラスの期待に応えてもらえる体験をして、愛着を形成していくエネルギーを蓄えることができた。そして、しっかりとした枠と攻撃を加えない犬が、安全な温もり体験として積み重なり、体感できることで、安全基地が心のなかにできたと思われた。

また、見守られることで、辛い経験を思い出したり話したりしても現実に蘇ることはないという体験を重ねることができた。フラッシュバックや解離がある状態は「過去を生きている」状態である。つまり現在と過去が混乱している状態といえよう。話をしても身に危険がなく安全だった経験を繰り返し、過去を過去として切り離して、現在の安全を実感することができたようである。

施設職員が介入していることで、ボディーワークなどを実施しやすくなり、ドッグ・プログラムが断片的なものにならない、施設職員が立ち会い見守っていることで、終了後も継続性や関係性が保たれて、喪失感を軽減できた。通常セラピーにも療育にも、どちらにもうまく重なりながら、心理と生活を繋ぐ、間《ま》を埋めるものとなっていた。

(6) まとめ

ドッグ・プログラムが終了した現在、対象群の児童は、プログラムで築いた体験を正しいモデルとして、新しい関係への拡がりをもって、次のステップに移りつつある。親とは別の自分を受け入れ、過去は過去として、現在の課題に向き合って生活し、将来の夢も描けるようになった。

大切にされた経験は、目の前に対象が居なくなっても残っていき、それを思い描くことができる。それが、愛着形成ができているといえる状態ではないかと考える。今回プログラムに参加して、関係性を形成しづらい被虐待児童に対するアプローチとして非常に有効性を感じるとともに、他職種である心理士にコンサルテーションされ、その様子を目の当たりにできたことは、職員自身の研鑽にも繋がったと思われる。より複雑化かつ重症化している被虐待児童に対して施設職員も日々格闘しているなかで、児童に利益となるようなやり方を模索している。視点を増やし、様々な力を集めて、より多くの苦しむ子どもを支えられるように、その方法のひとつとしてドッグ・プログラムが活用され、発展してゆくことを願っている。

3．施設心理士の立場からのドッグ・プログラム

情緒障害児短期治療施設　臨床心理士　山本秋子

（1）はじめに

当施設の心理士は、主に心理療法と入所児童の生活援助を行なう。心理療法では心理士と入所児童が一定の時間を過ごし、日常生活の出来事や過去の体験の整理、それに伴う感情などを取り扱う。生活場面では、起床時の声かけや食事、登校の促し、当施設内の掃除や洗濯、下校後の宿題のつきそい、入浴介助や消灯準備などを行なう。

このような中でドッグ・プログラムを実施することになり、当施設の心理士として参加した。一年間、プログラムと当施設内セラピー（以下、日常セラピー）とは並行して実施された。施設心理士の立場からこれについて報告し、考察したい。

（2）ドッグ・プログラムへの期待と不安

実は、ドッグ・プログラムへは期待と不安があった。普段は会うことのない心理士と犬がいるプログラムは、児童に、より特別な時間、対人関係として体験されると思われた。心理士が異なることで、児童のこれまでとは違う側面が表出されることを期待した。また筆者は、当施設で飼っている犬の傍で、ある児童が穏やかに過ごす場面を何度か目撃したことがあった。そのため、犬の存在と児童との関係について知ることができれば、と期待した。児童は普段の生活ではスキンシップが少ないので、犬の体温や毛の柔らかさなど、皮膚からの感覚を得る

表 7-2-2　ドッグ・プログラムと日常セラピーにおける構造の違い

	ドッグ・プログラム	日常セラピー
時　間	下校後 45 分間 隔週～月 1 回	下校後 45 分間 週 1 回～隔週
場　所	心理棟内特設セラピールーム （広め、ドッグ・プログラム専用の備品）	心理棟内プレイルーム
参加者	児童、来園心理士、犬、職員（施設心理士）	児童、施設心理士
内　容	ドッグ・プログラム、ワーク、犬とのふれあい	プレイセラピーなど
開始時	職員が迎えに行く　名札を付けて入室	施設心理士が迎えに行く
終了時	飴をもらう、職員と当施設へ	施設心理士と当施設へ

機会になれば良いとも考えた。

その一方で、ドッグ・プログラムの内容によって、児童が過去の出来事や感情に圧倒されて混乱するのではないかという不安があった。また、日常セラピーとの関係を考えたときに、児童は施設内で二人の心理士と違う内容のセッションを行なうことになり、児童の負荷が大きくなると予想された。日常セラピー（プレイセラピー）で表出していた物語など、流れが大きく変わる可能性も予想された。さらにプログラムと日常セラピーとを区別するのか、それとも連続性のあるものとしてとらえるのが良いのか判断できなかった。施設心理士がプログラムの場面に同席することにより、生活場面や日常セラピーで児童が話していない内容を共有することが、児童にとって侵入的に感じられるのではないかとも考えていた。

（3）　ドッグ・プログラムと日常セラピーにおける構造の違い

ドッグ・プログラムと日常セラピーにおける構造の違いを表に示した（表7-2-2）。

ドッグ・プログラムは隔週から月一回の割合で、下校後に一人につき45分間であった。場所は日常セラピーでは使用しない特設セラピールームで、備品もドッグ・プログラム専用とした。日常セラピーでは施設心理士と児童とでセッションを行なうのに対し、プログラムでは来園心理士と児童、犬、施設職員（施設心理士含む）が同席。開始時と終了時は職員が児童を送迎し、開始時には専用の名札を付け、帰りに飴をもらってホームに戻るかたちであった。プログラムに並行して、日常セラピーを週一回から隔週で実施した。内容は主にプレイセラピーである。

（4） ドッグ・プログラムにおける児童の様子

初回はグループ・セッションであった。児童1は犬に対しておびえた表情を見せたが、時間がたつと指先で触るなど距離を縮めていった。児童2は、犬を抱く場面でペアの職員を先に実践させた後、自らも抱いた。児童3は入室すると声が大きくなり、落ち着かない様子が見られたが、犬を抱くとそのままじっとして静まった。同時に周囲にいた全員も静かになり、それを見つめるという状況が生じた。初めてのセッションでは概ね着席し、犬を拒否したり攻撃したりせず、全員が犬に触れた。

個人セッションでは、ドッグ・プログラムに沿って児童の「赤ちゃん時代」から「現学年」までを振り返った。児童の犬に対する言動をはじめ、本人の様子、過去の出来事と感情を取り上げ、児童と深めたり処理を行なうなどした。退室前に犬を撫でる・抱く・餌《えさ》やりなどを行なった。入室時やセッション中でも触ることはできたが、児童は来園心理士との振り返りやワークに、比較的積極的に取り組んでいた。

児童と犬とのやり取りで観察されたのは、家族や外傷的な体験を話す最中に犬の方を振り向く、足もとに座った犬に気づくという児童の姿だった。犬も基本的に大人しく、逃げたり吠えたりすることなく児童の傍らにいたり、距離をとって過ごしたりしていた。自分の声の大きさが「犬を驚かせているかもしれない」と発言する児童もいた。犬の背中を撫でて「さらさら」「ふわふわ」とつぶやいたり、犬のにおいやイボに気づいて、来園心理士に伝えたりしていた。抱き上げられる犬を見て「かわいそう」と言ったり、犬に向かって暴言と優しい言葉を交互に繰り返したりする場面もあった。犬が児童の躁的な状態を映すかのように活発になったことはあったが、その反応に児童の方がはっとして我に返る場面もあった。

ドッグ・プログラムが進む中で、児童1はセッションの内容によってはぼーっとした表情になることがあったが、犬を撫でて、犬に声が届くようにしてから餌をやるようになっていった。児童2は犬の背中や指の間など気になる所を触って反応を試すようになり、児童3は「トムトム（犬の名前）優しいよね」と発言するようになった。また児童は犬の状態を説明できる来園心理士の話もよく聞いて覚えていた。

児童の抵抗や試し行動と取れる場面はあったが、結局は自らセラピールームに向かった。児童がプログラムを強く拒否したり、プログラム自体の中断を必要としたりする状況は生じなかった。プログラムは児童と職員との間でしばしば「トムトム」や「ドッグ」という言葉に置き換えられるようになった。

（5） 施設心理士として心がけたこと

A．ドッグ・プログラムに同席する職員として

プログラムへの同席では、生活場面に入るときの服装（ジーンズにTシャツ、フード付き上着など）で行ない、視覚的にも日常セラピーとの区別を図った。セッション中は児童の後方で静観・見守るかたちで同席し、「児童寄りにいる」ということを児童が感じられるように心がけた。来園心理士と児童のやり取りを見守りつつ、児童が何らかの抵抗を示した時に施設心理士から積極的に励ましたり質問を付け加えたりすることは控えた。児童が家族の話をした後に施設心理士の傍らに移動した時には、受け入れる態度を示した。

B．日常セラピーの心理士として

日常セラピーではプレイセラピーを行ない、プログラム実施中も児童が表出するものを中心にセッションを行

なうスタイルを継続した。そのため、施設心理士が担当児童のドッグ・プログラムの内容を知っていても、敢えて積極的に取り上げることはしなかった。児童自らがドッグ・プログラムについて、またそれに関連する表現を行なっていると心理士が感じられた場合のみ取り扱った。プログラムの全行程が終了した後、児童の意思を確認したうえで、喪失感の軽減や犬との繋がりを感じられるようにと、プログラム中部屋に置いてあったスヌーピーのぬいぐるみを日常セラピーのプレイルームにも置くことにした。

(6) ドッグ・プログラムと並行した日常セラピーにおける児童

A. 対象児童3名の変化

ドッグ・プログラム実施の前後で、対象児童3名に変化したと思われる点があった。一つ目はセッションの時間を守るようになった、二つ目は家族やケアに関する表現が増えた印象があった、という点である。

一つ目のセッションの時間を守るようになったことについては、児童は毎プログラムの終了時間を守っていた。実施前の日常セラピーでは、全員が退室渋りをしていたが、しばらくすると日常セラピーでも退室渋りが見られなくなった。さらに児童は家族やケアに関する表現、すなわち家族の話をしながら人形や家を用いて物語をつくる姿が増え、ぬいぐるみの世話や治療を懸命に行なっていた。

ほかにも、児童3はドッグ・プログラム終了後の日常セラピーで、「トムトムに会えなくて寂しい」と感情の素直な言語化がみられるようになった。施設心理士とメモ紙を重ねて共有のノートを作り、毎セッションで使っている。児童を担当する施設心理士は、ノートの中においても情緒的な関係を持とうとする姿勢が見え、児童から連続性やまとまりを感じるようになったと述べている。児童1は自ら「セラピーしよう」と言って、以前よりも日常セラピーに意欲を見せるようになった。

B. 日常セラピーにおける児童の様子

児童1は家族との死別後、実親からの身体的虐待を受けて保護され、入所に至った。筆者が日常セラピーを担当しており、ドッグ・プログラムのセッションに同席したこともあった。プログラム実施前は、遊びの中で圧倒的に強い立場をもって安定を図る様子がうかがわれた。プログラム開始後、児童は生活場面で施設心理士に会うと、「セラピーしよう」と言うことが増えた。そう言った後のセッションは、感情の表出や心理士との情緒的な交流が増す傾向にあるように感じられた。プログラムで触れた内容に通じるものがあると感じたことも多かった。児童の発言から家族の死に対する感情、好きな人に天邪鬼な態度を取ってしまったこと、泣いてもいいこと、等を認める内容となっていった。

(7) 考　察

一年を通して、ドッグ・プログラム、日常セラピー、児童の生活場面を観察した。その中で、犬と児童との間に肯定的な関係があることがうかがえた。また、ドッグ・プログラムと日常セラピーとの間にも肯定的な関連があるのではないかと考えた。

犬と児童との関係においては、児童は犬が来ると遊びをやめてセッションに向かい、生活の中で犬を思い出して、「トムトムってやさしいよね」「今日はトムトムの日?」と表情良く話す様子があった。犬に好意的な感情、印象を持っていることがうかがえた。これは、児童が自分の自己感（存在感）を得ることができたためではないかと考える。自己感とは『〈自分が生き生きとそこに存在している〉という無意識的な感覚』（青木　2011）である。犬が児童の足元に来る・児童が近寄っても逃げたり威嚇したりしない・児童が確認したいときに〈そこにいる〉・声かけに反応して児童の手から餌を食べる。このような何気ないやり取りの中で、犬が自分を生き生きとさせてくれる存在となり、良好な関係を感じていたと考えられる。

また児童は、毎回のドッグ・プログラムでは退室時間を守っていた。次まで間隔が開いても、「約束通りにまた犬が来る」「次を待てばいい」という発想を持つことができたと思われる。愛着形成において「愛着者のイメージが子どもの中に保存される」（杉山 2007）ことは重要であり、プログラムにおいては犬が児童から愛着を向けられる対象となった可能性を考える。イメージの中で犬を思い出すことができているからである。相手が見えなくても安心する・信頼するといった体験が継続・安定してできたと考える。それまではあまり関心を寄せなかった当施設の犬に対しても、散歩をし、餌をやり、小屋の掃除などを自らが行なっていた。犬に関わり続けることで、犬や来園心理士との肯定的なやり取りを児童たちが思い出しては実感し、保っているようにも感じられた。当施設の犬の傍らで静かに過ごすようになった児童もいて、犬の傍らにいること自体に安心や落ち着きを得ている様子がうかがえた。

更に児童は、犬の暖かさや柔らかさ、においなどに敏感に気づいており、児童の感覚が刺激を受けている様子が見られた。普段は慎重に行動することが苦手な児童も、犬にはそっと触れたり、声の調子や力を加減して背中を撫でたりするなどの様子が見られた。犬はじっとしてされるままだったが、児童は毎セッション、犬に触っていた。触れることへの安全が確認でき、安心感や気持ちよさを、感覚のレベルでも感じることができたのではないかと考える。

ドッグ・プログラム開始後、児童が周囲の意見を聞き入れたり、相手のことを考えた言動が以前より見られるようになった。プログラム中、犬に聞こえるように声をかけないと反応がない、大きな音は犬を驚かせるなど、「自分とは違う」「思い通りに動くものではない・コントロールできない」対象としての体験もしたと思われる。児童にとっては犬が「他者」となり、自他を知るきっかけになった可能性もあったと考える。

ドッグ・プログラムの中で、児童が家族とのやり取りを犬との間に再現していると見える場面があった。その様子から、児童の対人関係のあり方などが想像された。訪問心理士（海野）は児童や犬の様子、児童と犬との関係性をとらえて介入していた。そこで、児童の心にあることが扱われ、治療的なやり取りが積み重ねられた。犬について説明すると同時に、児童や犬の状態を知ることができるように働きかけていた。犬が、児童と児童自身の過去や状態を繋げ、また児童と来園心理士との関係を繋ぐ助けを担っていると考えられた。

次にドッグ・プログラムと日常セラピーとの間にも肯定的な関連があると考えられた。プログラムの実施中、日常セラピーと共通したテーマを取り扱うなど、セッション内容が並行していると感じられることがあった。ドッグ・プログラムで児童が来園心理士と扱った家族関係や外傷的な体験とそれに伴う感情を、日常セラピーに持ち込んで発散するかのように、あるいは噛み砕くように、おさらいする姿がうかがわれた。児童と当施設心理士とで積極的に取り扱った印象がある。当初、当施設心理士として、児童が生活や日常セラピーで表出しないことを、ドッグ・プログラムに同席することによって共有できてしまうことが良いのかどうか迷ったが、同席することで、むしろ共通に取り組む形になった。ドッグ・プログラムが日常セラピーの焦点化と促進となり得るのではないかと考える。

児童が過去に体験した内容によっては、あらゆる防衛機制によって、感情や体験、体の感覚までもが切り離されている場合がある。そのために日常生活の様々な場面に不具合が出てくる。児童がそれらと向き合うことは容易ではないことが多い。それでも児童自らがドッグ・プログラムの中で起こったことや心に生じたことを日常セラピーの中で扱える、またそのエネルギーを得ているという点でドッグ・プログラムと日常セラピーとの間に肯定的な関係があると考えられた。

（8）まとめ

ドッグ・プログラムと日常セラピーの様子から、犬が児童にとって自己感（注　D・スターンによる発達心理学による概念。乳児の主観的世界の発達に関する考え方）を得られるような、良いイメージを想起できる対象であったと考える。また、愛着形成において児童が接触をはじめとする感覚的な安心感を得ることは重要である。今回は犬を介して健全で安心できる感覚を得ることができたと予想する。そして自己感や安心感を土台の一部とし、児童の体験やそれに伴う感情に来園心理士と取り組むことができたと考える。さらにドッグ・プログラムで焦点化された内容を日常セラピーに持ち込み、児童自ら取り扱っていった。犬の存在が児童をドッグ・プログラムに向かわせ、来園心理士との関係において媒体となり、対人関係や回復の経過を豊かにし、愛着形成に寄与すると考えられた。

［文献］

第1節

・青木滋昌（2011）『精神分析治療で本当に大切なこと――ポスト・フロイト派の臨床実践から』誠信書房
・Fine, A. H.（2010）*Handbook on Animal-Assisted Therapy, Third Edition: Theoretical Foundations and Guidelines for Practice*, Academic Press
・Delta Society（2007）Delta Society website. http://www.deltasociety.org Dreamcatcher association website. http://www.dreamcatcherassociation.com
・Herman, J. H.（1992）*Trauma and recovery*, Basic Books, New York.〔中井久夫訳（1996）『心的外傷と回復』みすず書房、241-271〕
・James, B.（1994）*Handbook for Treatment of Attachment-Trauma Problems in Children*〔三輪田明美・高島克子訳（2003）『心的外傷を受けた子どもの治療――愛着を巡って』誠信書房〕
・村松健司（2013）「児童養護施設における心理面接の状況と課題」『子どもの虐待とネグレクト』15：328-335

・Putnam, F. W.（1997）*Dissociation in Children and Adolescents*.〔中井久夫訳（2001）『解離、若年期における病理と治療』みすず書房、付録Ⅱおよび付録Ⅲ〕
・杉山登志郎（2007）『子ども虐待という第四の発達障害』学習研究社、134-152
・Thaler, K., Kaminski, A., Capman, A., et al.（2009）Bach Flower Remedies for psychological problem and pain：a systematic review, *BMC Complementary and Alternative Medicine*, 9-16
・海野千畝子（2007）「子育てとこころ　養育と愛着 愛着と養育のライフサイクル　被虐待児の愛着を修復するこころのケアの役割」『こころの科学』日本評論社、134：61-66
・海野千畝子（2012）「トラウマへのかかわり」『チャイルドヘルス』診断と治療社、15(11)：35-38
・海野千畝子（2013）「被虐待児への動物介在療法（ドッグプログラム）」ヒトと動物の関係学会誌講演録、36, 75-86
・海野千畝子、小山内文、杉山登志郎（2011）「心療科病棟における文化の創造に関する研究　その2、性的虐待対応看護師チーム（SAR）による性的安全プログラム」『小児の精神と神経』日本小児精神神経学会誌、51(1)：九 51-58
・海野千畝子、杉山登志郎（2007）「性的虐待の治療に関する研究　その2：児童養護施設の施設性的虐待への対応」『小児の精神と神経』47(4)：273-279
・山口修喜（2013）「男性サバイバーとのドッグセラピー」ヒトと動物の関係学会誌講演録、36

あとがき

二十数年前、筆者は学校現場で養護教諭として勤務している際に、虐待を受けた子どもに出会った。保健室に来訪する子ども達の様相は、非行という表われを見せる児童生徒もいれば、不登校や自傷行動などの情緒障害の表現をするという児童生徒もいた。児童生徒から深く話を聞く機会もあったが、なかには家庭で様々な虐待的養育に繋がる環境に身を置くものも存在していた。日々変化する子どもの態度（今振り返れば解離症状）にどう対応してもカチッと来て心が通じる気がせずに振り回され続けた。一人の子どもにできる一教諭としての限界を知り、半分燃え尽きた形で学校現場を去り、臨床心理の世界に希望をゆだねようと決意した。

1996年大学院在学中の夏から4年間、職業的な無力感によって受けた心の傷を何とか繕おうと、カナダ、ブリティッシュ・コロンビア州のバンクーバーにて、子どもの性的虐待治療研修に参加した。虐待対応先進国として知られるカナダの治療システムは、整備されていて、研修を受ける者を豊富な情報と温かい雰囲気で包んでくれ、それまでの自分の傷が癒やされる機会を得た。

一方、静岡大学大学院在学中に、教授で児童精神科医師の杉山登志郎先生（現浜松医科大学特任教授）と出会い、精神科医と臨床心理士が集う哲学ゼミに参加するなかで、カナダの治療施設を紹介する機会に恵まれた。その後、杉山医師より、子ども虐待対応臨床心理士として愛知県の子ども病院（あいち小児保健医療総合センター。以下、あいち小児センターと略記）で働く協働研究者への誘いを受けた。その試行錯誤の結果をまとめたものが本書である。

虐待対応の臨床心理士としては、スタッフ間で病院開院準備中に「解離」についてのF・W・パトナムの本を教科書として読んだ。臨床がはじまってからは、一人の子どもを大切にするとはどういうことか、スタッフ間で意見が食い違い、時に激論を重ねながら院内のシステムづくりを行なった。それから十年近く経過したが、虐待の病理である患者さんの恥の感情を誇りに変え、不信を信に変えていくという作業は一筋縄ではゆかなかった。苦い思い出は片手に余るほどあり、まだまだ日本のシステムとしても課題が山積みである。何とか希望を失わずにやって来られたのは、杉山登志郎先生はじめ同僚に恵まれたことがいちばん大きな理由である。

2010年に筆者は大学教員となり、あいち小児センターで志半ばで成し遂げられなかった愛着の臨床を、犬による動物介在療法で実践する研究をはじめた。なぜなら、あいち小児センターの患者さんの4割が、様々な理由で治療過程の中でドロップアウトしていたので、センターの限られた人的資源だけでの治療的対応に限界を感じたからである。

愛知県に筆者が転職した際に飼いはじめ、常に傍らで筆者を見守ってくれた愛犬のシーズー犬、トムトムとノンノン（193頁参照）の存在がクローズアップされてきた。筆者とトムトム達との愛着を基本に、虐待を受けた子どもに治療的に関与できないかと大学に連れてゆき、学生達と犬ゼミをはじめた。

また、カナダ、エドモントンにある動物介在療法施設「ドリーム・キャッチャー」（Dreamcatcher）のセラピスト、アイリーン・ボナ（Eileen Bona）さんを訪問し、そこで動物介在療法を学んだ。その後、馴染みのある愛知県の情緒障害児短期治療施設でそれを試みたのが、第7章で書いた実践である。

近年はまた、筆者が里親になって、家庭養育業務を手掛けている。そこではこれまでのような心理士として最高品質をめざした、時間枠がある病院臨床のエッセンスが見事に打ち砕かれた。そこからは新たな生活臨床という世界観ができつつある。人間は生身であり限界があることを、日々痛いくらい感じている。

本書は、虐待を受けた子どもへの心理臨床としての第一段階の本である。まだまだ心理臨床のエッセンスの発掘は続くものだと筆者には思える。それが副題に、「～動物介在療法まで」と付けた所以である。

日本の全国各地で頑張っている、子ども虐待対応に従事する心理士さんや支援職仲間に「そう、そう」と言いながら読んでいただいて、自分達の職場でも応用実践していただけたら幸いである。

〔謝辞〕

あいち小児センター時代、戦友として共に虐待の病理に挑み、今回序文も寄せていただき、共同執筆者として名前を連ねていただいた杉山登志郎先生はじめ、あいち小児センターのスタッフの方々、カナダ、バンクーバーのスーパーバイザーであるドン・ライト（Don Wright）氏、スピリチュアル・カウンセラーである神佐久恵氏に深く感謝致します。

兵庫県に来てからの協同研究者であり、帯に推薦文を寄せていただいた子ども虐待臨床がご専門の甲南女子大学の稲垣由子先生、トラウマ臨床の兵庫教育大学の市井雅哉先生、公私にわたり支援してくださった大阪大学の酒井佐枝子先生、カウンセリングオフィスＰｏｍｕの心理カウンセラー山口修喜氏（www/pomu.info）の方々に深く感謝致します。

13歳になったときに難聴になってリタイヤしたトムトム、現役で頑張ってくれているノンノン、毎日わが家の里子と一緒に寝てくれるソラやポムにも、深く感謝致します。

最後に、誠信書房の松山由理子様のお誘いを受け、本書の出版に至ることができたことを心から感謝致します。

２０１５（平成27）年5月

編著者　海野千畝子

【増補改訂版】あとがき

筆者は現在、臨床心理士公認心理師養成大学院のトラウマ支援領域の教員である。

２００１年から県立の子ども病院心療科で虐待対応臨床心理士として10年弱勤務した。この経験を通して、筆者は子ども虐待と関わる際の包括的な視点を得た。格闘して得た荒削りの五つの視点を、増補改訂版あとがきのかわりとしてここでご紹介したい。

一つ目は病的解離に対する視点である。二つ目は外傷性の絆（トラウマテックボンディング）や性的虐待順応症候群の理解に関する視点。三つ目は心理教育やボディワーク・トラウマ処理介入の視点である。四つ目は、組織内のチーム対応、システムづくりの視点である。五つ目は二次受傷予防のセルフケアとスピリチュアルの習慣の視点である。この五つを同時並行的に意識し対応するエッセンスが本書、章内において組み込まれ紹介されている。

昨今、トラウマに関わるものが意識すべき概念に、トラウマインフォームドケア・システムズアプローチがある。この概念は、アメリカの薬物乱用予防協会のマニュアルを基礎としており、いくつかの視点と研修がある。その中心的な概念の一つは、対象の子どもや家族のトラウマにまつわる症状から発展する負の側面（断裂・分裂）が、対応する個人・グループ・組織・社会文化内でも同時に起きる可能性を共有し、巻き込まれすぎず、対象を中心とした関係者を信頼し、ほどよく連携し、援助を必要とする集団をお互いに支えあう治療文化システムズアプローチである、と筆者は認識している。

2001年当時にこの概念があったら、子ども病院心療科の運営者の一人として、もう少し楽だったのだろうか、と振り返る。具体的に困難を極めた内容は、負の対人関係を抱える患者だけでなく、院内スタッフ、院外関係者間におけるジェラシーが絡み合うこと、個々人が孤立無援感に苛まれること、不信感が飛び交う、混乱する、消耗する、分裂する、断裂する等が起きることで、バーンアウト（情緒的消耗感・感情的距離［脱人格化］・個人的達成感の欠如の3因子の要素）に巻き込まれる可能性が大であった。組織的な時間構造枠や個々の休息セルフケア、マッサージ等を強力に意識することで、共感性の高い良い専門職が突然燃え尽きることを防止する、システムズアプローチを構築したい。

決め手は①「できる範囲で精いっぱいやった人間としての誇りを持ち続ける」こと、②突き詰め思考にならない「55点でいこう」等の合い言葉を意識することである。

今後この概念が定着し、日本に洗練されたシステムが伝達されることにより、運営者らを含み、この領域で生きる人間が守られていくことを願う。

今回、改訂にあたり、前作には入りきらなかった「他科受診の有用性の検討」を付け加えた。

筆者は、被虐待児童の治療回復において、精神科や小児科のみでは支えきれない複雑性を経験した。虐待を受けた後遺症として、子どもの身体のそこかしこに影響が沈殿する。初期対応において、目に見える外傷の処置だけでなく、治療回復過程で、身体に起きる現象としての虐待の痛みの痕跡が出現した際、他科受診での対応で治療が進展した。被虐待児への包括的支援の中に、共通認識として、他科受診を組み込む処遇を当然なこととしたい。

さらに、本書の治療においては、土台である病院システムが、総合病院であったからこそ、他科受診が容易であったことも強調したい。虐待は、福祉と医療が協同して取り組むのが自明である。今後、医療と福祉の要素が組み合わされた医療福祉センターの開発等、物理的な環境調整が、被虐待児童を回復促進する認識が広がることを願う。

もう一つ新しい節として、EMDRの章に、トラウマ処理を生かす前段階として提示した「動物自然ミニチュアグッズ、描画等を活用したEMDR準備段階」を付け加えた。子ども虐待の体験はすさまじいものであることを念頭に置き、治療者側から何らかの資源を介在して治療場面に取り入れ、愛着の補充をしながら第1段階の生育史聴取をする筆者のやり方を紹介している。なかなかトラウマ処理の脱感作段階に行かずに、ちんたら長い道のりすぎる、と思われることは承知である。

けれども、愛着の補充をしながらクライエントの資源を作り、虐待体験を再編成することは、治療者がクライエントの人生の証人となり、『心的外傷と回復』でハーマン（1992）が言う治療概念につながると考えている。

なお、初版出版後、DSMが改訂されたが、本書の診断名は論文発表時のままとしている。

〔謝辞〕
あいち小児保健医療総合センター勤務時代、戦友として、ともに虐待の病理に挑み、共同執筆をしていただいた杉山登志郎先生をはじめ、あいち小児センターのスタッフの方々に改めて深く感謝申し上げます。
また、カナダ、バンクーバーのスーパーバイザーであるドン・ライト（Don Wright）氏、ブリティシュコロンビア大学教授の石山一舟（Ishu Ishiyama）先生、スピリチャル・スーパーバイザーである神佐久恵氏に深謝致します。
兵庫教育大学、臨床心理学コース勤務後、子ども虐待関連の協働研究者である稲垣由子先生、酒井佐枝子先生、トラウマ臨床関連の市井雅哉先生、トラウマセラピスト育成のオフィスpomu（株）代表の山口修喜氏（www/pomu.info）に心より感謝致します。また、動物介在療法セラピー犬の一代目シーズー犬、トムトムとノンノン、ポメラニアンのポム、二代目のシーズー犬、ソラ、三代目のシーズー犬のノームとポメラニアンのシルフ、一緒に居てくれて本当にありがとう。そして、里親になってから私的に支えていただいた松村皐月、松村富子夫妻、そして里子本人に感謝の気持ちを捧げたいと思います。

最後に、本書初版の際の、誠信書房の編集者であった松山由理子様、改訂版の編集者である小寺美都子様お二人の献身的な編集で発刊にたどり着きました。本当にありがとうございました。

2022年8月

編著者　海野千畝子

◎初出一覧（本書は左記の初出論文に加筆修正のうえ収録された）

第1章

第1節　海野千畝子「子ども虐待への包括的治療」『そだちの科学』No. 2/4：70-77, 2004 日本評論社

第2節　杉山登志郎・海野千畝子・河邉眞千子「子ども虐待への包括的治療：三つの側面からのケアとサポート」『児童青年精神医学とその近接領域』46(3)：296-306, 2005

第2章

第1節　杉山登志郎・海野千畝子「解離性障害の病理と治療」『小児の精神と神経』42(3)：169-179, 2002 アークメディア

第2節　海野千畝子「解離」『里親と子ども』Vol. 2：48-53, 2007 明石書店

第3節　海野千畝子・杉山登志郎・服部麻子・大河内修・並木典子・河邉眞千子・小石誠二・東　誠・浅井朋子・加藤明美「被虐待児童に対する集中アセスメント入院の試み」『小児の精神と神経』46(2)：121-132, 2006 アークメディア

第3章

第1節　海野千畝子「被虐待児の愛着を修復する――こころのケアの役割」『こころの科学』No. 134/7：61-66, 2007 日本評論社

第2節　海野千畝子・杉山登志郎・加藤明美「被虐待児童における自傷・怪我・かゆみについての臨床的検討」『小児の精神と神経』45(3)：261-271, 2005 アークメディア

第3節　海野千畝子「被虐待児童の治療における他科受診の有用性の検討」日本トラウマティック・ストレス学会第9回大会（2010）シンポジウムにて発表したものをもとに書き下ろし

第4章

第1節　海野千畝子「性的虐待と保護者（非虐待者）に対するケア」『子ども虐待の予防とケアのすべて』19：3841-3854, 2003　第

一法規株式会社

第2節　海野千畝子・杉山登志郎「性的虐待の治療に関する研究　その2――児童養護施設の施設内性的虐待への対応」『小児の精神と神経』47(4)：273-279, 2007 アークメディア

第5章

第1節　海野千畝子・藤田三樹・杉山登志郎「心療科病棟における性的安全の文化の創造に関する研究、（その1）コントロールルーム（ムーン）の設立」『小児の精神と神経』51(1)：43-49, 2011 アークメディア

第2節　海野千畝子・小山内文・杉山登志郎「心療科病棟における性的安全の文化の創造に関する研究、（その2）性的虐待対応看護師チーム（SAR）による性的安全プログラム」『小児の精神と神経』51(1)：51-58, 2011 アークメディア

第6章

第1節　海野千畝子「子ども虐待へのEMDRによる治療1」『こころのりんしょうa・la・carte』27(2) 285-287, 2008 星和書店

第2節　海野千畝子「トラウマへのかかわり」『チャイルドヘルス』Vol. 15 No. 11：35-38, 2012 診断と治療社

第3節　海野千畝子「動物自然ミニチュアグッツ、描画等を活用したEMDR準備段階」日本EMDR学会第13回大会（2018）シンポジウムにて発表したものをもとに書き下ろし

第7章

書き下ろし

執筆者紹介　【責任執筆担当個所】

海野　千畝子（うんの　ちほこ）　【第1章第1節・第2章第2節～第3節・第3章・第4章・第5章・第6章・第7章第1節】

編著者紹介参照

杉山　登志郎（すぎやま　としろう）　【第1章第2節・第2章第1節】

1951年　静岡県生まれ
1976年　久留米大学医学部卒業
1995年　静岡大学教育学部教授
2001年　あいち小児保健医療総合センター心療科部長
現　在　福井大学子どものこころの発達研究センター客員教授
　　　　医学博士(名古屋大学)
編著書　『発達障害の豊かな世界』日本評論社 2000,『発達障害の子どもたち』講談社現代新書 2007,『発達性トラウマ障害と複雑性 PTSD の治療』誠信書房 2019, 他多数。

石垣　儀郎（いしがき　よしお）　【第7章第2節1】

現　在　名古屋学芸大学ヒューマンケア学部子どもケア学科准教授

横井　直子（よこい　なおこ）　【第7章第2節2】

現　在　名古屋学芸大学ヒューマンケア学部子どもケア学科特任講師

山本　秋子（やまもと　あきこ）　【第7章第2節3】

現　在　中日青葉学園わかば館 施設臨床心理士

編著者紹介

海野　千畝子（うんの　ちほこ）

1965年生まれ
2007年　静岡大学大学院教育学研究科修士課程修了
2001–2010年　あいち小児保健医療総合センター勤務（臨床心理士）
2010年　兵庫教育大学大学院准教授
現　在　兵庫教育大学大学院（連合学校教育学研究科）臨床心理学コース教授，臨床心理士
共著書『教師のための高機能広汎性発達障害・教育マニュアル』少年写真新聞社 2005,『講座 子どもの心療科』講談社 2009，他

増補改訂版《ぞうほかいていばん》 子《こ》ども虐待《ぎゃくたい》への心理臨床《しんりりんしょう》
——病的解離《びょうてきかいり》・愛着《あいちゃく》・ＥＭＤＲ《いーえむでぃーあーる》・動物介在療法《どうぶつかいざいりょうほう》まで

2022 年 10 月 1 日　第 1 刷発行

編 著 者　海 野　千畝子
発 行 者　柴 田　敏 樹
印 刷 者　日 岐　浩 和

発行所　株会式社　誠 信 書 房
〒 112-0012 東京都文京区大塚 3-20-6
電話 03（3946）5666
https://www.seishinshobo.co.jp/

印刷／中央印刷　製本／協栄製本

ISBN978-4-414-41690-9 C3011　　Printed in Japan